O pensamento vegetal

Evando Nascimento

O pensamento vegetal
A literatura e as plantas

1ª edição

Rio de Janeiro | 2021

Copyright © Evando Nascimento, 2021

Capa: Carolina Fessler Vaz

Foto de capa: Evando Nascimento

Diagramação: Ilustrarte Design

Todos os direitos reservados. É proibido reproduzir, armazenar ou transmitir partes deste livro, através de quaisquer meios, sem prévia autorização por escrito.

Texto revisado segundo o novo Acordo Ortográfico da Língua Portuguesa.

Direitos desta edição adquiridos pela
EDITORA CIVILIZAÇÃO BRASILEIRA
Um selo da
EDITORA JOSÉ OLYMPIO LTDA.
Rua Argentina, 171 — Rio de Janeiro, RJ — 20921-380 — Tel.: (21) 2585-2000.

Seja um leitor preferencial Record.
Cadastre-se no site www.record.com.br
e receba informações sobre nossos lançamentos e nossas promoções.

Atendimento e venda direta ao leitor:
sac@record.com.br

CIP BRASIL. CATALOGAÇÃO NA PUBLICAÇÃO
SINDICATO NACIONAL DOS EDITORES DE LIVROS, RJ

N194p

Nascimento, Evando, 1960-
  O pensamento vegetal : a literatura e as plantas / Evando Nascimento. – 1. ed. – Rio de Janeiro : Civilização Brasileira, 2021.

  ISBN 9786-5580-2047-9

  1. Ecologia. 2. Plantas. 3. Metafísica. 4. Humanismo. 5. Ensaios brasileiros. I. Título.

21-73602
CDD: 869.4
CDU: 82-4(81)

Leandra Felix da Cruz Candido – Bibliotecária – CRB-7/6135

Impresso no Brasil
2021

À memória de Manoel, meu pai.

À memória de Chico Mendes, Dorothy Stang, Marielle Franco e de inúmeros ativistas, que morreram em defesa da vida.

À memória de Marguerite Derrida, de Sérgio Sant'Anna e de Nonato Gurgel, vítimas da covid-19.

À memória do filósofo Roberto Machado, com quem pude entretecer diversas conversas sobre plantas, no Jardim Botânico do Rio de Janeiro.

À memória, finalmente, de todos os indígenas, afrodescendentes e mestiços que foram exterminados pelo genocídio oficial, especialmente em nosso país.[1]

A despeito e por causa dessas memórias lutuosas, este é um livro a favor da vida. Por esse motivo, dedico-o também a meus seis queridos sobrinhos, Manuel, Farah, Antônio Manuel, Cíntia, Paulo Vinicius e João Vítor, bem como a seus filhos. Às novas gerações, cabe de fato o porvir.

---

1. Quanto às vítimas indígenas da covid-19, remeto ao site Memorial Vagalumes: <www.memorialvagalumes.com.br>. Acesso em: 30 ago. 2021.

Os girassóis lentamente viram suas corolas para o sol.
O trigo está maduro. O pão é com doçura que se come.
Meu impulso se liga ao das raízes das árvores.
Clarice Lispector, *Água viva*

Metafísica? Que metafísica têm aquelas árvores?
A de serem verdes e copadas e de terem ramos
E a de dar fruto na sua hora, o que não nos faz pensar,
A nós, que não sabemos dar por elas.
Mas que melhor metafísica que a delas,
Que é a de não saber para que vivem
Nem saber que o não sabem?
Alberto Caeiro/Fernando Pessoa, *O guardador de rebanhos*

A disseminação generaliza a teoria e a prática do
enxerto sem corpo próprio e do viés sem fronte.
Jacques Derrida, *La dissémination*

As pessoas têm que repensar as suas formas de consumo, têm que entender que o individualismo precisa acabar, que temos que adotar formas coletivas de fazer as coisas, fortalecer os trabalhos em redes. E, principalmente, assumir a sua responsabilidade nessa luta pela mudança do modelo de desenvolvimento econômico. Esse modelo precisa ser rompido urgentemente, e somente nós indígenas ou

ambientalistas não vamos conseguir fazer pressão para essa mudança acontecer. [...] Para isso as lutas têm que ser mais coletivas, a conscientização mais política e ecológica, entendendo que é preciso fazer outra conexão, ou uma reconexão com a mãe terra, porque é exatamente a mãe terra que garante o sustento e a vida no planeta.
Sônia Guajajara, depoimento a Katia Marko e Fabiana Reinholz

Só conseguirei fazer um semeador que semeia dentro de um ano ou dois, quanto a isso concordo com você.
Vincent van Gogh, carta a Anton van Rappard, comentando sua obra O semeador

Eu não percebo onde tem alguma coisa que não seja natureza. Tudo é natureza. O cosmos é natureza. Tudo em que eu consigo pensar é natureza.
Ailton Krenak, Ideias para adiar o fim do mundo

*Luz do sol
Que a folha traga e traduz
Em verde novo
Em folha, em graça,
Em vida, em força, em luz.*
Caetano Veloso, "Luz do sol"

*Cana, café, boi
emergem ovantes dos suplícios.
O ferro modela espigas
maiores.
Brota das lágrimas e gritos
o abençoado feijão
da mesa baronal comendadora.*
Carlos Drummond de Andrade, "Agritortura"

Sumário

INTRODUÇÃO: A LITERATURA E AS PLANTAS 13
  A "virada vegetal" 15
  Mais além da tradição humanista 19
  Vozes e escritas vegetais: literatura expandida e literatura pensante 27
  Ensaios ao modo de experimento 32

CAPÍTULO 1: A QUESTÃO VEGETAL 37
  A mata preservada: infância na Floresta 39
  Primeiras abordagens vegetais 41
  Vegetar é viver: a *psyché* das plantas 44
  O outro mundo dos vegetais 49
  A problemática ambiental 55

CAPÍTULO 2: VIDAS PRECÁRIAS 61
  A inteligência sensível das plantas 63
  Descentramentos orgânicos 75
  A violência extrativista 76
  Transvaloração ética 78
  Direitos humanos e direitos dos viventes 82
  A "desnatureza" 85
  A memória vegetal 87

CAPÍTULO 3: ALBERTO CAEIRO/FERNANDO PESSOA: A IRMANDADE DAS PLANTAS   93
    A antimetafísica das sensações   95
    O desdizer poético   101
    A sororidade das plantas: o afeto no feminino   103

CAPÍTULO 4: OUTRAS VISÕES DO MUNDO CLOROFÍLICO   109
    Fitomimetismo   111
    Rizomas, raízes, arborescências e outras ramificações   115

CAPÍTULO 5: FRANS KRAJCBERG E O ARQUIVO NATURAL   123
    Arquivos mortos e arquivos vivos   125
    A virada ativista   131

CAPÍTULO 6: DERRIDA E AS PLANTAS: DISSEMINAÇÕES   135
    A solidariedade dos viventes   137
    Muito além do vitalismo   143
    As plantas e o perdão incondicional   156
    Disseminações   161
    Ponge, Genet e o vegetal que logo somos   174
    Outras semeaduras   180

CAPÍTULO 7: CLARICE E AS PLANTAS: A POÉTICA E A ESTÉTICA DAS SENSITIVAS   183
    Clarice, os animais e as plantas   185
    Dos animais   188
    Macaquices   194
    Rosas e pitangas   198
    Ana e o amor no Jardim Botânico   202
    As rosas não falam, resplandecem   210
    Água viva e a floresta escrita   215
    A estética das sensitivas e a leitura pensante   223

CAPÍTULO 8: O "HOLOCAUSTO VEGETAL" E O SUICÍDIO COLETIVO DA HUMANIDADE   233
    Tentando recomeçar   235

Genocídio, etnocídio, fitocídio, zoocídio: o suicídio coletivo da humanidade   *236*
Inconcluindo   *243*

CAPÍTULO 9: HEGEL, AS DESCOLONIZAÇÕES E O PENSAMENTO INDÍGENA (AILTON KRENAK, DAVI KOPENAWA)   *245*

A analogia botânica na dialética de Hegel   *247*
Os indígenas e "nós": outros olhares sobre o verde   *255*
Reflexões indígenas   *258*
Hibridismos   *268*
Freud e o *Unheimliche*   *276*
Antropoceno, Gaia, Ctônia   *280*

CAPÍTULO 10: POR OUTRO HUMANISMO: POÉTICAS VEGETAIS   *291*

Semear, verbo transitivo   *293*
O não humanismo dos vegetais segundo Djaimilia Pereira de Almeida   *309*
O pensamento vegetal e o "humanismo" além do Homem   *316*

REFERÊNCIAS   *329*
AGRADECIMENTOS   *345*
SOBRE O AUTOR   *347*

Introdução
A literatura e as plantas

A vida só é possível reinventada.
Cecília Meireles, "Reinvenção"

A "VIRADA VEGETAL"

Este livro não se pretende definitivo — na verdade, nenhum livro o é. Trata-se de um *ensaio de intervenção*, decorrente de uma pesquisa que venho realizando há cinco anos e que está longe de ser concluída. O tema, como anunciado no título, é *o pensamento vegetal*, o qual pode ser formulado desde logo com as seguintes questões: uma planta pensa? Se a resposta for afirmativa, o que e como pensa? É algo semelhante ao pensamento humano ou completamente distinto?

Não são indagações meramente retóricas, visto que têm norteado meu trabalho desde que comecei e estão longe de serem totalmente elucidadas, se algum dia serão. O projeto geral é ao mesmo tempo ambicioso e modesto. Ambicioso porque intentou, num prazo determinado, trazer à luz algumas das antigas e novíssimas discussões em torno da existência das plantas. Modesto porque sei que esse propósito é incomensurável a uma única existência. Nenhum estudioso pode dar conta sozinho de tal problemática, a partir do que tem sido chamado de a "virada vegetal" no século XXI.

Muito mais do que um fenômeno de moda, trata-se mais do que nunca de questionar os limites do que Jacques Derrida (2006) chamou de os "próprios do homem", pondo em causa os conceitos tradicionais de humanismo, de humanidade e de Homem. Isso nos conduz à necessidade de repensarmos nosso modo de interação com esses viventes, bem como com os animais e as coisas ou matérias do reino dito mineral. Ou seja, há que se inventar novas formas de relação com o mundo, para além da tendência violentamente colonizadora do humano em relação a outras espécies do vivo e do não vivo. Indivíduos e aglomerados expansivos por excelência, o impulso primordial dos vegetais é a *dispersão* e a *disseminação* por todos os tempos e espaços, proporcionando alimento e proteção aos demais viventes. E isso a literatura e as artes, tanto quanto os saberes ligados às culturas indígenas e às culturas de matriz africana, têm testemunhado e desenvolvido ao longo dos séculos. Daí a ideia recente de "virada" dever ser questionada. Até mesmo os movimentos *beat* e *hippie* de origem norte-americana deram sua contribuição décadas atrás, abrindo caminhos para uma mentalidade não meramente exploratória e colonizadora do mundo, embora o fizessem de forma utópica, em prol de modos "alternativos" de vida e sociedade. Agora trata-se de buscar *heterotopias* nos mundos mesmos que habitamos (são vários), e não numa dimensão paralela.

Não sendo botânico, mas me interessando desde sempre por questões de biologia, meu âmbito privilegiado é o da cultura em geral e de alguns saberes alinhados ao que tradicionalmente se chama de "Humanidades": literatura, filosofia e artes. As ciências biológicas renovadas e domínios correlatos fazem parte do escopo. Os exemplos selecionados, principalmente colhidos em textos literários, articulam a estrutura geral do livro, constituindo algo mais do que simples "casos", pois são exemplos que levam ao limite a redução clínica a um "caso". *Exemplos singulares*, que, em vez de confirmarem teses previamente colocadas, abrem para novas hipóteses, num movimento ininterrupto. Nesse sentido, não desejei em momento algum *territorializar* (no sentido conceitual de Deleuze e Guattari) o universo complexo das plantas. Assumi-lo como "campo de pesquisa", em sentido tradicional, seria reduzi-lo a mais um "objeto" de estudo para um "sujeito" do conhecimento, o qual apresentaria, ao fim e ao cabo, os resultados de suas maravilhosas "descobertas" (estas muitas vezes colocadas *a priori* como a "serem descobertas", sem surpresa alguma, no final).

Todo meu desejo é que as plantas *falem* através de mim, por um ventriloquismo discursivo que me permita adentrar um território ilimitado, sem o desejo de abrangê-lo com o olhar. De forma intelectual, mas sobretudo de forma *sensitiva*, eu quis que as árvores, o jardim, o mato, as plantações, o bosque, a floresta etc. atravessassem meu corpo reflexivo das mais variadas formas, engendrando com suas múltiplas *vozes* o discurso articulado, que ora apresento (cf. Oliveira *et alii*, 2020). Esses encontros com o mundo dito natural (e "natureza" é um conceito a ser urgentemente revisto, mais além do endosso clássico de Lévi-Strauss ao par natureza/cultura) desde a infância perpassam, de forma implícita ou explícita, estes escritos. Todavia, o que comparecerá de ponta a ponta são mesmo *exemplos singulares*, que permitem questionar o valor de exemplo e de caso, não configurando simplesmente a confirmação de uma regra prévia,[1] recolhidos sobretudo em três áreas: a filosofia, a literatura e as artes, ainda que o abalo na noção mesma de área seja incontornável. O discurso científico vem para também lançar luzes em questões que, de outro modo, permaneceriam meramente especulativas, embora pôr em causa o conceito tradicional de "ciências" esteja sendo igualmente visado. Enfatizo: um exemplo singular é aquele que não se coloca como paradigma absoluto nem como comprovação definitiva, mas que permite sustentar a argumentação, entrelaçando conceitos, fatos e sensibilidades.

Cabe então desde logo fazer um aviso protocolar: dialogar com o discurso científico não significa endossar, em princípio, cada uma de suas teses e resultados. A ciência, inevitavelmente, como qualquer discurso explicativo e normativo, deve ser repensada e reavaliada e, se possível, *transvalorada* (em sentido nietzschiano) como discurso e

---

1. Para um questionamento fundamental das noções tradicionais de "exemplo" e de "caso", cf. "A tese e o valor do exemplo" (Nascimento, 2015, p. 84-87).

instituição do saber positivo. A maior parte desses cientistas que me interessam está trabalhando no limite do saber científico tradicional, levando-o adiante na medida em que exploram um setor até hoje pouco estudado pela biologia e, em particular, pela botânica: a inteligência e a sensibilidade vegetal. Já isso garante um modo elementar de atuação que questiona as fronteiras do saber vigente, auxiliando a reavaliar o próprio sentido das chamadas "Humanidades", as quais, até o abalo genealógico proposto por Nietzsche, ainda se deixavam determinar por um valor supostamente universal do Homem. Destaco os nomes dos cientistas franceses Francis Hallé e Jean-Marie Pelt, do italiano Stefano Mancuso e do escocês Anthony Trewavas entre os que mais ajudam a questionar hoje o saber das ciências experimentais e, por conseguinte, o das ciências ditas humanas em sentido tradicional. O que está em causa são justamente as barreiras colocadas historicamente entre o *humano* e seus outros, os assim nomeados *não humanos*, a partir dos "próprios" ou das especificidades do Homem: os outros animais, os vegetais, os minerais e tudo o que não se enquadra no espectro do que define nossa humanidade.

É nesse sentido que Isabelle Stengers (2002, p. 187), em diálogo com textos de Gilles Deleuze e Félix Guattari, propõe as "ciências itinerantes" ou "nômades", em contraponto às ciências positivas. Não se trata de mais um binarismo conceitual, pois a itinerância científica se relaciona e colabora com a pesquisa científica tradicional, jamais a desprezando. A diferença é que, em vez de valorizar apenas a elaboração e a comprovação de teorias gerais, a partir de objetos específicos de investigação (como faz a tradição científica moderna), a ciência itinerante continua respeitando a singularidade do material com que trabalha. Para a reflexão que proponho, isso significa — em vez de me limitar a um conhecimento botânico já repertoriado — levar em conta *as singularidades plurais do vasto "reino" vegetal*, enfatizando o modo como a literatura, as artes e a filosofia questionam o próprio olhar científico e humanista sobre as plantas, como radicalmente distintas e inferiores a nós humanos. Como se houvesse uma "essência" enquanto propriedade exclusiva do humano, que o colocaria num patamar superior em relação a qualquer outra espécie vivente.

Deixo claro que em nenhum momento me interessa propor uma "nova" ontologia dos vegetais, como me parece ser o caso dos trabalhos de Michael Marder e de Emanuele Coccia, filósofos extremamente relevantes, mas que, apesar de tudo, ainda ontologizam a questão. Todavia, ambos procuram tomar distância em relação à tradição metafísica. Apesar de recorrer em diversos momentos a termos e expressões como "ser vivo", "ser humano", "ser das plantas", a concepção de Marder da ontologia é "desconstrutora" (ou, como prefiro, *disseminadora*), refletindo o "ser" como superficialidade e não como profundidade metafísica: "a superficialidade objetiva das plantas é indicativa de sua ontologia pós-metafísica e autodesconstrutora" (Marder, 2013, p. 80). Já Coccia propõe uma "cosmologia da mistura" fundada "numa ontologia diferente daquela ensinada pela tradição" (2016, p. 94). Prefiro, no entanto, evitar a terminologia ontológica, em proveito de termos que os próprios vegetais (como também os animais) nos fornecerão: inflorescência, raiz ou rizoma, deiscência, rastro, enxertia, muda, florestania etc.

MAIS ALÉM DA TRADIÇÃO HUMANISTA

As plantas nos ajudam a abalar a certeza socrático-platônica de que tudo tem uma essência, e que tal essência remete a uma profundidade ideal do Ser. Até mesmo a ontologia fundamental de Martin Heidegger, como logo veremos, a despeito da enorme crítica que representou em relação à tradição metafísica, ainda elabora teses que rebaixam os vegetais, justamente porque estes não dariam conta da relação fundamental com o Ser. Tal relação ontológica, para Heidegger, estaria reservada ao *Dasein* humano.

A hipótese com que trabalho é a de que, se todos os viventes vegetais e animais importam, é porque mantêm relações mutuamente estreitas, num *entrelaçamento* essencial. O humano, por exemplo, deve ser também definido relativamente àquilo que não é, mas com que guarda mais de um traço em comum: o referido *não humano*, as outras formas de vida. O humano é um animal singular, que se autoidentifica até certo ponto pelas características de sua espécie, mas que jamais encontra uma definição essencialista, a qual o liberaria de qualquer compromisso ético ou existencial com os outros viventes. "Viver/ é ir entre o que vive", diz João Cabral de Melo Neto (2003, p. 114), nesse imenso poema da precariedade e da sobrevivência que é "O cão sem plumas", que mereceria uma análise mais detalhada no contexto atual de precarização da vida. Motivo pelo qual não faz mais sentido indagar "o que é o homem", pois essa é uma típica pergunta dialética, de matriz socrático-platônica, que já traz embutida em si a resposta essencializante. Só se pode falar do humano hoje dentro da rede complexa que permitiu sua nomeação em línguas em princípio ocidentais e a partir de uma história que remete às origens da espécie: a chamada *hominização*, a qual, desde seus primórdios, envolve todo o planeta. O *humanus* latino consistia em tudo o que era "próprio do homem, bondoso, erudito, instruído nas humanidades". Apesar da similaridade sonora e também semântica, *homo, hominis* ("homem, indivíduo, ser humano") não detém relação etimológica com *humanus*.[2]

No momento em que o que chamo de *holocausto vegetal* se materializa em diversas partes do mundo, em particular nos incêndios volun-

---

2. Cf. *Dicionário Houaiss* (2021). Salvo indicação contrária, todas as definições e etimologias relativas ao léxico vernáculo foram extraídas dessa obra. A vantagem do *Houaiss* é que ele se serve também da fonte de outros dicionários, o que, todavia, não o exime totalmente de equívocos... *Penso que toda etimologia é uma ficção da língua: procura-se um étimo derradeiro, sem que jamais este possa ser encontrado em sua integridade.* Minha intuição é que todo vocábulo é composto de fragmentos de outros, de modo que o "verbo" inicial se torna uma quimera, pois não existe um único termo e seu *referente*, a ser identificado numa origem primacial. Na própria palavra grega *étumon* estava a ideia ficcional de "o verdadeiro significado da palavra segundo sua origem". É justamente esse valor grego de verdade primeira que o pensamento vegetal nos ajuda a questionar.

tários ou aleatórios na Califórnia, na Amazônia brasileira, na Austrália, em Portugal e na Espanha, entre outros locais, redimensionar o lugar do humano em sua relação ao mesmo tempo amorosa e conflitual com as alteridades que o cercam e o constituem como de fato *humano* me parece uma tarefa decisiva para o escritor, professor, intelectual e artista visual que me tornei, mas também para qualquer indivíduo do século XXI. O humanismo tradicional, que sofreu inúmeros abalos epistemológicos e políticos ao longo do século XX, no rastro da genealogia nietzschiana, pode agora ser reavaliado em proveito de *outro humanismo*: aquele que permita pensar o mais impensado e mesmo o mais impensável até aqui, ou seja, nossas relações com outros viventes, em particular com a alteridade vegetal. *O outro humanismo é necessariamente um humanismo do Outro e dos outros, das outras.* Isso significa trazer para o primeiro plano, a fim de questionar, o duplo processo de *desumanização* dos humanos por si próprios e o de assujeitamento e aniquilação dos não humanos pelos mesmos humanos. Porém essa não é uma questão abstrata, pois envolve de fato indivíduos, povos, territórios e nações, numa História planetária de milênios, que, todavia, ganhou uma configuração particular com as invasões europeias no resto do globo a partir do século XV. É nesse instante que se implanta um vasto projeto comercial de exploração, que vai resultar numa *desumanização global* — hoje renomeada de forma sofismática como "globalização" —, com a escravização, a expatriação e o homicídio dos povos originários das Américas, da África, da Ásia e da Austrália.

A urgência deste livro se deveu sobretudo ao crescimento e à tomada de poder pela extrema direita no Brasil, bem como noutros países. Com isso, praticamente se oficializou a *necropolítica, a política ou o governo da morte* em seus vários sentidos, como a define Achille Mbembe:

> A partir de uma perspectiva histórica, muitos analistas afirmaram que *as premissas materiais do extermínio nazista podem ser encontradas no imperialismo colonial*, por um lado, e, por outro, na serialização de mecanismos técnicos para conduzir as pessoas

à morte — mecanismos desenvolvidos entre a Revolução Industrial e a Primeira Guerra Mundial (2019, p. 20-21, grifos meus).

Na atualidade, trata-se de uma máquina de guerra inspirada, entre outros fatores, pela chamada *alt-right* norte-americana, de caráter neofascista e, portanto, determinada a banir da face do planeta tudo o que chamam de "comunismo". Este termo, utilizado de forma propositalmente equivocada, se refere a qualquer tendência ou partido que vise a preservar e a valorizar vidas precárias e vulneráveis, como as mulheres, as sexualidades e os gêneros divergentes LGBTQIAP+, os afrodescendentes, os povos ameríndios, os curdos, os palestinos, os pobres em geral, entre outros, no que tange ao plano do humano. A mesma política se aplica aos não humanos: vegetais, animais e minerais (estes últimos são exauridos por força de *extrativismo brutal*, poluidor de todos os ambientes em que atua).

O que nomeio como *fitofobia* (aversão ou horror às plantas — do grego *phutón* ou *phytón*, "vegetal, árvore, planta; rebento, descendente", e do grego *phóbos*, no sentido de "ação de horrorizar, amedrontar, dar medo", + *-ia*) deriva do que Derrida nomeia como *estrutura sacrificial*, ou seja, todo vivente não humano pode ser sacrificado por qualquer motivo. O "não matarás" é somente reservado, em princípio e por princípio, ao humano. Isso ocorre "num mundo em que o sacrifício é possível, não sendo proibido atentar contra a vida em geral, apenas contra a vida do homem, do outro próximo, do outro como *Dasein*" (Derrida, 1992, p. 294). Nem Levinas nem Heidegger nem qualquer outro pensador da modernidade que colocou em questão o humanismo tradicional puseram em dúvida essa estrutura do *sacrifício seletivo*, que atinge também uma parcela dos humanos, como o comprova a escravidão persistente em nosso e noutros países. Mais do que qualquer outro vivente, até mais do que os animais, as plantas se prestam ao sacrifício sem constrangimentos. Essa questão do sacrifício se relaciona necessariamente ao que Michel Foucault chamou de *biopolítica*, retomando um termo já existente e abrindo uma série de debates na contemporaneidade (cf. Lemke, 2018). No coração deste livro, pulsa o tema da *vida* na perspectiva do viver, do sobreviver e do *superviver* além da morte, mas sem vitalismo idealista, pois este serviu às piores ideologias extremistas.

A fim de desmobilizar o dogmatismo dos governos autoritários, cabe propor novos dispositivos transdisciplinares e estratégias de intervenção na cena sociopolítica. Por sua singularidade, os vegetais podem sempre *vivificar* o espaço violento das necrópoles em que habitamos, instaurando quiçá outra *pólis* menos mortífera.

Mais do que nunca, as discussões em torno do chamado meio ambiente e da ecologia (dois termos que subscrevo apenas com muitas restrições) estão em pauta. Além de reportagens e artigos de divulgação científica na grande mídia impressa, televisiva e digital, há uma bibliografia gigantesca sobre o assunto. Especificamente sobre os vegetais, as abordagens inovadoras não param de surgir. Todavia, não me interessa fazer recensão desses estudos e investigações. Estabeleci uma seleção criteriosa dos autores com quem mais me interessou dialogar, alguns já referidos, evitando, portanto, fazer uma listagem meramente remissiva. A abordagem por resumo e desenvolvimento tem sua importância, mas o que me interessa é desdobrar um *pensamento* a partir do corpus teórico-crítico selecionado e sobretudo do corpus literário e artístico. Chamo a atenção para o fato de que até esse limite entre teoria e crítica, de um lado, e literatura e artes, de outro, é posto em questão, na medida mesma em que cada vez mais pesquisadores se permitem uma sensibilidade e um estilo que se aproximam do que geralmente se nomeia como *literário* (sem descambar, contudo, para uma estetização superficial), bem como todos os escritores e artistas abordados têm algum tipo de teoria e crítica envolvidos em seus trabalhos. Ressalto, entretanto, que, acima de tudo, são as próprias plantas que têm algo a nos dizer, com suas vozes e escritas vegetais. É nesse sentido que se pode falar de *fitoliteratura* e de *fitoescrita*: a escrita e a literatura diretamente inspiradas nos rastros clorofílicos que as próprias plantas deixam todos os dias na superfície da Terra.

Costumamos nos preocupar abstratamente com as florestas. Mas poucos, exceto os biólogos e ambientalistas, se dão realmente conta do risco que corremos ao destruir de forma sistemática, em todos os continentes, sem exceção, a chamada *flora*, da qual em princípio dependemos em tudo e por tudo: para comer e para respirar, e também para beber, pois a subsistência dos rios necessita diretamente da cobertura vegetal; de outro modo, impera o deserto. Matérias publicadas em diversos periódicos, como *New York Times*, *Le Monde* e *Folha de S.Paulo*, confirmam essa devastação florestal em curso.[3] Em novembro de 2017, 15.364 cientistas de 184 países lançaram um manifesto contra a degradação geral das condições de vida no planeta.[4]

Segundo o relatório *Estado das Árvores do Mundo*, uma em cada três espécies de árvore no planeta se encontra ameaçada de extinção: 17,5 mil espécies estão em risco, numa população de 60 mil. Para os cientistas, os principais fatores de extermínio são o desmatamento para plantações (afetando 29% das espécies), extração de madeira (27%), desmatamento para pecuária (14%), desmatamento para ocupação (13%) e incêndios (13%). Os outros percentuais também têm alguma relação com atividades humanas: mudanças climáticas bruscas, condições meteorológicas extremas e aumento do nível do mar se tornaram ameaças crescentes (cf. BBCNews, 2021).

De modo que este livro pretende ser de fato um *ensaio*, aliás, como todos os meus livros anteriores de não ficção. Estas reflexões teórico--críticas se inserem na grande linhagem dos *Ensaios* de Montaigne, bem como na de diversos prosadores de língua francesa, espanhola e portuguesa. Não se trata de uma oposição simples em relação à monografia

---

3. Cf., entre inúmeros outros, "Amazon Deforestation, Once Tamed, Comes Roaring Back", artigo de Tabuchi, Rigby e White (2021). Cf. também "Amazônia esquartejada", de Márcio Santilli (2021).
4. Cf. "Le cri d'alarme de quinze mille scientifiques sur l'état de la planète", artigo de Ripple e outros autores (2021). Cf. também "Total de objetos construídos pela humanidade supera, pela 1ª vez, a massa dos seres vivos na Terra", de Lopes (2021).

científica, pois com esta compartilho a atenção e o rigor na elaboração de cada tema e forma. Diria que o grande diferencial é certa liberdade de pensamento, que não atende a protocolos rígidos, nem por isso sendo menos rigorosa. Como escrevi num texto publicado no início dos anos 2000, o ensaio é um *experimento*, que parte de experiências de leitura do mundo e de uma bibliografia específica (cf. Nascimento, 2004). Trabalho sempre com hipóteses. Menos do que um estudo conclusivo, o ensaio se propõe uma *experiência* em aberto, cujo valor se provará ou não pela capacidade de encontrar interlocutores e produzir efeitos. E o *valor*, já na etimologia, depende da *força* e do *vigor argumentativos*, que têm tudo a ver com o *vegetar* das plantas.

Um pensamento vegetal desloca o par humanismo/anti-humanismo porque indaga radicalmente todas as formações conceituais centradas no humano e no animal, pondo também em relevo as plantas, os fungos, as bactérias, os vírus, os minerais, as coisas, as máquinas e os fenômenos ditos naturais (alguns na verdade provocados por intervenção humana, como a mudança climática em curso).

Sabemos agora que a *linguagem das plantas* não é uma simples metáfora, que teria como parâmetro comparativo a linguagem verbal, mas corresponde ao modo como, materialmente, elas se dispõem em conexão, de forma espacial e articulada. Comunicam-se entre si e com as outras formas de vida. Seja por via aérea, seja por meio das raízes, as árvores enviam mensagens umas às outras, informando, por exemplo, sobre a presença de predadores e parasitas. Ao oferecer o néctar de suas flores a seus polinizadores e os frutos àqueles que vão espalhar suas sementes, elas estão comunicando, com partes de seu próprio corpo, que a refeição está posta e que podemos (insetos, aves, humanos etc.) nos servir à vontade.

A comunicação vegetal é a prova indubitável de que as plantas não somente pensam, mas também sentem, ainda que não da maneira intencional como pensamos e agimos, ou antes, como "pensamos" que pensamos e agimos. Elas se deslocam sempre mais além de nosso imaginário simbólico, que deseja fixá-las num só lugar, silenciosas, quase mortas, a despeito da vivacidade de seus tons de verde. Nesse e noutros sentidos, elas de fato *vegetam*, afirmando suas próprias existências e vivificando o mundo.

Não se trata, pois, de fetichizar o vegetal, como instância privilegiada para pensar o lugar da alteridade, incorrendo num suposto *fitocentrismo*, como o avesso do antropocentrismo. Interessa, noutra modulação, captar as singularidades vegetais, uma vez que não há definição acabada do que seja uma planta. Se ela, ou melhor, elas não têm um "próprio", não pode haver propriamente teoria nem filosofia vegetal, somente *pensamento*, na visada dessas outras enquanto outras, diferentes, únicas. A precariedade e a vulnerabilidade das plantas não implicam necessariamente fraqueza, podendo se revelar uma potência outra, não hegemônica, mas a seu modo bastante eficaz. Por isso, e contra ventos e marés, as plantas insistem em coabitar conosco no planeta, tentando nos persuadir com sua retórica clorofílica — uma pura sensação reflexiva — acerca de nossas presunções.

Se há uma expressão que poderia resumir esse desejo de intervenção branda seria mesmo a defesa de um *pensamento vegetal*. Pode surpreender e até chocar a muitos a associação desses dois termos, *pensamento* e *vegetal*, já que faz parte de nossa educação sentimental e intelectual o axioma de que plantas não pensam, no máximo sentem e/ou reagem a estímulos externos. Pensar, no sentido ocidental, como herança cartesiana, só pode ser um ato racional, eminentemente relacionado a um "eu" que reflete sobre o mundo a partir de si mesmo; essa é toda a fábula humanista. No entanto, "o que se chama pensar" é um claríssimo enigma que não tenho interesse algum em decifrar de forma cabal, e que vou apenas comentar pontualmente em cada situação que se apresente. Muitas vezes prefiro considerar o termo *vegetal* em seu sentido mais adjetivo do que substantivo. Pois, justamente, não há uma substância do pensar, tanto quanto não há uma substância especificamente vegetal. Nem o pensamento nem as plantas se reduzem a uma coisa, entidade ou substância. Não são sobretudo "entes", não havendo, por consequência, *ontologia vegetal*, tanto quanto não há ontologia animal nem mineral. Há somente traços e rastros de formações biológicas e geológicas, as quais as ciências modernas, sobretudo a partir do século XIX, têm se esmerado em descrever e classificar. Todo saber é regional, específico, restrito a um campo, ensinou-nos a fenomenologia de Edmund Husserl; mas também a filosofia tem a sua especificidade, que nunca é suspensa por simples declaração de universalidade abstrata.

VOZES E ESCRITAS VEGETAIS: LITERATURA EXPANDIDA E LITERATURA PENSANTE

Desse modo, as autoras e os autores escolhidos não são figuras de autoridade para legitimar o discurso. Seriam, antes, *vozes* que procurei ouvir e ler com a máxima atenção para combiná-las com minhas leituras prévias do texto do mundo e dos textos bibliográficos, compondo minha biobibliografia pessoal, a partir sobretudo das *múltiplas vozes e escritas vegetais*. Ressalto um fator que, para mim, avulta cada vez mais nítido: minha formação escolar e universitária foi, predominantemente, de origem europeia. Dela me orgulho bastante, sobretudo por ter concluído uma de suas etapas — a do doutoramento — vivendo durante cinco anos em território francês. Prezo, portanto, a ilustre tradição cultural europeia e jamais me alinharei ao lado de seus detratores contumazes. As críticas disseminadoras que lhe faço não visam a destruí-la, mas sim a dar uma contribuição para uma interpretação seminal a seu respeito, deslocando estereótipos e reflexos da *pulsão colonizadora*, que contundentemente também faz parte dela, estruturando-a. E é preciso falar de *tradições* culturais europeias, sempre no plural, já que são muitas, distribuídas no espaço e no tempo de séculos.

O belíssimo livro *O homem que plantava árvores*, do francês Jean Giono (2018), foi uma encomenda da revista norte-americana *Reader's Digest*, no início dos anos 1950, para uma seção com histórias baseadas em personagens reais e marcantes. Giono inventou a fábula de um homem que o narrador teria conhecido em 1913, numa região da Provença, sul da França, reduzida então a um deserto, por causa do desflorestamento compulsivo. O pastor de ovelhas, cujo nome era Elzéard Bouffier, dedicava uma parte de seu tempo a plantar árvores, sobretudo carvalhos e faias. Ele atravessou os anos ignorando as duas Grandes Guerras e dedicando-se à missão de reflorestar grande parte da região onde vivia, a despeito de todos os percalços. Depois de algumas décadas, os vilarejos, antes abandonados, voltaram a florescer, como toda a natureza: "As antigas nascentes, alimentadas pelas chuvas e neves retidas pelas florestas, voltaram a correr. Os cursos d'água foram canalizados. Ao lado de cada propriedade, nos bosques de bordos, os tanques das fontes transbordam sobre tapetes de hortelã fresca" (Giono, 2018, p. 36).

Após constatar que o personagem jamais existiu, e a despeito das qualidades poéticas, a *Reader's Digest* recusou o texto, que só foi publicado tempos depois na revista *Vogue*. A edição brasileira, com tradução de Cecília Ciscato e Samuel Titan Jr., vem acompanhada por belas ilustrações botânicas de Daniel Bueno. Como o próprio Giono relatou num artigo posterior, a história foi baseada num personagem real: seu próprio pai, que o levava para plantar carvalhos quando criança.

O procedimento empreendido por Elzéard Bouffier lembra a revitalização realizada pelo casal Lélia Deluiz Wanick Salgado e Sebastião Salgado, na região do vale do rio Doce, entre Minas Gerais e o Espírito Santo. O Instituto Terra nasceu do trabalho de recuperação ambiental da fazenda, que pertence à própria família do fotógrafo, numa área completamente degradada. Esse é um dos importantes temas do documentário dirigido por Christiane Torloni e Miguel Przewodowski, *Amazônia: o despertar da florestania* (2018), que faz um apanhado político da questão da floresta amazônica e da natureza no Brasil das últimas décadas. O neologismo *florestania* procura reunir os conceitos de cidadania e de direitos florestais.

Ao lado dos textos teóricos, a *fitoliteratura* (escrita literária com e sobre plantas) não será o único sujeito-objeto de minhas abordagens, mas de algum modo textos literários estarão sempre servindo como fios condutores ou, se se desejar uma metáfora florestal, como *cipós* ou *lianas*, entre os argumentos do livro. Foi inevitável fazer um recorte, pois seria excessivo para meus propósitos dedicar leituras a um grande conjunto de produções. Escolhi dialogar prioritariamente, em capítulos independentes, com poemas de Alberto Caeiro e com narrativas de Clarice Lispector. Isso se deve ao fato de tanto a poesia do heterônimo de Fernando Pessoa quanto as ficções claricianas trazerem, de forma explícita, as plantas como protagonistas textuais, e não como simples elemento analógico para ilustrar as condutas humanas, como acontece, por exemplo, nas fábulas. Ou, pior, como mero elemento decorativo, dentro de um esteticismo inócuo. É óbvio que *As flores do mal*, de Charles Baudelaire, escapam desse duplo viés, mas abordá-lo nas perspectivas que aqui desenvolvo exigiria um longo estudo somente a esse respeito, algo impossível neste momento. Ao longo dos capítulos virão outras referências literárias, como epígrafes ou como citações seguidas de comentários. Ressalto que no Brasil, desde o alto modernismo até a contemporaneidade, são sobretudo os poetas que mais têm redimensionado o lugar dos vegetais na literatura. Nomes como Carlos Drummond de Andrade, Manuel Bandeira, Cecília Meireles, João Cabral de Melo Neto e Guimarães Rosa (o autor de *Magma*), bem como uma série de poetas contemporâneos, como Leonardo Fróes, Ana Marques Martins, Edimilson Pereira de Almeida, Julia Hansen, Josely Vianna Baptista, Adriana Lisboa, entre outros, têm entretecido um diálogo vegetal bastante eloquente. É uma lista que não se pretende nem de longe exaustiva, composta segundo fui tomando conhecimento das obras ao longo da pesquisa e selecionando as que mais se adequaram a minhas argumentações. Por motivos estruturais, muitos autores e textos ficaram de fora.

Chamo a atenção para a necessidade de também se ouvir e ler cada vez mais as vozes poéticas e reflexivas de origem não europeia. Já há uma extensa bibliografia produzida por indígenas brasileiros, por exemplo. Para essas questões, coloco os autores e autoras indígenas no mesmo patamar que os pesquisadores canadenses, norte-americanos e europeus e os brasileiros não indígenas: são verdadeiros *pensadores* e devem contribuir muitíssimo para o respeito às espécies não humanas, inclusive os componentes do reino dito mineral.

Isso evidencia uma carência que vem sendo apontada por muitos estudiosos nas últimas décadas: precisamos fomentar o diálogo Sul-Sul, em conexão com um diálogo Norte-Sul de mão dupla. Se durante séculos o Norte foi culturalmente mais prestigiado e, portanto, mais lido e ouvido, agora importa ouvir as vozes emergentes do Sul, vozes reflexivas como as dos indígenas Ailton Krenak, Daniel Munduruku, Sônia Guajajara, Davi Kopenawa e João Paulo Barreto Tukano, para citar alguns. E também vozes poéticas, como as de Eliane Potiguara, Auritha Tabajara, Yaguarê Yamã, Renata Machado Tupinambá, Zélia Balbina (Ponan Puri) e Tiago Hakiy, entre outros. Importa fomentar um diálogo enriquecedor com esse coral indígena. Do mesmo modo, interessa abordar noutro momento as vozes pensantes de afrodescendentes.

Desde pelo menos os anos 1960, os conceitos teórico-críticos e as práticas de literatura têm sido renovados. Saiu-se de um modelo formalista e imanentista, elaborado em última instância pelo estruturalismo, para múltiplos e abertos modelos da relação entre obra literária, autoria, público e contexto histórico. Novas temáticas foram surgindo e, sobretudo, produções antes marginalizadas, no Brasil e no exterior, como as escritas de cidadãos oriundos das chamadas periferias das capitais e do interior dos estados, foram ganhando terreno no mundo letrado. Entre nós, nesta década de 2020, vemos emergir com toda potência a referida autoria de indígenas e a de afrodescendentes, bem como a autoria de mulheres, independentemente da etnia.

Essa ampliação do corpus literário em direção a vozes (na literatura oral) e escritas não hegemônicas corresponde ao que se chama de *literatura em sentido ampliado ou expandido*. Desenvolvi essa noção em "Literatura no século XXI: expansões, heteronomias, desdobramentos" (Nascimento, 2016), ensaio traduzido no Chile (Nascimento, 2016). Esse texto acabou de ser reeditado, numa versão revista e ampliada, na coletânea argentina *La literatura fuera de sí* (Nascimento e Giordano,

2021). Muitas lindas noções se encontram nesse "fuera de sí"... O fato é que a literatura jamais esteve "dentro de si", fechada sobre si mesma, a não ser na fantasia de alguns teóricos e críticos idealistas. No século XXI, a literatura encontra cada vez mais seu verdadeiro lugar "fora de si": onde aparentemente ela não está, é onde mais se busca, sem jamais encontrar a "si mesma", como uma essência platônica. E por não se encontrar jamais é que ela avança, como uma das mais potentes escritas, apta a abrir sempre novos caminhos, expandindo-se para todos os lados, acolhendo novas temáticas e formas, como também sendo acolhida por leitoras e leitores ávidos de saber renovado, de experiências por assim dizer inéditas. Por amor ao desconhecido. E poucas coisas são tão desconhecidas para os humanos quanto a vida das plantas, essa alteridade sempre rebaixada a sua mera função utilitária.

Em linhas bastante gerais, diria que a categoria *literatura pensante*, que inventei em 1995,[5] tem me ajudado a refletir sobre outros viventes além dos humanos, em particular o vasto universo dos animais e das plantas. Essa categoria tem sido também utilizada, revezadamente, com a de *escrita pensante*, a qual inclui textos filosóficos e científicos, bem como produções artísticas.

Faz mais de uma década, portanto, me encontro numa floresta de signos, num cipoal de frases densas, num matagal de versos verdejantes, onde adjetivos se desdobram em ramas, substantivos são sementes para fazer brotar novas ideias e sentimentos, advérbios vêm modificar ações desumanas, e preposições repensam a pulsão humana destrutiva. Os já referidos autores, como também Franz Kafka, Lima Barreto, Hilda Hilst e Carolina de Jesus, e tantos escritores contemporâneos, como o sul-africano J. M. Coetzee, a polonesa Wisława Szymborska, o chileno Alejandro Zambra, o turco Orhan Pamuk, a norte-americana Louise Glück, a brasileira Conceição Evaristo, o japonês Haruki Murakami, antes de mais nada ajudam a repensar o próprio devir humano em suas relações

---

5. Na tese de doutorado que deu origem ao livro *Derrida e a literatura* (Nascimento, 1. ed., 1999; 2. ed., 2001; 3. ed., 2015; e tradução argentina, 2021).

consigo mesmo e com os outros viventes. Do mesmo modo, um artista como Frans Krajcberg e um paisagista como Roberto Burle Marx, além dos artistas indígenas Denilson Baniwa e Jaider Esbell, entre diversos outros, tornam cada vez mais urgente pensar nossa relação com o que até recentemente nomeávamos de forma tranquila como "natureza". *Pensante* é toda literatura ou escrita em sentido expandido, que ajuda a pensar o impensado e até o impensável das culturas ocidentais, mas também de outras que não tenham muitas afinidades com o não humano e atentem contra a própria vida. Nisso, as obras literárias, com seu poder de *dizer tudo* (*tout dire*, segundo Derrida — 2009), se alinham à democracia. Não por acaso, a instituição literária e a democracia em sentido moderno nascem juntas no século XVIII. A existência de textos literários (inclusive sob forma oral) remonta aos primórdios da humanidade em todo o planeta, mas a palavra latina *literatura* só ganhou sua significação atual há pouco mais de dois séculos. Desde então, literatura e democracia nunca deixaram de se aperfeiçoar e de ampliar seus limites, sendo muitas vezes atacadas por forças antidemocráticas. A literatura pena em sobreviver em regimes não democráticos; e o contrário também é verdadeiro: onde a invenção literária não pode ser exercida com plena liberdade, não há verdadeira democracia. Conhecemos, no Brasil, o modo como inúmeros escritores e escritoras foram censurados durante a ditadura militar — ameaça que infelizmente voltou a pairar sobre nossas produções culturais. Razão pela qual a atividade literária tem cunho eminentemente ético e político, associado ao estético.

ENSAIOS AO MODO DE EXPERIMENTO

De acordo com o estilo ensaístico proposto, este volume pode ser acessado e lido independentemente da ordem proposta por capítulos. O ideal é que cada leitora ou leitor trace seu próprio percurso, conforme os intertítulos que mais lhe interessem. Ler é recortar, enxertar, replantar, semear, para que a colheita seja frutuosa. Em se tratando das plantas, indivíduos de estrutura essencialmente *modular*, nada mais adequado do que uma escrita descentrada, afeita também às idiossincrasias de quem escreveu e de quem eventualmente interpreta. Apenas me cabe desejar que a semeadura não tenha sido em vão...

Se nunca fui um adepto da já referida globalização, que sempre me pareceu uma ideologia a serviço do neo- e agora do ultraliberalismo econômico, acredito na necessidade de uma *comunicação* planetária. E se o "comum" se tornou uma das grandes pautas das chamadas ciências humanas nas últimas décadas, em grande parte devido ao debate entre Maurice Blanchot e Jean-Luc Nancy, isso se deve menos a uma força de reunião e de homogeneidade de comportamentos e ações do que a um *compartilhamento* irrefreável de experiências e valores (cf. Nascimento, 2017). Não por acaso, *compartilhar* é um dos grandes verbos do mundo digital: estamos todos (ou quase todos, pois sempre deve-se supor alguns resistentes), querendo ou não, conectados uns aos outros, com vínculos formais ou informais de aceitação, amor, ódio, repúdio, interesse etc. A vida se tornou um fluxo contínuo planetário, que apenas um vírus nefasto pôde interromper, em função de nossos desregramentos ambientais e alimentares. Não por acaso o coronavírus tem a "coroa" em seu nome, pois é de *soberania* humana que se trata. Uma soberania que a pandemia mundial ajudou a destronar.

Há uma palavra que precisa ser retirada de seu contexto humanista e atualizada com novos sentidos: *solidariedade*. Trata-se de vocábulo com uma longa e complexa história, que, nos anos de 1980, desaguou no Partido Solidariedade polonês, sob a liderança de Lech Wałęsa, e que esteve na abertura do bloco comunista para o mundo. O que esse termo ainda pode ter de válido, a despeito das idealizações que sempre o cercaram, é o fato de remeter a relações recíprocas entre partes de um conjunto, embora esse conjunto possa não ser fechado, como é o caso do que estou visando.

O adjetivo *solidário* se refere a "sólido", expressando a firmeza e a consistência dos vínculos de reciprocidade. Já *solidariedade*, desde sua etimologia, remete a uma relação de interdependência entre as pessoas, entre os viventes e entre estes e as coisas.⁶ Ou seja, antes de ser um ato voluntário, há na solidariedade a noção de que os viventes e as coisas são mútua e inelutavelmente interdependentes. O modo como se dão esses laços entre viventes e não viventes é que faz a História complexa do planeta. Noutras palavras, querendo ou não, *convivemos* todos, indivíduos orgânicos e inorgânicos: *vivemos-com*, nos relacionando todo o tempo com as alteridades próximas ou distantes. O mais isolado dos humanos ou dos viventes animais ou vegetais convive com espécies e coisas que lhes são, ao mesmo tempo, alheias e vizinhas, dependendo delas para sobreviver. A solidão absoluta inexiste, pois a solidariedade, natural e cultural, é uma lei mínima da existência, incontornável para quem ou o que vive. A tensão entre "o quem" e o "o quê" está em causa nesse jogo de vida *e* morte, inseparavelmente.

Para mim, o ensaio tem sempre algo de autobiográfico, envolvendo radicalmente aquele ou aquela que escreve, como talvez todo e qualquer escrito, mesmo o mais impessoal. Faz algum tempo que, em meu caso, mas certamente não estou sozinho, escrever se tornou uma forma de *testemunho*. De modo análogo até certo ponto aos testemunhos de Albert Einstein (1979), importa sempre como vemos o mundo e como o mundo a nosso redor nos vê, devolvendo inevitavelmente uma imagem *alterada*. Questão de perspectiva múltipla e ampliada, que faz de toda autobiografia antes de mais nada uma *alterbiografia* (literalmente: uma biografia da e pela alteridade), dentro do que chamo de *mundivisão*: as inesgotáveis visões de mundo, sob inúmeros ângulos.

A partir dessas colocações iniciais, vale enfatizar que o que nomeio como *pensamento vegetal* não tem definição simples nem definitiva,

---

6. A etimologia dada pelo dicionário do CNRTL francês (2021) traz uma citação, de 1693, preciosa para a história do termo *solidarité*, proveniente da área do direito: "o que mantém as pessoas unidas por uma obrigação solidária". Já em 1737, encontra-se a seguinte definição: "relação de dependência recíproca entre pessoas". E no simbólico ano de 1789, "relação de interdependência entre as coisas". Em 1875: "conjunto de pessoas solidárias".

mas compreende ao menos três significações básicas. Primeiro, *pensamento vegetal* seria, como explicado no início, o que pensam as plantas. Decerto não se trata de pensamento com palavras.

Um segundo sentido para *pensamento vegetal* seria o que nós pensamos a respeito das plantas: nas ciências, na filosofia ou mesmo no cotidiano, o que de fato concebemos acerca desses viventes tão próximos, mas em aparência tão distintos de nós humanos. Embora a botânica, enquanto disciplina autônoma, date apenas do século XVIII, a preocupação com o reino vegetal já existia na Antiguidade ocidental, como também nas diversas culturas de origem não europeia. Teofrasto, por exemplo, escreveu dois tratados importantes por volta de 300 a.C.: *Sobre a história das plantas* e *Sobre as causas das plantas*.

Acrescentaria uma terceira definição para o *pensamento vegetal*: a *visão das plantas* (para referir o título de uma brilhante novela de Djaimilia Pereira de Almeida — 2021 —, comentada no capítulo 10, "Por outro humanismo: poéticas vegetais", neste volume como comparece na literatura e nas artes, visão esta não mais fundada no antropocentrismo nem no assim chamado *zoocentrismo*, o centramento biológico na vida animal.

Em todas essas concepções do *pensamento vegetal* na atualidade, as plantas ganham plena autonomia existencial, sendo consideradas em sua sensibilidade e inteligência.

Se Clarice, numa de suas crônicas do *Jornal do Brasil*, republicada em *A descoberta do mundo* (1984), se sentiu convocada pelo "chamado" animal, aqui importa atender ao "apelo vegetal", que nos chega das florestas, matas, bosques, parques, jardins, hortas e quintais deste planeta não por acaso denominado Terra.

Rio de Janeiro, 22 de setembro de 2021

Capítulo 1
A questão vegetal

> *Meu pai montava a cavalo, ia para o campo.*
> *Minha mãe ficava sentada cosendo.*
> *Meu irmão pequeno dormia.*
> *Eu sozinho menino entre mangueiras*
> *lia a história de Robinson Crusoé,*
> *comprida história que não acaba mais.*
> Carlos Drummond de Andrade, "Infância"

A MATA PRESERVADA: INFÂNCIA NA FLORESTA

Nasci numa pequena cidade do sul da Bahia com o nome indígena de Camacã, que, no início dos anos 1960, ainda pertencia ao município de Canavieiras, lindo balneário à beira-mar. Situado na região do cacau, esse vilarejo tinha seu entorno florestal de Mata Atlântica bastante preservado. A cacauicultura conserva em grande parte a mata, porque o cacaueiro (*Theobroma cacao*), à diferença de outras culturas — por exemplo, o café e a cana-de-açúcar —, necessita de sombra; sua origem na bacia hidrográfica da Amazônia explica essa peculiaridade. Algumas árvores precisam ser abatidas para dar espaço à lavoura cacaueira, mas diversas outras são mantidas, a fim de proteger a plantação. A conservação parcial da vegetação original garante a regularidade das chuvas anuais, mantendo a estabilidade climática.

Quando eu tinha aproximadamente oito anos, meu pai, que era comerciante, adquiriu em sociedade com um tio uma fazenda cujo nome bastante simbólico era Floresta. De origem humilde, trabalhador rural desde a infância, ele conhecia plantas como ninguém. Sabia os nomes e a utilidade de todas as que viviam em nossa região, além de ser um fino *expert* dos terrenos mais férteis. Mal frequentou uma escola, sendo semianalfabeto, mas era pós-doutor em botânica tropical.

Eu gostava de ir à fazenda, e cheguei a morar nela por um ano. Quando fui estudar em Salvador, com catorze anos de idade, adorava passar as férias numa casa no meio do mato. Já era completamente urbanoide, amava a cidade média ou grande, que, por causa das viagens de negócio do pai, conheci desde criança: primeiro Itabuna e Ilhéus, depois Salvador e Rio de Janeiro. Mas a fazenda era o refúgio, onde podia fazer sem ser perturbado as coisas que mais amava: ler, escrever e desenhar. Pouco me arriscava no mato, a não ser para tomar banho de rio e colher algumas jabuticabas, abis, jatobás e outros frutos. Via aquelas e outras árvores na mata, mas, além do cacau, reconhecia no máximo apenas uma dúzia delas, principalmente as que existiam também no quintal lá de casa, na cidade.

Eu era, portanto, um *analfabeto vegetal*, embora tivesse ali perto o melhor professor possível. Com a morte prematura do pai, a Floresta foi vendida, junto com outras propriedades, numa história tão comum em sucessões familiares... Utilizei minha parte da herança para estudar no Rio sem maiores preocupações materiais, e depois passei cinco anos na França, dois como bolsista do governo brasileiro e três como professor de literatura e cultura brasileira na Université Stendhal de Grenoble. Fui em busca do *saber*, aquilo que o pai mais valorizava, até mesmo mais do que a herança material que nos legou.

Em todo esse trajeto, bastante ligado à universidade, as plantas permaneciam sendo para mim uma abstração, como aliás para a maior parte dos humanos. Não é que não gostasse delas, longe disso. Sempre achei repousante me desligar da vida urbana e passar um tempo em zona rural ou equivalente. Mas o território urbano sempre foi o habitat onde me senti mais adaptado. Até certo ponto me identifico com esses versos célebres de Drummond, retirados do poema "Explicação": "No elevador penso na roça,/ na roça penso no elevador" (Andrade, 1979b, p. 98).

PRIMEIRAS ABORDAGENS VEGETAIS

Apesar da afeição pela paisagem bucólica, a ignorância a respeito do mundo das plantas continuava grande. Até que, em função de meu interesse por questões filosóficas e literárias, exatamente no ano 2000, publiquei um primeiro ensaio que me abriu diversas portas da percepção. O texto "O inumano hoje" saiu pela revista *Gragoatá*, da Universidade Federal Fluminense (Nascimento, 2000), mas a versão original, com o título "Uma literatura pensante: Clarice e o inumano", havia participado de um livro coletivo sobre Clarice Lispector (Nascimento, 1999). Nesse estudo, intentava uma primeira abordagem do universo clariciano a partir daquilo que não fazia parte do universo humano, em particular os animais. Apoiado sobretudo em *O inumano* de Jean-François Lyotard e noutros pensadores franceses, que fazem parte de minha formação, como Gilles Deleuze e Jacques Derrida, tendo como referência primacial textos de Friedrich Nietzsche, recorria a contos, romances e crônicas de Clarice Lispector a fim de tentar compreender a relação assimétrica entre os humanos e seus outros, nomeados com a categoria do "inumano". Apontava então o aspecto sintomático de o Homem designar o gênero (masculino) e a espécie (humanidade), de um modo como a Mulher jamais poderia fazê-lo.

Em 2012, publiquei o livro *Clarice Lispector: uma literatura pensante*. Nele, retomava e desdobrava as linhas gerais do ensaio de 2000, com ênfase na questão animal, agora sob a perspectiva da categoria do "não humano", pois o "inumano" gera uma ambiguidade semântica que pode pender para a negatividade do "desumano". Em duas seções, os vegetais já compareciam: "A estética das sensitivas" e "A desnatureza das flores", sobretudo a partir de *Perto do coração selvagem*, *A maçã no escuro* (ficção que inclui uma fruta no título) e *Água viva*.

Publicado o livro, fiquei com o desejo de desenvolver mais a questão vegetal em Clarice, tomando outros textos como referência, tais como *Laços de família* e *A descoberta do mundo*. No ano de 2017, realizei, primeiramente, a conferência "Derrida e a as plantas: disseminações", num colóquio internacional da Universidade do Estado do Rio de Janeiro (UERJ), e, em seguida, num colóquio sobre os quarenta anos da morte da escritora, realizado na instituição psicanalítica Corpo Freudiano, expus o tema "Clarice e as plantas", cujo texto foi publicado na revista lusa *Caliban* (Nascimento, 2017). Em 2018, dei uma palestra na Academia Brasileira de Letras a partir de uma leitura de *O guardador de rebanhos*, de Alberto Caeiro, famoso heterônimo de Fernando Pessoa, mas também a partir de textos filosóficos e científicos sobre a temática vegetal. No mesmo ano, fiz uma intervenção no Arquivo Nacional do Rio de Janeiro, num evento coorganizado com o Instituto de Artes da UERJ, abordando a noção de "arquivo natural" a partir da obra de Frans Krajcberg, o judeu-polonês-baiano que viveu suas últimas décadas em Nova Viçosa, extremo sul da Bahia, não muito longe de onde nasci. "Brotei" no sul do estado, e Nova Viçosa está mais abaixo, no que chamamos de extremo sul baiano, próximo da fronteira com o Espírito Santo.

Isso tudo remete a minha dupla origem de camacaense nato e de cidadão soteropolitano adotivo. Dois eixos, como régua e compasso, com que aprendi a traçar meu próprio caminho no mundo, para lembrar "Aquele abraço", a linda canção de Gilberto Gil. Antes de continuar, assinalo que, a partir de 1989, com a decadência da lavoura do cacau, em função da praga chamada de "vassoura de bruxa" (causada pelo fungo *Moniliophtora perniciosa*), toda a região entrou em declínio. Muitas fazendas foram abandonadas e tiveram parte de suas matas derrubadas por inescrupulosos madeireiros. Quando criança, vi mais de uma vez o pai rejeitar propostas dos madeireiros capixabas, que já haviam devastado parte do extremo sul da Bahia, e depois foram subindo cada vez mais. Lembro de viajar naquela época a Porto Seguro, bem antes de a indústria do turismo lá ser implantada, e ver nas proximidades do então lugarejo de Eunápolis um território lunar, com tocos de árvores calcinadas após a devastação. Essa, aliás, foi uma das grandes denúncias levadas inúmeras vezes a cabo, em suas últimas décadas de vida, por Frans Krajcberg, artista-militante em favor da natureza.

No século XXI, desenvolveram-se por assim dizer duas grandes correntes de reflexão e atuação em torno da questão vegetal, que engloba temas como a inteligência das plantas, o extrativismo florestal, a agricultura sustentável, o reflorestamento, a preservação ambiental, mas também aspectos negativos como o desflorestamento, a pecuária extensiva, o abuso de agrotóxicos e pesticidas, entre outros. Uma dessas correntes é representada por cientistas-pesquisadores, por escritores, artistas e filósofos, por organizações não governamentais (as ONGs), ativistas ambientais, ecologistas e parte da população com alguma visão crítica do desenvolvimento predatório próprio ao capitalismo. A outra corrente detém um caráter majoritariamente conservador, com perfil que vai desde a centro-direita, passando pela direita e chegando à extrema direita. Trata-se da tendência cética em relação ao papel da vegetação no que diz respeito à estabilidade climática e à perda de qualidade do solo se não forem respeitadas as florestas que o protegem.

Infelizmente, desde a ascensão de Donald Trump ao poder, e apesar de sua derrota quatro anos depois, essa última corrente foi se tornando cada vez mais hegemônica, na medida em que governos extremistas foram assumindo ou consolidando o poder nos Estados Unidos, na Hungria, na Turquia, na China, no Irã e na Austrália, sem falar na perpetuação de Vladimir Putin como presidente da Rússia. Depois da vitória da extrema direita nas eleições presidenciais de 2018, o grupo instalado no governo brasileiro outra coisa não fez senão promover todo tipo de desmonte nas políticas de preservação. O presidente Jair Bolsonaro, de ideologia indubitavelmente neofascista, escolheu Ricardo Salles para o Ministério do Meio Ambiente, alguém com processo na justiça e que passou a desrespeitar sistematicamente o chamado meio ambiente.

Ao longo de 2019 e de 2020, diversas catástrofes ocorreram, algumas provocadas pela incitação do "despresidente" (como prefiro chamá-lo) para que terras da Amazônia e de outras partes fossem invadidas e as árvores, derrubadas. A consequência foi a intensificação dos incêndios e o aumento exponencial da destruição florestal, num processo que vem de muitos anos, mas que se acelerou com a ascensão dos extremistas.

    Não pretendo realizar uma análise detalhada dessas políticas oficiais destrutivas, que em diversos países vão no sentido contrário à preservação ambiental. Aqui importa sobretudo voltar os olhos para esses viventes tão próximos de nós humanos, mas tão ignorados na proporção mesma dessa proximidade: os vegetais. São eles em grande parte os responsáveis pela sustentação da vida no planeta; no entanto, sua existência se precarizou ao máximo, a ponto de pôr em risco a sobrevivência de seus próprios predadores, os humanos, bem como dos demais viventes. Entender a sensibilidade e a inteligência própria a esses "estranhos" e, ao mesmo tempo, familiares tornou-se assim uma questão de preservação da vida como um todo, e não mais apenas a de nossa própria espécie.

VEGETAR É VIVER: A *PSYCHÉ* DAS PLANTAS

> *O que o mar sim aprende do canavial:*
> *a elocução horizontal de seu verso;*
> *a geórgica de cordel, ininterrupta,*
> *narrada em voz e silêncio paralelos.*
> *O que o mar não aprende do canavial:*
> *a veemência passional da preamar;*
> *a mão-de-pilão das ondas na areia,*
> *moída e miúda, pilada do que pilar.*
> João Cabral de Melo Neto, "O mar e o canavial"

Nada tenho contra o progresso tecnológico, não sendo nostálgico de uma era pré-industrial, nem de um mundo puramente artesanal. Pois sei que há tecnologia desde que o primeiro homem ou mulher das cavernas pegou um fragmento de sílex, amarrou a um pedaço de madeira e com isso construiu a ferramenta para derrubar plantas e abater animais. No entanto, há modos diferenciados de se intervir no entorno, e o chamado progresso científico precisa estar do lado de uma agricultura ou de um extrativismo sustentável, com a finalidade de preservação máxima das espécies. Inclusive a nossa própria, atualmente entre as mais ameaçadas.

Tecnologia que apenas visa ao lucro, desrespeitando sistematicamente os ambientes, como se vê nos imensos campos de soja, entre diversas outras monoculturas que se alastram no país, expulsando indígenas, poluindo rios, abatendo plantas e animais, segue o modelo do pior capitalismo. Não há dúvida de que, se nada for feito, até o final deste século, esse processo poderá tornar a nossa própria vida no planeta inviável.

Lembro aqui de passagem o belo, atualíssimo e pouco conhecido poema de Drummond, "Agritortura" (1980), ele que também publicou outro denso poema no antigo *Jornal do Brasil*, quando destruíram as Sete Quedas do Iguaçu. Caberia a um poeta hoje escrever igualmente um poema-protesto contra a usina de Belo Monte e obras do mesmo gênero. Cito o belíssimo "Adeus a Sete Quedas":

> Sete quedas por mim passaram,
> e todas sete se esvaíram.
> Cessa o estrondo das cachoeiras, e com ele
> a memória dos índios, pulverizada,
> já não desperta o mínimo arrepio.
> Aos mortos espanhóis, aos mortos bandeirantes,
> aos apagados fogos
> de Ciudad Real de Guaira vão juntar-se
> os sete fantasmas das águas assassinadas
> por mão do homem, dono do planeta.[1]

---

1. Nunca retomado em livro, este poema foi publicado no antigo *Jornal do Brasil*, em 9 de setembro de 1982 (cf. Andrade, 2021).

Mais além de qualquer vegetarianismo radical, formalizado na tendência vegana, as plantas interessam hoje sobretudo por constituírem o não humano fundamentalmente próximo da humanidade, porém o menos considerado em sua integridade vital. Se há muito tempo existe um clamor mais do que justificado em defesa dos animais, que de algum modo se nos assemelham na mais estranha diferença, os vegetais são ainda viventes considerados como desprovidos de qualquer sensibilidade ou inteligência. Curiosamente, o verbo *vegetar*, que na origem tinha um significado muito positivo, agora é sinônimo de um viver sem consciência, como se se tratasse de uma existência quase sem vida. Em latim, *vegetare* significava "animar, vivificar; dar movimento a; aumentar, fortalecer, fazer crescer". Atualmente, alguém que vegeta, e não apenas em português, é alguém que vive uma vida inútil e mecânica ou está em coma. Em francês, *végéter*: "Ne pas progresser, rester à un niveau médiocre; stagner" (Dictionnaire Larousse, 2021). Em inglês, *to vegetate*: "to lead a passive existence without exertion of body or mind" (Dictionary Merriam-Webster, 2021). O *Diccionario de La Real Academia Española (RAE)* explicita esse sentido do termo, quando aplicado figurativamente aos humanos e concretamente aos vegetais: "Dicho de una persona: Vivir maquinalmente con vida meramente orgánica, comparable a la de las plantas" (2021).

Nessas quatro línguas, o sema positivo continua existindo, mas não é o que predomina no senso comum, segundo o qual se pode tranquilamente dizer que "vegetar não é viver". Em português, o *Houaiss* registra o sentido remanescente, mas que praticamente caiu em desuso: "crescer ou fazer crescer (planta); medrar, desenvolver(-se)" e "desenvolver-se com exuberância; brotar, pulular". No presente momento, já se começa a reabilitar a semântica positiva do termo, e é o que farei em alguns momentos deste estudo (cf. Oliveira *et alii*, 2020).

Em *De anima* (*Peri psyché*), Aristóteles repassa todas as teorias precedentes da "alma" (*psyché*), desqualificando-as uma por uma. São convocados em sua argumentação textos de Empédocles, Anaxágoras, Demócrito e até de seu mestre Platão, entre outros. Para o filósofo, corpo e alma são inseparáveis, e, por isso mesmo, deve existir uma concepção de alma para cada tipo de corpo. O que há de mais rico na reflexão aristotélica é que, ao contrário de diversos outros pensadores da tradição metafísica, ele não nega certa propriedade anímica às plantas; apenas o tipo de alma que detêm não é tão completo quanto o dos animais e sobretudo dos homens. Se, por um lado, os vegetais não são excluídos da teoria aristotélica, por outro, são considerados viventes de *alma incompleta*:

> Dentre as potências da alma [*psyché*], [...] nas plantas subsiste somente a nutritiva, mas, em outros seres, tanto esta como a perceptiva. E, se subsiste a perceptiva, também subsiste a desiderativa, pois desejo é apetite, impulso e aspiração; e todos os animais têm ao menos um dos sentidos — o tato — e, naquele em que subsiste percepção sensível, também subsiste prazer e dor, percebendo o prazeroso e o doloroso; e, nos que eles subsistem, subsiste também o apetite, pois este é o desejo do prazeroso (Aristóteles, 2017, p. 77).

Tal definição sintetiza a maneira como Aristóteles concebe as almas e, consequentemente, a hierarquia que estabelece entre as espécies de viventes, ou entre os reinos animal e vegetal, colocando o homem no topo do que agora chamamos de cadeia evolutiva e fundamentando o antropocentrismo que até hoje vigora sobretudo nas culturas ditas ocidentais. Chamo a atenção para o fato de que traduzir *psyché* como "alma" é extremamente problemático, pois com isso se cristianiza o termo grego. *Psyché* não seria apenas nem a "alma" cristã (embora analogias possam ser feitas entre os dois conceitos) nem a "psique", o aparelho psíquico ou a mente da modernidade (sobretudo no âmbito da psicanálise). Seria antes um *princípio vital*, que foi interpretado dos mais diversos modos já na antiga cultura helênica.[2]

---

2. Do grego "*psukhḗ, ês* no sentido de 'sopro', donde 'sopro de vida, alma, como princípio de vida, alento, ser vivo, pessoa; alma p. opos. a corpo; alma, como sede dos desejos; alma de um morto, sombra, espírito', conexo com o v. gr. *psúkhō* no sentido de 'soprar'".

A planta seria então, enquanto portadora de uma alma incompleta, inferior, uma vida no limite da existência. Esse preconceito metafísico foi abordado dos mais diversos modos pela tradição ocidental. À diferença de outras culturas, como algumas de origem africana e indígena, as plantas para nós não se ligam diretamente aos humanos.[3] Claro, todos os animais necessitam dos vegetais para extrair a energia que os mantém de pé, mas tudo não passa de uma função supostamente utilitária. Os animais são chamados de *heterótrofos* (de *héteros*, "outro, diferente", e "*-trofia* 'ação de alimentar, alimento, nutrição, nutriente'") porque não conseguem produzir seu próprio alimento, por meio de substâncias inorgânicas e da luz solar. Já as plantas são chamadas de *autótrofas* (*autós*, "(eu) mesmo, (tu) mesmo"), pelo fato de obterem nutrição por meio da fotossíntese, das substâncias do solo e da água: produzem, desse modo, o orgânico a partir do inorgânico. Segundo Jean-Marie Pelt, o vegetal é capaz de fabricar seu próprio alimento, os açúcares (amido ou celulose), por meio da fotossíntese. A celulose é responsável pela rigidez membranosa típica das plantas. Já os animais perderam a capacidade de fotossíntese, necessitando praticar a predação das plantas e de outros animais para se nutrirem. Por não produzir celulose, o tecido dos animais não detém a rigidez nem, portanto, a fixidez das plantas, daí sua maior mobilidade (cf. Pelt, 2011, p. 63-64). Algumas algas ilustram a passagem do vegetal para o animal, como no caso das euglenas: a perda da clorofila as induz à predação como forma de se alimentarem (Pelt, 2011, p. 65). Ou seja, tal como nos primórdios da vida, a oposição vegetal/animal é, em certo nível, bem menos marcada do que se imagina; embora a distinção entre autotrofia e heterotrofia jamais se perca, algumas espécies podem passar de uma condição a outra em determinadas circunstâncias. Inclusive, o termo *mixotrofia* nomeia as espécies que detêm as duas disposições, a de se autonutri-

---

3. Como veremos no capítulo 9, "Hegel, as descolonizações e o pensamento indígena (Ailton Krenak, Davi Kopenawa)", neste volume, as reflexões e os relatos dos indígenas brasileiros (Krenak, 2019 e 2020; Kopenawa, 2016) trazem testemunhos precisos a respeito de outro modo de lidar com a floresta e o ambiente em geral.

rem e a de predarem, como é o caso dos vegetais hemiparasitas. Ainda segundo Pelt, os fungos constituem um reino à parte, já que não são nem animais nem vegetais: não se alimentam de presas sólidas como os primeiros, nem fazem fotossíntese, como os últimos; tendem a retirar os nutrientes de vegetais que os abrigam ou a extrair as substâncias de cadáveres dos animais.

Não se trata de nos prendermos apenas a uma ciência do vegetal (nomeadamente a botânica), nem a uma filosofia tradicional das plantas, a qual tenderia a reconduzi-las ao *lógos* metafísico. O que se propõe é avaliar a singularidade vegetal em seu valor existencial, que nunca é totalmente autônomo, mantendo relação com os outros viventes. Longe de qualquer idealismo vitalista, busco uma elucidação da vida igualmente mais além de toda biopolítica. A pergunta platônico-socrática a ser evitada é justamente "o que é a vida?", pois senão se recai na armadilha ontologizante do imperativo de definição.

O fato é que quase nunca se coloca o sentido do viver vegetal em sua relativa autonomia. As florestas importam porque servem para regular a temperatura do planeta, fixando o carbono e liberando o oxigênio para a atmosfera. Ou seja, têm uma função reguladora e produtora de oxigênio, embora tenha sido constatado que algas marinhas desempenham esta última tarefa com mais produtividade. Os legumes, frutas, hortaliças e congêneres fornecem alimentação precípua aos humanos. Já os herbívoros em geral se nutrem com folhas de árvores ou arbustos, mato ou pasto. Esse *funcionalismo ou utilitarismo vegetal* é um dos aspectos fundamentais do problema. O título expressivo de Ailton Krenak sinaliza isso muito bem: A vida não é útil (2020).

O OUTRO MUNDO DOS VEGETAIS

De acordo com a conceituação de Heidegger, em *Os conceitos fundamentais da metafísica: mundo, finitude, solidão* (2003), as plantas e os animais seriam pobres de mundo (*weltarm*), as pedras seriam desprovidas de mundo (*weltlos*) e o homem seria aquele que forma ou constrói mundo (*weltbildend*), terminologia em que, a cada vez, a palavra "mundo" (*Welt*) é utilizada para caracterizar a posição ontológica (e hierárquica) dos entes: plantas, animais, pedras e homem possuem status existencial valorativamente diferenciado, em função de serem ou não dotados de "mundo".

Segundo tal hierarquia ontológica, o homem, claro, estaria no patamar superior, como *weltbildend* (formador ou construtor de mundo).[4] No capítulo de *Os conceitos fundamentais da metafísica* em que desenvolve essas três "teses" (como ele próprio as nomeia), Heidegger tece considerações sobre o que chama de "comunidade entre ciência e filosofia" em sentido tradicional, porque a primeira tende a se prender a fatos e a segunda a teorias muitas vezes desprovidas de sustentação real (as "pseudofilosofias"). Fica evidenciado que, naquele momento em que profere o curso, entre 1929 e 1930, na Universidade de Friburgo, ele está dialogando com uma série de discussões que vinham acontecendo desde o final do século XIX, a respeito do estatuto da *vida* em geral. Algumas dessas discussões se referiam, de maneira acertada ou equivocada, ao pensamento de Nietzsche, no pior dos casos descambando para um perigoso "vitalismo" ideológico (cf. Lemke, 2018).

O importante a sublinhar é que a necessidade de repensar o estatuto da ciência em sua relação "comunal" com a filosofia não se limita à questão assinalada por Heidegger sobre a "autonomia da vida" como um campo específico. Isso implicaria uma limitação ao campo da biologia. O risco dessa autonomização seria o de confundir o humano, os animais e as plantas num único agrupamento, quando na verdade o que interessa a Heidegger é pôr em destaque, como fundamentalmente relacionada ao Ser, a apropriação (ou antes, "propriação", *Eigentlichkeit*: "autenticidade"; *eigen*: próprio) do homem em relação a seu *Dasein*, seu ser-estar-aí, sua "existência" (sentido corrente de *Dasein*).

---

4. Para todas as referências a essa temática, além de Heidegger (2003), cf. Nascimento (2012).

Tudo é feito para demonstrar que, ao contrário de certo "entendimento vulgar" (*sic*), as plantas e os animais não têm a mesma disposição para com o mundo que o homem, pois somente este pode manter uma relação essencial com algo que não se limita mais à esfera dos entes: a questão obliterada do Ser na metafísica dita ocidental.

Toda a argumentação heideggeriana sobre a pobreza de mundo dos animais (e das plantas) parte do que para ele é óbvio, porém não suficiente como explicação: materialmente falando, o animal é mais pobre de mundo do que o homem, visto que o acesso dele aos entes é menos abrangente. É nesse argumento colocado como indiscutível que se baseia a concepção inicial de *mundo*: "mundo significa inicialmente a soma do ente acessível, seja para o animal ou para o homem, variável segundo a abrangência e a profundidade da penetração" (Heidegger, 2003, p. 224). Mas, logo em seguida, ele nuança essa avaliação, mostrando como é problemático colocar a distinção do homem em relação aos outros viventes fundamentando-se apenas na abrangência quantitativa do acesso ao mundo.

A verdadeira fundamentação se encontra, para Heidegger, no aprisionamento do animal ao funcionamento das "pulsões", termo utilizado pelo tradutor para *Triebe*. (E nessa altura, ele sintomaticamente abandona as plantas, limitando-se a exemplos animais...) Sua pobreza de mundo se deve a que, ao contrário do homem, ele não pode se relacionar ao ente *enquanto tal*, pois sua percepção é perturbada com frequência por fatores externos. Isso significa dizer que os animais não têm uma verdadeira percepção e menos ainda uma reflexão sobre o mundo que os cerca, seu "meio ambiente" — em alemão, a palavra que designa meio ambiente é *Umwelt*, literalmente "mundo em torno", "mundo ao redor". A pobreza animal resulta dessa privação de um relacionamento efetivo com o mundo circundante, fazendo com que esteja muito mais próximo da pedra, que é desprovida de mundo (*weltlos*), do que do homem, que é formador ou construtor de mundo (*weltbildend*).

Essa não abertura da animalidade para o ente *enquanto* ente é decisiva para caracterizar a diferença entre o homem e o animal (e as plantas) como "abissal": "Se ele não pode perceber algo *enquanto* ente, então o animal está cindido do homem por um *abismo*" (Heidegger, 2003, p. 302).[5] O filósofo alemão dialoga com diversos cientistas de sua época, citando inclusive algumas de suas obras fundamentais: Wilhelm Roux, Jakob von Uexküll, Emanuel Rádl, entre outros. Todavia, não por acaso o nome de Charles Darwin só aparece lateralmente, mas sem deixar dúvidas quanto à discordância fundamental, pois o cientista inglês foi o primeiro a colocar, de maneira decisiva, a questão da origem comum de alguns animais e dos humanos, reunindo-os num mesmo ancestral. Noutras palavras, é preciso que a nova proposta de Heidegger se afirme não como uma filosofia (ou ciência) igual às outras da tradição, mas como *ontologia fundamental* para que a animalidade seja irrevogavelmente separada da humanidade; com isso a ciência biológica, a qual compartilha certa "comunidade" com a filosofia, serve apenas como instrumento para comprovação das teses metafísicas fundamentais do próprio Heidegger. Isso é tanto mais grave porque este se recusa a reconhecer qualquer abertura do animal em relação ao ente *enquanto tal*. Contudo, a separação não termina aí, pois o elemento definidor da essência do *Dasein* humano é sua relação com o Ser do ente — tal é a *verdade ontológica fundamental* proposta desde *Ser e tempo*.

Em síntese, os animais (e, por tabela, as plantas) estão *privados* de duas relações essenciais: eles não se relacionam ao ente *enquanto tal* (relação que determina a *verdade ôntica*), nem muito menos ao Ser do ente (relação que determina a *verdade ontológica*). É nisso que consiste sua "pobreza de mundo" enquanto privação parcial, mas que acaba por resultar total. Tais inferências teóricas provam que, enquanto estivermos presos ao que chamo de "armadilha ontológica", os viventes animais e vegetais não têm chance alguma de deter uma dignidade existencial equivalente à do humano. Assinalo que, sintomaticamente e de modo inesperado, Heidegger se refere a inúmeros experimentos cien-

---

5. Assinalo o significativo grifo do "enquanto" pelo próprio Heidegger. O grifo em "abismo" é meu.

tíficos para provar a "perturbação" que atinge a percepção e o comportamento dos animais, quase nunca dando o crédito aos cientistas que realizaram tais experiências. A contradição é nítida: se a ciência é colocada no mesmo patamar da filosofia tradicional e, portanto, avaliada como incapaz de dar conta da ontologia fundamental, no entanto os experimentos científicos servem para comprovar a limitação existencial dos animais. Com a simples finalidade de criar uma separação abissal entre humanos e animais, esse tipo de fundamentação ontológica leva o filósofo a afirmar o seguinte: "o cachorro não existe, mas apenas vive" (2003, p. 242), motivo pelo qual podemos *ser* ou *estar-com* (*mitsein*), mas não *coexistimos* com esse animal doméstico... Heidegger esquece que nós humanos também temos nossa percepção constantemente "perturbada" pelo que acontece a nossa volta. Ademais, muitos de nós jamais compreenderão a amplitude e os limites de sua própria existência, se é que alguém chega a isso de forma cabal. Mesmo uma pessoa dotada de grande cultura livresca, filosófica, literária, científica etc. jamais poderá sair do labirinto de suas perturbações individuais, que variam de acordo com cada um.[6]

Curiosamente, Heidegger, o filósofo que acusou Nietzsche de ser o último grande filósofo da tradição, repete os dogmas da metafísica ao separar ontologicamente as plantas e os animais dos outros viventes, os humanos (enquanto, na verdade, Nietzsche, em *Assim falou Zaratustra*, aproxima essencialmente os animais do humano e do além-do-humano). Como repete com todas as letras na famosa *Carta sobre o humanismo*, dirigida a Jean Beaufret, em 1946: "Dentre todos os entes que são, o ser-vivo é provavelmente o mais difícil de ser pensado por nós, porque ele é por um lado o que mais se parece conosco, e, por outro lado, está *abissalmente* separado de nossa essência ek-sistente" (Heidegger, 2008, p. 338, grifo meu). Logo em seguida, explicita com

---

6. Para todas essas questões, cf. do segundo ao quinto capítulo de Heidegger (2003, p. 205-313).

a máxima nitidez sua concepção antropocêntrica, no texto mesmo que tenta separar o existencialismo do humanismo tradicional:

> E visto que os vegetais e os animais sempre se encontram ligados ao seu meio ambiente [*Umwelt*] *e jamais se encontram postados livremente na clareira do ser, a* única *que constitui "mundo", eles não têm linguagem.* Mas não é porque a linguagem lhes permanece negada que eles dependem de seu meio ambiente, desprovidos de mundo. Nessa palavra "meio ambiente", porém, congrega-se tudo o que há de enigmático no ser-vivo. Em sua essência, a linguagem não é a manifestação de um organismo, tampouco a expressão de um ser vivo. Por isto, jamais pode ser pensada de modo essencialmente correto a partir do caráter de sinal, e quem sabe nem sequer a partir de seu caráter de significação. A linguagem é o advento do ser, que ilumina e oculta (Heidegger, 2008, p. 339).

Quase desprovidos de "mundo", animais e plantas são consequentemente desprovidos de linguagem, pois somente a linguagem humana, o *lógos*, é capaz de uma relação essencial com o Ser, para além da diferença com o ente. Um abismo existencial e ontológico se consolida então entre nós humanos, de um lado, e os animais e vegetais, do outro. Sublinho que, para Heidegger, o fato de serem dotados cientificamente de "meio ambiente" (*Umwelt*) não torna os animais e as plantas providos de mundo. A despeito da retórica heideggeriana, que suaviza a rigidez de suas teses em alguns momentos, os fatos botânicos e zoológicos, amplamente discutidos em *Os conceitos fundamentais da metafísica*, são utilizados para comprovar a tese da pobreza de mundo (*weltarm*) dos animais e das plantas, colocando-os em última instância mais próximos das pedras, as quais são totalmente desprovidas de mundo (*weltlos*)...

Não por acaso, as plantas são alijadas ao longo da reflexão heideggeriana, pois esta segue estritamente o preceito "vulgar" de que elas não são dotadas de qualquer sensibilidade ou percepção. Se Aristóteles ainda reconhecia alguma *psyché* nos vegetais, no que diz respeito à nutrição, Heidegger parece completamente cético quanto a isso, mostrando-se, nesse aspecto, mais metafísico do que um dos grandes pais da metafísica ocidental. Seguindo essa linha de argumentação ontológica, o abismo entre as plantas e os humanos seria ainda maior e mais profundo do que entre nós e os animais.

A PROBLEMÁTICA AMBIENTAL

> *plantar não é colher*
> *mesmo que a cova seja funda*
> *que a chuva seja forte*
> *que o vento perdoe*
> *que o sol avise*
> *plantar é esperar*
> *e a espera é*
> *plantio*
> Katia Maciel, *Plantio*

O livro de Emanuele Coccia *A vida das plantas: uma metafísica da mistura* é fundamental sobretudo por recolocar o problema do meio ambiente em termos de interação permanente entre todos os viventes, ou *êtres vivants*, como prefere dizer, e o meio em que supostamente habitam. Embora italiano, Coccia escreveu os ensaios em francês, decerto por trabalhar atualmente como *maître de conférences* na École des Hautes Études en Sciences Sociales, em Paris. A escolha do termo *être vivant* (ser vivo), em lugar de *vivente*, como é preferível, se deve à interpretação da vida em termos ontológicos. Como já disse, a ontologia remete a meu ver ao mais problemático da tradição metafísica: a constituição do ser como presença, ou ao que Derrida, numa livre interpretação do pensamento de Heidegger, chamou ainda nos anos 1960 de "metafísica da presença".

A despeito desse vezo ontológico, o livro do filósofo italiano traz inúmeras contribuições à re-visão do mundo das plantas e da vida em geral no século XXI. O fato de ter sido aluno em colégio agrícola na adolescência marcou não somente seu interesse pelo assunto, mas sobretudo propiciou a intimidade com questões técnicas, não se limitando às formulações especulativas. Nada tenho contra a especulação reflexiva, uma vez que, vinda de filósofos ou de escritores e artistas, pode trazer *insights* tão importantes quanto os dos cientistas, que também a seu modo podem ser bastante especulativos em determinadas etapas das pesquisas. A diferença é que os cientistas se sentem na obrigação de comprovar suas hipóteses especulativas e os filósofos tanto quanto os artistas geralmente dispensam a experimentação comprobatória. A grande exceção foi Goethe, que publicou um tratado sobre as cores e um tratado sobre as plantas (2019), ambos baseados em hipóteses e experimentações, sendo que até hoje continuam como referência nas respectivas áreas. Foi sem dúvida um grande espanto em termos de racionalidade científica e de sensibilidade artística, tendo passado pela maioria dos discursos relevantes de sua época: poesia, romance, tragédia, autobiografia, ensaio filosófico e literário, tratado científico e, *last but not least*, desenho.

Detenhamo-nos agora um pouco mais na expressão "meio ambiente", *environnement* em francês, *Umwelt* em alemão e *medio ambiente* em espanhol. Todas essas designações trazem o mesmo problema implicado em suas metáforas: as palavras portuguesa e espanhola meio e *medio* apontam para um lugar em que se situa um corpo, um espaço que o circunda, o ambiente.[7] O vocábulo francês indica o fato de circundar, de se situar em torno, de cercar; "conjunto das condições naturais que cercam o indivíduo (humano, vegetal, animal) ou sua espécie". O termo inglês deriva do francês e comporta as mesmas noções; "condições

---

7. A própria palavra *ambiente* já detém etimologicamente o sentido do "em torno" ou "à volta de": "lat. *ambĭens,ēntis*, part. pres. de *ambīre* no sentido de 'andar ao redor, cercar, rodear'".

externas ou vizinhança, especialmente em que que pessoas vivem". O alemão *Umwelt*, como visto, significa literalmente "o mundo em torno" ou o "mundo que (nos) cerca": "condições naturais, pelas quais todos os seres vivos são rodeados ou influenciados".

O problema dessa terminologia é supor "seres vivos" pré-constituídos, que existem nesse meio que os ambienta, mas que não foi por eles influenciado. Influência, quando há, como bem indica a definição alemã, ocorre apenas num dos sentidos vetoriais: do ambiente sobre os indivíduos e espécies. Raramente se pensa no contrário, o quanto todos os viventes agem e modificam o ambiente em que vivem, desde sempre. O planeta foi formatado desde as origens da vida por ela própria, que por sua vez somente pôde emergir quando as condições ambientais lhe foram propícias. Hoje há um consenso entre os cientistas no sentido de que a vida afeiçoou o planeta, tornando-o cada vez mais favorável à sua existência e multiplicidade, tanto quanto o globo multiplicou suas inúmeras faces pela ação vital em sua superfície, mas também em sua profundidade terrestre e marítima, bem como em sua atmosfera, que somente existe como a conhecemos por ação das plantas e das algas marinhas. Nenhuma das principais designações ocidentais que acabei de referir dá conta desse processo de mútua influência entre os indivíduos e espécies, de um lado, e o chamado "meio ambiente", de outro. Apontar a existência de dois lados já é muito problemático, porque os limites entre o fora e o dentro são muitas vezes tênues. Além disso, como tratar dos vegetais enquanto simples "meio ambiente", se eles nos constituem o tempo todo de forma estrutural, seja porque respiramos o oxigênio que liberam na atmosfera, seja porque nos nutrimos direta ou indiretamente dos alimentos que produzem? Somos *também* os vegetais que comemos, ou melhor, somos *principalmente* os vegetais que comemos, por via direta ou por meio dos herbívoros que devoramos todos os dias.

Embora nem sempre subscreva a terminologia que ele utiliza, tendente em diversos momentos a uma romantização dos temas, acompanho em grande parte os questionamentos propostos por Emanuele

Coccia, sobretudo no que diz respeito justamente ao "meio ambiente", pois a realidade dos viventes não corresponde apenas nem a um "meio" nem a um "ambiente" que os cercam. Diria que há muitos *meios* (são inúmeros) que atravessam os viventes, os quais acabam por engendrar os *ambientes* (são igualmente muitos) em que todos habitamos e que ajudamos a transformar. Meio e ambiente, se existem, estão ao mesmo tempo dentro e fora de nós, todos os viventes, constituindo-nos e sendo por nós constituídos.

Eis como Coccia define o que chama de *imersão*, termo que de certo modo seria contraditório em relação ao que ele defende, na medida em que se refere à penetração completa de um corpo pré-constituído em determinado meio — mas ele mesmo desfaz esse equívoco:

> As plantas nos fazem assim compreender que a imersão não é uma simples determinação espacial: ser/estar imerso [*être imergé*] não se reduz a se encontrar *dentro de* algo, que cerca e nos penetra. A imersão, como vimos, é primeiramente uma *ação* de co-penetração [*compénétration*] recíproca entre sujeito e meio ambiente [*environnement*], corpo e espaço, vida e meio; uma impossibilidade de distingui-los física e espacialmente: para que haja imersão, sujeito e meio ambiente devem *se penetrar ativamente um ao outro* (2016, p. 53-54).

Assim, como tentei apontar na referência a algumas línguas ocidentais, a designação do "cercar", do "em torno de" etc. comporta uma *metáfora espacial* bastante redutora, que não leva em conta a imensa complexidade entre indivíduos ou espécies e o chamado meio ambiente, deixando de lado também a temporalidade do processo. Com o termo imersão, Coccia pretende deslocar essa metáfora espacial, a despeito das limitações conceituais de sua própria terminologia. Todavia, por tudo o que desenvolve no livro, imersão deve ser entendida como um processo vital contínuo em ao menos dois sentidos. Em razão da *co--penetração* (como traduzi *compénétration*, pois "compenetração" tem outro significado em português), os indivíduos e espécies se encontram imersos no meio, tanto quanto este imerge nos indivíduos e espécies existentes. *Tudo se relaciona o tempo todo, em todos os lugares.*

Não existe um espaço onde o meio subsista e tenha sua própria história. A história dos meios e dos ambientes é a história de todos os viventes que o habitaram e que eles concomitantemente habitaram. Viventes penetram e habitam os meios — meios penetram e habitam os viventes. E até mesmo "imergir" e "penetrar" contêm o equívoco de levar a supor uma existência prévia dos viventes que, em determinado momento, passariam a viver em certo ambiente. Não existe vida prévia ao meio, que nele teria passado a viver. Em algum momento estruturalmente pensável, a vida surgiu *dentro do meio* e passou a modificá-lo imediatamente, no sentido de torná-lo cada vez mais habitável. Imersão e penetração só ocorreram se a hipótese interestelar for comprovada: as primeiras moléculas de vida teriam chegado nos asteroides que atingiam constantemente a Terra bilhões de anos atrás. Porém, se isso é fato, uma vez iniciado o processo de implante e desenvolvimento da vida no planeta, logo este foi modificado pelos primeiros microrganismos, que passaram a habitá-lo e a serem por ele habitados. O globo seria outro sem a aventura vital que o transforma desde dentro há bilhões de anos.

Trabalha-se com o pressuposto falso de que o planeta oferece um suporte neutro para que as espécies de vida se desenvolvam. Muito diferentemente, a história da biosfera e a da geosfera estão intimamente interligadas no chamado Sistema Terra (cf. Veiga, 2019). O globo se formou, desde o surgimento da vida, por meio de uma conexão entre o vivo e o não vivo. As estruturas orgânicas só puderam se desenvolver no momento em que as condições atmosféricas se tornaram propícias; em contrapartida, a atmosfera e a crosta terrestre foram marcadas em definitivo pelos processos que junto com elas se desenvolveram.

O inerte nunca esteve completamente paralisado, visto que as próprias placas tectônicas sobre as quais todos vivemos se movem constantemente, como também é incessante o fluxo das marés e dos ventos (cf. Bemmett, 2010). E a matéria viva, *o vivo*, tanto se fixa em ecossistemas específicos, por mecanismos sofisticados de adaptação e mútua alteração espécie/ambiente, quanto se altera quando se desloca de um ponto a outro do globo. Noutras palavras, a história das relações entre a vida e a não vida está longe de ter se esgotado, pois acontece dentro de uma dinâmica que ganhou impulsos diferenciados ao longo dos séculos e milênios, sem que tenha havido um único *telos* que a orientasse.

Se a vida é um processo ininterrupto, o mesmo pode se dizer da história da geosfera, que certamente seria outra sem as formas de vida que nela puderam proliferar. Sem a vida, o planeta seria diferente; a atmosfera que deu a cor característica de seu entorno espacial só existe porque algas marinhas e plantas produziram oxigênio. Nosso grande temor da morte vem da incapacidade congênita ao humano de reconhecer que, ao se reintegrar ao inorgânico, a vida nunca desaparece de todo, apenas ganha novas configurações metamórficas.

Capítulo 2
Vidas precárias

> *O que estão dizendo? Que querem*
> *vida eterna? Seus pensamentos são mesmo*
> *tão arrebatadores assim? Com certeza*
> *não olham para nós, não nos ouvem,*
> *em sua pele*
> *mancha de sol, pó*
> *de botões-de-ouro: estou falando*
> *com vocês, vocês que olham fixamente por entre*
> *os talos de grama alta agitando*
> *o pequeno guizo*
> Louise Glück, "Flores silvestres"[1]

A INTELIGÊNCIA SENSÍVEL DAS PLANTAS

Aqui interessa, portanto, preencher minimamente o *abismo* entre o humano e os outros viventes, discutindo o que seria, acima de tudo, um *pensamento vegetal*. Não apenas um pensamento "sobre" as plantas, coisa que a biologia e uma parte da filosofia já vêm fazendo desde as origens da civilização dita ocidental, como visto com Aristóteles. Im-

---

1. Tradução de Maria Lúcia Milléo Martins. Disponível em: <www.jornalopcao.com.br/colunas-e-blogs/imprensa/6-poemas-de-louise-gluck-a-premio-nobel-de-literatura-de-2020-288196>. Acesso em: 29 ago. 2021.

porta sobretudo um pensamento *dos* vegetais. Como já foi colocado: uma planta pensa? Se a resposta for positiva, o que e como pensa? Noutras palavras, bem mais do que simplesmente entendê-las em sua função alimentícia para as espécies animais ou como fixadoras de gás carbônico e liberadoras de oxigênio, vale reindagar o sentido e o valor da existência vegetal, esse *estranho familiar*, que é nosso vizinho em permanente *migração*.

Na perspectiva tradicional, faltaria às plantas esse senso de mobilidade próprio aos animais, e que já está na "raiz" da etimologia do nome dado a estes últimos: o ânimo ou a *anima*,[2] que nos move enquanto viventes heterótrofos. Pelo fato de a movimentação dos vegetais ser quase invisível, o preconceito metafísico se perpetuou. Como lembra Stefano Mancuso, grande cientista italiano, um dos responsáveis pelo redimensionamento do mundo vegetal na atualidade, o chamado *time lapse*, os dispositivos de aceleração de imagens, foram criados meses após a primeira projeção pública de cinema em Paris, pelos irmãos Lumière. Foi esse mecanismo altamente inovador que permitiu ver como as plantas se movem, em várias direções, não sendo imóveis como se imagina (cf. Mancuso, 2019, p. 35-36). E não se trata de um simples fenômeno mecânico de crescimento. As raízes, por exemplo, se expandem segundo células sensoriais especializadas em detectar água e nutrientes nas redondezas de forma não aleatória.

O grande problema é que mensuramos a existência vegetal a partir da vida animal. Isso é o que se chama de *zoocentrismo*, uma versão ampliada do antropocentrismo, e que está no centro das novas discussões em torno da *vida* e da *biopolítica*. "Cegueira botânica" é uma expressão referente à invisibilidade das plantas por parte sobretudo dos habitantes das cidades, pessoas em geral incapazes de reconhecer e nomear as

---

2. Tanto "animal" quanto a já referida "alma" vêm do latino *"anĭma,ae* (equiv. semântico do gr. *psukhḗ*) 'sopro, ar', depois 'sopro de vida, alma'; *anĭmus,i* 'princípio espiritual da vida intelectual do homem' (correspondente ao gr. *thumós*) opõe-se a *corpus* e a *anĭma*; *anĭmus* (masc.) é o princípio superior e *anĭma* (fem.) é submissa a ele".

árvores e os arbustos dos espaços urbanos e rurais. Mas a expressão também diz respeito a nossa incapacidade de compreender algumas singularidades orgânicas dos vegetais, considerando-os inferiores aos animais (cf. Lima, 2021).

O viver das plantas é incomparável. Logo nos primórdios da vida, elas tomaram a decisão de se fixar e para isso se muniram de formas protetoras como a já referida parede de celulose, capaz de resistir até certo ponto a intempéries e a ataques de predadores. Não são individuais como os bichos, seu viver é mais coletivo do que isolado, ou seja, é *colonial* (em colônias), tal como nomeia Francis Hallé (1999, p. 182), outro grande especialista na matéria. A morte de uma única planta pode ser compensada pela existência de diversas outras, desde que se preserve grande parte da vegetação do chamado ecossistema. Para os animais, sobretudo para os animais humanos que somos, morrer é uma tragédia que cada um sofre individualmente; para as plantas, não há tragédia, se a sobrevivência da espécie for garantida: a morte de uma delas pode até representar o recomeço de um ciclo, o que lhes permite, em conjunto ou de forma individual, viver muito mais tempo do que a maioria das espécies animais. Além disso, possuem estruturas modulares, não tendo órgãos especializados como os bichos. Não há, por exemplo, um cérebro que comande suas ações; a inteligência vegetal se encontra distribuída por todo seu corpo. Cito Mancuso:

> Os estudos mais recentes mostraram que [as plantas] são dotadas de sensibilidade, que se comunicam entre si e com os animais, que dormem, memorizam dados e são até capazes de manipular outras espécies. Além disso, merecem de pleno direito o qualificativo de inteligentes. O aparato de suas raízes se desenvolve ininterruptamente, com a ajuda de inúmeros centros de comando, cujo conjunto as guia à maneira de uma espécie de cérebro coletivo, ou antes, de inteligência distribuída, que, ao aumentar e se desenvolver, assimila informações capitais para sua nutrição e sobrevivência.

Os avanços recentes da biologia vegetal permitem ver nelas hoje organismos dotados de uma faculdade bem estabelecida para adquirir, armazenar, compartilhar e utilizar informações retiradas de seu meio ambiente. A neurobiologia vegetal tem por principal campo de pesquisa a maneira segundo a qual essas brilhantes criaturas as fornecem a si mesmas e as transformam de modo a adotar um comportamento coerente (2018, p. 208-209).

Infelizmente, ao contrário do que afirmou Aristóteles, apesar de tudo reconhecendo-lhes uma alma todavia precária, ainda hoje, para grande parte da humanidade, as plantas seriam como que desprovidas de "alma", seu viver seria mecânico, "vegetativo", e por isso carente da dignidade própria aos demais viventes. Motivo pelo qual podem ser abatidas sem remorsos: elas não reagem porque não pensam nem sentem propriamente, e por consequência não são dotadas de existência em sentido pleno, tal como vimos Heidegger declarar a respeito dos cachorros: vivem, mas não existem, nem muito menos ek-sistem...

Citemos Hegel, talvez o mais logocêntrico dos metafísicos, justamente por ter desejado resumir a história da filosofia, a fim de decretar sua morte e renascimento no próprio sistema filosófico que ele inventou, como se fosse a encarnação do *lógos* como portador do saber absoluto:

> Como o animal não pensa, só o homem, apenas este possui a liberdade — e só por ser pensante. A consciência da liberdade implica que o indivíduo se compreende como pessoa, isto é, em sua individualidade e, ao mesmo tempo, como universal, capaz de abstrair-se de todas as particularidades, compreendendo-se, por conseguinte, como infinito em si (Hegel, 1998, p. 65).

Quem pode garantir que o animal não pensa? Evidentemente ele ou eles (os animais são plurais, jamais esqueçamos) não pensam com nossas palavras, a despeito de todo arrazoamento que fazemos deles. Mas decerto pensam e muito com sua própria linguagem, coisa que Heidegger tampouco jamais admitiria, pois para ele o que os bichos fazem é apenas emitir sinais. Hegel nega ainda mais qualquer possibilidade de pensamento às plantas, embora ele mesmo utilize metáforas lindamente vegetais para ilustrar seu método dialético em *Lições de história da filosofia*.[3] Ou seja, as plantas não pensam, mas nós precisamos delas para pensar o próprio método dialético! Enfatizo o óbvio, como foi desenvolvido amplamente por Sarah Kofman em *Nietzsche et la métaphore* (1983): nenhuma metáfora é neutra ou meramente descritiva. Toda metáfora *estrutura* desde dentro o sistema filosófico de que participa; isso acontece inclusive com o termo "estrutura", metáfora arquitetônica amplamente utilizada nas ciências humanas, sobretudo entre as décadas de 1950 e 1980, época de plena vigência do chamado *estruturalismo*.

E assim o filósofo idealista Georg Wilhelm Friedrich Hegel se viu na obrigação de recorrer a esses viventes não pensantes para pensar seu próprio sistema filosófico. Noutras palavras, plantas não pensam, mas servem para pensar... dentro da lógica espiritual hegeliana, elas são ótimos instrumentos metafóricos, mas não constituem subjetividades plenas ou, melhor, *individualidades pensantes*. Como se pudesse existir vida desprovida de alguma forma de pensamento, como se o próprio da vida desde as origens não fosse pensar a si mesma como forma de vivência, sobrevivência, sobrevida e, nos casos mais bem-sucedidos, *supervivência*, que é como nomeio o viver mais e melhor. Sem algum tipo de pensamento, nenhum microrganismo sobreviveria. No entanto, nos limitemos por enquanto ao universo fascinante das plantas, dialogando com um de seus mais eminentes interlocutores vegetais (utilizo o termo de propósito: pois ele não apenas fala das plantas, como também dialoga com elas), o botânico inglês Anthony Trewavas.

---

3. Cf. o capítulo 9, "Hegel, as descolonizações e o pensamento indígena (Ailton Krenak, Davi Kopenawa)", neste volume.

Um dos maiores estudiosos do comportamento vegetal da atualidade, Trewavas define a inteligência como a capacidade de o organismo resolver problemas que ocorrem em seu ambiente. Dos três critérios definidos por cognitivistas para determinar a inteligência dos viventes (capacidade de resolver problemas, de tomar decisões e de desenvolver raciocínio abstrato), apenas um deles poderia ser considerado exclusivo da espécie humana: *o raciocínio abstrato*. Todavia, mesmo este deve ser relativizado, pois não se trata de uma habilidade isolada, mas sim em conexão com diversas outras ações que a tornam possível.

O especismo, ou seja, a hegemonia naturalizada de uma única espécie sobre as demais, que determina nossa visão antropocêntrica da vida, se baseia sem dúvida no cérebro privilegiado que o dito *Homo sapiens sapiens* (designação muito equivocada, como se as outras espécies não fossem também, ao modo delas, "sapientes"...) desenvolveu ao longo de uma história acidentada. No entanto, é preciso sempre lembrar que conquistamos isso em detrimento de inúmeras outras habilidades, as quais os bichos e as plantas desenvolveram, como correr a alta velocidade (guepardos), poder voar (aves e insetos, de um modo geral), dispor de mecanismos de ecolocalização (morcegos), ter uma visão infinitamente superior à nossa (águias e felinos silvestres) etc.

É claro que o cérebro humano é uma máquina poderosa para a tarefa de sobrevivência, mas igualmente muitos dos "equipamentos" dos felinos, das aves, dos morcegos e até das minúsculas bactérias são de uma sofisticação a toda prova. Quanto às plantas, serem capazes de transformar o inorgânico em matéria orgânica, coisa de que os animais são totalmente incapazes, é em absoluto extraordinário — exige toda uma engenharia celular adaptada a promover a fotossíntese, processo a partir do qual muitas vidas não vegetais serão nutridas. Ou seja, há uma *doação vegetal* que é de fato dadivosa ao extremo, como jamais conseguimos ser em relação às outras espécies: as plantas se autossustentam, ao tempo em que nutrem a maior parte da vida no planeta. Qual indivíduo ou grupo humano é capaz de realizar esse feito, e de maneira quase desinteressada? Quando nutrimos os rebanhos ou cultivamos os vegetais, é sempre para servir a nossos próprios fins, e se isso incluir a destruição parcial ou total de outras espécies animais ou vegetais, pouco importa. Como esclarece Trewavas:

> [...] argumentar que apenas organismos com sistemas nervosos podem ser inteligentes é atribuir uma qualidade quase vitalista às células nervosas — a inteligência artificial indica que isso é falso. O requisito fundamental da inteligência é uma rede complexa capaz de controlar o próprio comportamento. O cérebro é uma dessas redes, a célula, outra (2015, p. 196).

Porém nem o cérebro nem as células devem ser absolutizados como formas superiores ou exclusivas de comportamento inteligente. Esse tipo de comparação com outras espécies nos dará sempre o pretexto para rebaixar e, consequentemente, subjugar todos os viventes não humanos. Tal é a História do planeta desde que o *Homo sapiens* promoveu seus primeiros assentamentos, desenvolvendo a agricultura e em seguida formando rebanhos, quer dizer, domesticando vegetais e animais para exclusivo benefício próprio, e pouco ou quase nenhum ganho para as espécies assenhoradas. Criar famílias sustentáveis por meio de habitação adequada, garantir a alimentação de todos pela ingestão animal ou vegetal, proteger-se de predadores, avaliar futuros prováveis, prevendo situações de risco ou de bonança etc.: sem dúvida, a lista de nossas proezas é imensa, mas todas elas são comparáveis às de outras espécies, na escala da necessidade de cada uma. E no âmbito daquilo que aqui interessa: "As plantas, é claro, enfrentam as mesmas dificuldades e utilizam uma grande variedade de meios para lidar com os problemas, ou seja, para resolvê-los. *Todos [os organismos] precisam de comportamento inteligente*" (Trewavas, 2015, p. 195-196, grifos meus), e esse comportamento foi adquirido ao longo da história evolutiva (ou *transformacional*, como prefiro) de cada espécie. Além disso, se o raciocínio abstrato é de fato uma qualidade exclusiva nossa (não há certeza absoluta sobre isso), ele deveria nos conduzir a uma vida melhor, com a preservação da vida no planeta, sem a qual jamais poderemos viver bem, e não à destruição galopante a que estamos assistindo no momento atual. Essa é a prova eloquente de nossa *desinteligência*, por meio de um retrocesso cognitivo, explicado em parte pela cegueira dos extremistas e dos negacionistas contemporâneos, que só fazem promover o mal-estar da maioria da população humana e dos viventes em geral. Todavia, no plano geopolítico, a direita clássica e até uma grande parte da esquerda, atuantes em diversos governos, pouca atenção deram às questões florestais e ambientais, a despeito do evento hipermidiático da Conferência Rio-92, que deu origem a diversos encontros internacionais em torno da questão climática. Desde então, muitos discursos promissores foram proferidos, mas na prática pouca coisa das boas intenções governamentais se concretizou. Assinado por diversos países em 2015, o Acordo de Paris para redução da emissão de gases que produzem o efeito estufa — grande acusador do aquecimento global em curso — foi criticado por cientistas e ambientalistas por não ser suficientemente ambicioso. O Acordo apresenta metas de difícil consecução, visto que depende da situação econômica das nações envolvidas, a qual é desmesuradamente variada. O fato é que, se a temperatura do globo subir mais de 1,5 °C nas próximas décadas, as consequências serão catastróficas, tornando o planeta cada vez menos habitável.

Aprendemos que, segundo a teoria da seleção natural de Darwin, a vida é um combate, embora o próprio texto do naturalista britânico seja muito mais nuançado do que diz sua vulgata. As espécies competiriam entre si, já que os espaços naturais, apesar de vastos, são globalmente limitados e os recursos, escassos. Porém, antes mesmo de estabelecer uma competição entre as espécies, Darwin deixa claro que a seleção é fundamentalmente exercida sobre variações de uma mesma espécie, que podem trazer consigo características mais favoráveis à adaptação do que as formas anteriores. E, mais importante para estas reflexões em torno do pensamento vegetal e da vida em geral, ele enfatiza, logo na abertura do quarto e definidor capítulo, a relação das espécies entre si, e destas com o ambiente que as cerca. Ou seja, nenhuma espécie existe de forma autônoma, mas sempre *em relação*: "É preciso lembrar também que as relações recíprocas entre os seres orgânicos e deles com as condições físicas de vida são infinitamente complexas e estritamente adaptadas" (Darwin, 2019, p. 143).

Um botanista como Jean-Marie Pelt (2011) prefere, com efeito, salientar o sentido colaborativo de sua área de pesquisa. Para ele, as plantas também são capazes de se associar entre si, num regime participativo que pode ocorrer entre indivíduos de uma mesma ou de outras espécies. A *inteligência vegetal* permite também a simbiose com aves e insetos, por exemplo, no mecanismo da polinização, como dito: as flores fornecem aos pequenos animais os açúcares de que necessitam, e em contrapartida a fauna atua como agente de polinização, sem o qual algumas plantas não se reproduziriam de forma adequada (outras espécies recorrem ao vento ou à autofecundação para difundir o pólen). Cito Pelt: "A simbiose representa um fenômeno essencial do mundo vivo. A vida não é somente competição e predação. Os mecanismos de cooperação e de simbiose desempenham um papel essencial. *Competição e colaboração são as expressões de um jogo dialético*. Uma e outra funcionam conjuntamente, gerando os grandes equilíbrios da vida" (2011, p. 47, grifos meus).

Um pensar vegetal não pode ser um cultivo de si em detrimento do outro, precisando associar-se para colaborar em proveito de tudo o que vive, como vive, dentro do movimento geral de *solidariedade dos viventes*. Obviamente não estou pregando que não se deve comer os vegetais, pois sem dúvida são um ótimo alimento — aliás, o preferido dos vegetarianos e, sobretudo, dos veganos. Deve-se, todavia, atentar ao melhor cultivo e ao mais adequado consumo, com um mínimo de pesticidas, se for indispensável algum. Além disso, já há inúmeras propostas de sustentabilidade — inclusive a atualmente muito difundida agricultura orgânica, sem agrotóxicos —, que precisam ser consideradas pelos governos e empresários do mundo inteiro.

Tornou-se, portanto, consensual entre os cientistas contemporâneos que não há "progresso" na chamada evolução das espécies, e a doutrina de Darwin seria melhor nomeada como "teoria das transformações", em vez de "teoria da evolução", a qual sempre implica a noção de uma linearidade progressiva otimizante. As inúmeras mutações, que fazem surgir novas espécies, são casuais e com poucas chances de sobrevivência. Um fator como o isolamento geográfico pode ser decisivo para o êxito de uma espécie mutante, distinta da que a precedeu. E o relacionamento intra e interespécies é decisivo para a sobrevivência dos indivíduos e para as espécies de que fazem parte.

Uma das formas de comunicação mais usuais entre as plantas é por meio do *odor* (cf. Mancuso, 2021, p. 77-81). Elas são capazes de produzir "compostos orgânicos voláteis biogenéticos", que são moléculas aptas a transmitir informações entre si a respeito do ambiente. Esses odores são recebidos não por meio de "narizes", mas de receptores capazes de decodificar o sentido do que as moléculas estão comunicando. Cada perfume emitido tem uma finalidade particular, correspondendo à linguagem de cada espécie. Essa comunicação pode se dar em relação aos insetos polinizadores, ou em relação a membros de sua e de outras espécies. Em alguns casos, trata-se do aviso de algum invasor na área, por exemplo, um inseto herbívoro. A sensibilidade vegetal não se faz, contudo, por órgãos especializados, encontrando-se difundida em todo o corpo da planta. Algumas mensagens são comuns a todas as plantas, outras são relativas a cada espécie. A ausência de um cérebro centralizador não impede certa "racionalidade" do vegetal, quando confrontado a situações de risco ou, ao contrário, a circunstâncias de grande benefício. A racionalidade tem a ver com o *cálculo* (como bem expressa a etimologia de razão em *ratio*) sobre a proporção de custo ou benefício envolvido em qualquer associação com o ambiente.

A raiz também é um modo de a planta se comunicar com o entorno, a partir de sua extremidade mais sensível, nomeada como coifa. Com esse instrumento, as plantas se conectam com todos os organismos da chamada "rizosfera", o subsolo onde as raízes vicejam, em diálogo com outras formas de vida. Pois no solo, "nesse meio vivo de população densa, os micro-organismos, as bactérias, os fungos e os insetos formam um ecossistema cujo equilíbrio é garantido pela comunicação e pela colaboração com as plantas" (Mancuso, 2018, p. 131). As raízes são, portanto, verdadeiros canais de comunicação com o ambiente sob a terra, a fim de permitir o modo mais adequado de obter água e nutrientes. Nesse sentido é que ocorre a simbiose com fungos, os chamados "micorrizas" (do grego *mycos*, "fungo", e *rhiza*, "raiz"). Em alguns casos os fungos envolvem a raiz da planta como uma espécie de luva, conseguindo penetrar nas células. Trata-se de associação simbiótica mutualista: os fungos fornecem elementos minerais à planta, como o fósforo, o zinco e o cobre, e em contrapartida recebem açúcares provenientes da fotossíntese, servindo-lhes de reserva energética. Todavia, cabe à inteligência e à sensibilidade das raízes perceber se se trata ou não de fungos benéficos, pois alguns podem ser nocivos, provocando doenças e levando a sua destruição. Se reconhecer o malefício, a planta pode reagir com mecanismos de autodefesa. Em suma, tal como nas tratativas humanas, em cada caso caberá aos vegetais decidir quem é ou não o "bom vizinho", para aceitá-lo ou recusá-lo como parceiro em simbiose (cf. Mancuso, 2018, p. 131-132). Os simbiontes, ou seja, os organismos que vivem em simbiose, precisam entrar em acordo para que sejam mutuamente beneficiários da associação biótica. É o que se pode chamar de "diplomacia vegetal".

No denso capítulo "Raízes do subsolo", de seu outro livro *A planta do mundo*, Mancuso (2021), fornece um exemplo de como o universo vegetal é mais colaborativo do que se pensa, já que o estudo da vida de fato foi calcado no centramento animal, levando a imaginar a referida competição generalizada no mundo dito natural. Esse zoocentrismo biológico se acentuou com o modelo predador-presa, desenvolvido em 1926 por Vito Volterra e Alfred Lotka. Além da interação entre árvores e arbustos por meio da atmosfera, existe a *enxertia*, que pode ocorrer de forma natural ou provocada por humanos. O enxerto consiste na inserção da gema, do broto ou do ramo de um vegetal noutro:

a planta receptora "cuidará" do *bionte* ("organismo vivo individual e independente") enxertado, fornecendo-lhe os nutrientes necessários a seu desenvolvimento. Daí surgem os híbridos, propensos a combinar as características positivas de cada indivíduo que serviu de "matriz". Isso pode ser provocado artificialmente pelos humanos, mas também acontece de forma natural. Neste último caso, a proximidade contínua de dois vegetais pode levar à fusão genética e ao surgimento de um novo indivíduo.

Mancuso se interessa especialmente pela enxertia natural que ocorre por meio das raízes de árvores vizinhas. Esse enxerto pode acontecer pelo mesmo sistema radicular (a autoenxertia entre indivíduos de uma mesma espécie), ou entre diferentes espécies (enxertia interespecífica). Desse modo, articula-se um sistema de trocas entre árvores distintas, formando uma "comunidade de plantas". Isso reformula o próprio conceito de árvore, que é sempre considerada como entidade individual, por ser analisada à luz do modelo animal:

> Não se trata de árvores isoladas, e sim de enormes comunidades conectadas que, por meio de raízes, trocam nutrientes, água e informações. Comunidades extensas que, não raro, podem até incluir plantas de diferentes espécies e que baseiam sua possibilidade de sobrevivência mais na cooperação do que na concorrência. Uma verdadeira revolução, cujas consequências não são fáceis de prever (Mancuso, 2021, p. 77-78).

O caso dos troncos "mortos-vivos" é paradigmático desse tipo de interação: apesar de serem tocos de árvores que poderiam morrer depois de algum tempo, por não serem dotados de galhos e folhas, permanecem vivos durante muito tempo, em razão de receberem influxo hídrico de árvores vizinhas. Uma das vantagens desse entrelaçamento radicular é fortalecer a estabilidade das árvores saudáveis, sobretudo em áreas sujeitas a eventos climáticos extremos, formando-se uma espécie de rede subterrânea de *solidariedade arbórea*.

DESCENTRAMENTOS ORGÂNICOS

Toda planta é uma usina produtora de energia. Energia que ela aproveita para seu próprio sustento, mas que serve também para outros se alimentarem. A inteligência delas está ligada a um fator essencial à vida, a qual deseja apenas se reproduzir e se expandir, multiplicar-se e dispersar-se no maior território possível, no nível do indivíduo e da espécie. E os vegetais sabem fazer isso muito bem. Quando nós animais nos alimentamos das folhas e dos frutos, inconscientemente estamos ajudando uma planta a espalhar suas sementes. Quanto mais vorazes forem os bichos, e desde que não destruam a leguminosa ou a árvore frutífera de que se servem, mais úteis estarão sendo à tarefa disseminadora. Em seu papel de predadores, acabam sendo manipulados pela flora, que espera deles que cumpram o papel de semeadores involuntários. Desse modo, a vida se alimenta e se retroalimenta, utilizando parceiros a fim de se expandir e proliferar em todo o planeta. Foi assim sobretudo a partir do Cetáceo, quando se intensificou a colaboração entre fauna e flora, por meio de processos bioquímicos, e continua assim até hoje.

Numa conferência realizada na Académie des Sciences et Lettres de Montpellier, Francis Hallé sintetiza bem a temática da inteligência e da sensibilidade vegetal:

> As funções vegetais não são centralizadas em órgãos, mas descentralizadas e dispersas em todas as células da planta. Embora as localizações ainda precisem ser esclarecidas, já temos provas do caráter intracelular de várias dessas funções: a molécula de fitocromo permite ver a luz, as mitocôndrias garantem a respiração, a clorofila está na base da fotossíntese. As plantas veem, respiram e fotossintetizam através das superfícies de todas as folhas, e estas são contadas por vezes aos milhares (Hallé, 2018, p. 89).

As plantas só detêm de fato três órgãos especializados, quais sejam, as raízes, o caule e as folhas; suas funções sensoriais e intelectivas são exercidas no nível das células. Já os animais são dotados de dezenas de órgãos específicos, o que lhes confere uma individualidade particular. Partes da árvore podem ser cortadas sem que isso implique danos letais, enquanto os animais, em sua maioria, quando são feridos com gravidade ou perdem algum membro, dificilmente sobrevivem se não houver tratamento adequado. Essa característica possibilita também uma maior longevidade aos vegetais, alguns deles atingindo milênios. Segundo Hallé, o recorde mundial é da *Lomatia tasmanica*, que teria sido contemporânea do Homem de Neandertal... É quase inconcebível um animal tão longevo, sobretudo se for um animal humano.

A VIOLÊNCIA EXTRATIVISTA

Esta deveria ser a mais alta tarefa da pesquisa científica: propiciar o máximo de conforto a nossa espécie sem sacrificar todas as outras, como se nosso único destino fosse reinar soberanamente sem nenhum controle. O papel dos governantes minimamente esclarecidos é fazer com que o *agrobusiness* seja mais *agro* do que *business*, mais um cultivador racional das terras e recursos naturais do que um explorador que chegou às Américas e em poucos anos devastou um de nossos "monumentos" naturais, aquele mesmo que premonitoriamente nomeou o país: o *pau-brasil*. Essa madeira deveria se tornar o símbolo de uma nova ética comportamental em relação a todas as outras espécies vegetais e a tudo que delas depende. O extrativismo vegetal, mas também o mineral, que se intensificou com a colonização e a exploração do continente americano, tem sido considerado por pesquisadores como o grande responsável pelo advento do antropoceno. Todavia, a confirmação de uma nova era da configuração geológica do planeta está longe de ser consensual, dando vez a inúmeras discussões.

Pensar as plantas é *pensar com elas*, estudando o modo como se desenvolvem de modo competitivo ou colaborativo. É fazer com que sejamos o sujeito-objeto de seu próprio pensamento, imaginando sempre que devemos habitar seus piores pesadelos. Porque nada mais terrível do que um invasor que entra numa casa, destrói os móveis e depois segue adiante, deixando atrás de si uma terra devastada. A continuar nesse ritmo, não estamos longe da *waste land* de T.S. Eliot. Um pensamento vegetal é necessariamente sensível, intelectivo, aberto ao outro enquanto outro.

Cabe, sim, a partir de uma experiência pessoal como vegetal que também sou, já que me nutro deles, expor o modo como a filosofia, a literatura e as artes se conectam com uma possível inteligência desses *estranhos viventes* que nos circundam. Sobretudo para alguns artistas e escritores ou escritoras, não resta dúvida quanto a um pensamento vegetal. E é esse diálogo entre letra e célula, entre folha de papel e sua matéria-prima, a celulose, que está em jogo. Noutras palavras, bem mais do que simplesmente entendê-las em sua função alimentícia para as espécies animais, vale indagar o sentido da existência vegetal em si mesma, esse *estranho familiar* que é nosso vizinho em permanente migração. No cerne de tudo, o desejo de viver da planta, sua reivindicação espacial e temporal a persistir num mundo todo feito contra ela, tal como diz o narrador de Clarice, Rodrigo S. M., a respeito de Macabéa, personagem precaríssima, cuja existência não por acaso é comparada ao mato rasteiro: "ela era capim" (Lispector, 1978, p. 38). Capim é a vida precária que preferimos não ver, pisando e seguindo adiante.

Não interessa aqui a visão romântica ou simbolista da flora. Que as rosas, os lírios, as maçãs, as ervas daninhas estejam impregnadas de uma simbologia valorativa, não há dúvidas. Contudo, o problema de toda elaboração simbólica é fixar o sentido das coisas a que se refere, transformando-as em clichês ou estereótipos. Uma alegoria determina o sentido de seu referente, a partir do qual outras instâncias podem ser avaliadas. Desse modo, a rosa se tornou um dos símbolos máximos do "eterno feminino", fixando as mulheres numa ideologia sexista, hoje amplamente questionada. Claro que alusões serão feitas a essas determinações simbólicas, pois sua análise ajuda a disseminar e a transmutar o que está em jogo: a concepção fixa e idealizadora (pelo mal e pelo bem) da vida vegetal.

TRANSVALORAÇÃO ÉTICA

Em 2008, o Comitê Ético Federal Suíço, pela primeira vez na história da humanidade, publicou um relatório cujo título era "A dignidade dos seres vivos no que diz respeito às plantas" (2021). Até onde se sabe, era inédita, ao menos com tal amplitude, essa consideração ética do *valor da vida vegetal*. A Constituição Federal suíça já previa o que chama de "dignidade dos seres vivos" (*dignity of living beings*), implicando o reconhecimento e o respeito ao "valor de um organismo individual *por si mesmo* [*the value of the individual organism* for its own sake]". Estava assentado que os "seres vivos" não humanos diziam respeito apenas aos animais e às plantas. Faltava, no entanto, um relatório específico para o reconhecimento da dignidade dos vegetais. Tal relatório foi encomendado ao Comitê Ético Federal sobre Biotecnologia Não Humana (The Federal Ethics Committee on Non-Human Biotechnology — conhecido pela sigla ECNH).

A redação do documento foi cercada por dúvidas e discussões, sem jamais se chegar a um consenso absoluto. E houve reação de cientistas, alegando sobretudo que decisões dessa natureza podem atrapalhar e mesmo impossibilitar pesquisas científicas importantes. A prestigiosa revista *Nature* publicou imediatamente um artigo criticando com severidade a legislação suíça. Assinado por Alison Abbott (2021), o texto em nenhum momento tenta refletir sobre as questões abordadas no *Relatório*, apenas acusando sua redação de ser confusa e conceitualmente indefinida. Limita-se a denunciar a generalidade da expressão "a dignidade das plantas" e seus riscos para a pesquisa científica, sobretudo no que tange à área de biotecnologia. Há um elemento sintomático no artigo: o espanto que até mesmo cientistas tradicionais sentem quando veem uma área tradicionalmente livre de qualquer preocupação sobre possíveis danos provocados por suas pesquisas subitamente assaltada por questões éticas: as da biotecnologia vegetal. Em vez de abrir o debate no campo das investigações científicas em curso, o título alarmista "Lei suíça da 'dignidade' ameaça a biologia da planta" se limita a lançar suspeitas sobre tais determinações legais, que inauguram um modo novo de ver o universo dos "seres vivos", pondo em relevo as relações tensas entre o humano e as outras formas de vida, em particular a vida das plantas. Não há dúvida de que é o próprio conceito de "ciência" e de "pesquisa científica" que está posto em causa, sem que isso signifique uma ameaça obscurantista aos estudos inovadores. Pela primeira vez, o campo das ciências biológicas se vê confrontado a problemas éticos que até então apenas se colocavam no que diz respeito à "dignidade dos animais". O autocentramento do humano é tão forte que qualquer fator capaz de pôr em dúvida a eticidade de pesquisas que, em princípio, mas não necessariamente, nos beneficiem é visto como nocivo e ameaçador. O uso da palavra *"threat"* (ameaça) no artigo é muito explícito a esse respeito. Questionar as formas tradicionais de antropocentrismo sempre se configura como uma ameaça para alguns estudiosos não acostumados a refletir sobre os limites éticos de suas atividades. Enfatizo: problematizar a eticidade de pesquisas de ponta relativas à vida vegetal não põe de forma alguma em causa a legitimidade desses estudos, apenas obriga a discutir seus escopos e os valores neles envolvidos também do ponto de vista dos maiores interessados: os próprios vegetais.

Já do ponto de vista epistemológico, o relatório suíço pode ser problematizado por não trabalhar exaustivamente o sentido da expressão "seres vivos". Essa é a crítica levantada por Michael Marder (2013), embora ele mesmo possa ser criticado por manter o vocabulário "ontológico", ainda que sob rasura. Daí minha preferência pelo singelo termo *viventes*.

A despeito disso, e no momento em que países como o Brasil e a Rússia, entre outros governos negacionistas, apostam na desregulamentação ambiental, com consequências imediatas para todas as formas de vida, humanas e não humanas, há que se louvar enfaticamente uma iniciativa como a do relatório suíço, que procura atribuir um valor moral à vida das plantas. No entanto, importa mais enfatizar a questão ética (ou *hiper-ética*, como nomeia Derrida) do que a questão moral. A moral diz respeito a regras, que podem ser gerais, sociais, comunitárias, federais; regras decisivas, mas, por si sós, incapazes de responder aos desafios colocados pela "dignidade vegetal". Dignidade é uma palavra que etimologicamente tem a ver com valor e merecimento. Já a prova de fogo da ética é sua relação com *a alteridade como diferença*; nesse sentido, não há regra moral prévia que dê conta da efetiva conduta ética para com o outro enquanto outro.

Destacaria um trecho do *Relatório* que mostra a divisão do Comitê, refletindo a própria cisão que vivenciamos no mundo atual:

> A grande maioria dos membros do ECNH considera que, *prima facie*, não possuímos poder irrestrito sobre as plantas. Não podemos usá-las como quisermos, mesmo que a comunidade vegetal não esteja em perigo, que nossas ações não ameacem a espécie ou não estejamos agindo arbitrariamente. Uma minoria dos membros é da opinião de que, *prima facie*, podemos usar plantas como quisermos, desde que a comunidade vegetal ou a espécie não esteja em perigo e não estejamos agindo arbitrariamente (2021).

O problema é que uma grande parte da humanidade acredita que se pode fazer qualquer coisa com as plantas, mesmo que isso ameace as espécies vegetais e estejamos agindo de forma arbitrária. Visto que, aparentemente, elas não percebem nada, não sentem, nem pensam, tudo pode ser feito visando apenas nosso bem-estar e nosso enriquecimento.

Também para o senso comum, é difícil imaginar que os vegetais devam ser protegidos ética e moralmente, já que são desprovidos de ética e de moral. Ora, tudo neste estudo é uma questão de *valor* no sentido extramoral — etimologicamente, a palavra *valor* se relaciona à força, ao ter saúde, ao vigor, que interpreto na perspectiva de si e de outro. Um valor, portanto, que indague a eticidade da ética humana, sem julgamento moral prévio, pondo em evidência justamente os valores implicados em nossas ações com outros viventes. Mais precisamente, importa o valor de uma vida qualquer, independentemente da espécie ou gênero a que pertença. Qualquer uma, sabendo-se que, para os humanos, de fato as vidas não se equivalem, nem mesmo as nossas vidas ditas humanas. Não se deve propor uma autonomia plena da vida vegetal, do mesmo modo que não é defensável uma autonomia plena da vida humana ou da animal. Foi Derrida, no rastro de Levinas, que colocou a necessidade de pensar a heteronomia no próprio coração da autonomia. O "eu" e o "mesmo" somente se afirmam em relação às alteridades que o constituem. Supor uma heteronomia existencial não significa submeter-se à soberania alheia (seja ela qual for), mas sim pensar a ética como relação iniludível com e para o outro, relação que envolve interdependência complexa. Em síntese, a definição mesma do humano, se há, só pode ser obtida na modulação de *co-existência*, do *viver-com*, da relação dos viventes entre si e destes com os não viventes, e não de forma antropocêntrica pela afirmação do cogito individual. Nem a metafísica cartesiana, nem a ciência positivista tradicional, ambas como fiadoras da razão, podem dar conta desse des-centramento do humano como medida de todas as coisas. Um deslocamento do centro que implica *a transvaloração de todos os valores* (em sentido nietzschiano) sobre os quais se erigiu até aqui o conceito, ocidental ou não, de Homem e de humanidade.

> Mais além da borda *autodeclarada* humana, mais além, todavia de forma alguma numa única borda oposta, no lugar do "Animal" ou da "Vida-Animal", já há ali uma multiplicidade heterogênea de viventes, mais exatamente (pois dizer "viventes" é dizer demais ou não o bastante) uma multiplicidade de organizações das relações entre o vivo e o morto, relações de organização e de desorganização entre reinos cada vez mais difíceis de dissociar nas figuras do orgânico e do inorgânico, da vida e/ou da morte. A um só tempo íntimas e abissais, essas relações não são jamais totalmente objetiváveis (Derrida, 2006, p. 53).

E como indaga o poeta, ainda confundindo o gênero masculino (o homem) com a espécie (a humanidade), porém lançando dúvidas especulativas sobre esse ser-não-ser ou, como ele mesmo diz, "um não-estar-estando": "Que milagre é o homem?/ Que sonho, que sombra?/ *Mas existe o homem?*" (Andrade, 1979a, p. 339, grifos meus).

DIREITOS HUMANOS E DIREITOS DOS VIVENTES

Segundo os cientistas, as plantas representam 85% da biomassa do planeta Terra, os 15% restantes competem aos animais (e a outras formas de vida, que não se enquadram na divisão tripartite do material biológico), destes, menos de 1% aos corpos humanos... Se, por uma catástrofe natural, todos os vegetais desaparecessem subitamente da face da Terra, os animais morreriam em alguns meses, por falta de oxigênio e sobretudo por escassez de alimento.

A despeito dos direitos humanos, inúmeras vidas podem ser sacrificadas sem nenhum tipo de remorso ou lamúria, enquanto outras valem toneladas de ouro. Que sírios, curdos, palestinos, ameríndios e muitas etnias africanas sejam massacrados por civis ou exércitos oficiais não causa grande indignidade na chamada comunidade internacional. Simplesmente porque essa comunidade nada tem de *comum*, sendo antes, em sua força hegemônica, uma comunidade dos "incomuns" ou "raros": aqueles que nasceram em sociedades e grupos que valem muito mais do que a gente comum, a *ordinary people*, o resto da humanidade. O resto, o resíduo, a ruína humana, se multiplica nas cidades do chamado Ocidente e do Oriente: imigrantes, apátridas, sem-teto, sem-terra, em suma, os miseráveis de ontem e de hoje, já muito bem representados na ficção de Victor Hugo, e tematizados por filmes como o sul-coreano *Parasita* (Bong Joon Ho, 2019), o brasileiro *Bacurau* (Kleber Mendonça Filho e Juliano Dornelles, 2019) e o francês *Os miseráveis* (Ladj Ly, 2019).

Nesse quadro geral, as árvores, os arbustos e as ervas continuam sendo os mais comuns entre os comuns, até que um dia se tornem tão raros que finalmente atingirão em nossa consciência o estatuto de *incomuns*, de vida rara e preciosa a ser preservada. Talvez tarde demais. A despeito dos acordos internacionais, das decisões éticas de fachada, continuamos a desrespeitar a vida vegetal como aquela que pode e deve ser indiscriminadamente sacrificada, ultrajada e, no limite, extinta. *Hoje o que importa é a defesa ampla e irrestrita do direito à vida, e não apenas a defesa dos direitos humanos, os quais devem igualmente continuar como prioritários.* Não existe verdadeira democracia sem direitos humanos e sem o respeito à vida animal e vegetal; e o contrário é ainda mais impensável: o respeito aos direitos humanos e vitais num país não democrático... Basta lembrar países como Rússia, China, Coreia do Norte e Irã, mas estes não estão infelizmente sozinhos numa longa lista de precarização dos viventes. O Brasil, claro, faz parte do grupo, e no momento atual, com o neofascismo no poder, cada vez mais.

Vidas precárias é o título geral de um projeto maior, que abarca tudo o que doravante pretendo fazer, em termos de filosofia, literatura e artes. Pensar a planta é pensar com a planta, *extrair* das plantas um pensamento sem exauri-las, nem muito menos destruí-las, por uma compulsão devoradora tão própria aos humanos — longe disso: questionar o extrativismo e a agricultura no cerne da pesquisa é todo o propósito. *Fitografia* seria a escrita vegetal, uma escrita que se aproveita do rastro que as plantas deixam na terra, na água e no ar, para poder haurir a energia que nos permite sobreviver e, no limite da arte, superviver.

Uma questão colateral dessa pesquisa, ou antes, uma sua ramificação, seria ver como um pensamento das plantas nos ajudaria a rever a própria história da filosofia, a história da arte e a história da literatura, enquanto evolver cronológico de funções espaciais. Pelo fato de o tempo e o espaço da planta serem outros, pode ser que a própria noção humana de História como fator linearmente cronológico possa ser deslocada em proveito de um *anacronismo vegetal*.

As plantas estão entre os viventes mais precarizados do planeta, por existirem num espaço e num tempo, num *mundo* diferente, mas em conexão com o nosso. Suas ações são infinitamente mais lentas, adequadas a seu modo de vida. Ao contrário do que quis demonstrar Heidegger, mais do que um simples meio ambiente, elas detêm um *mundo* próprio, articulado a outros mundos. Um animal pode reagir de imediato a um ataque, chegando a matar seu agressor. Um humano, por mais miserável que seja, pode sempre se insurgir contra as forças que o seviciam. Para muitas das espécies animais, é sempre possível imaginar um contrapoder imediato para se opor à exploração e ao genocídio. Já os vegetais em sua quase totalidade necessitam de mais tempo para reagir, secretando substâncias nocivas e mesmo letais para atingir seus predadores. Utilizadas amplamente pela indústria farmacêutica, cultivadas em larga escala pelo *agrobusiness*, abatidas brutalmente pelas serrarias, seviciadas pelo extrativismo predador, barbarizadas pela ignorância dos leigos, as plantas levam em geral um longo período para criar estratégias de sobrevivência e de regeneração. Algumas florestas hoje destruídas levarão séculos, talvez milênios, para voltar a seu estágio primitivo; isso se as forças biopolíticas que as exterminam derem alguma trégua, o que está longe de ser o caso em todo o planeta. *Há que se distinguir cada vez mais o humanismo do Homem do humanismo de todos os viventes*. Neste último, o conceito renovado de humanidade só é possível com a transposição do *abismo* que a tradição colocou entre o Homem, de um lado, e as plantas, animais e as diversas formas de vida, do outro.

A partir de uma reconceituação da noção antropocêntrica de cidadania, o ambientalista uruguaio Eduardo Gudynas ajuda a refletir a questão dos direitos mais além dos direitos humanos, como acabei de desenvolver:

> A cidadania ambiental é baseada principalmente nos direitos humanos de terceira geração, como os que dão centralidade à qualidade do meio ambiente como forma de garantir a saúde da população. Já as metacidadanias são plurais e se expressam em diferentes dimensões culturais, éticas e também ambientais, aceitando, inclusive, os direitos da Natureza (2019, p. 222).

Comentando o reconhecimento dos direitos da natureza e da Mãe Terra pelo Equador e pela Bolívia, o ativista ambiental e político boliviano Pablo Solón faz a seguinte observação:

> O capitalismo, o produtivismo e o extrativismo estão profundamente enraizados nesse conceito dominante do nosso tempo. Para essas visões, tudo pode ser transformado, mercantilizado, controlado e reparado pelo avanço da tecnologia. Já os direitos da Mãe Terra desafiam essa ideia ao propor a superação do antropocentrismo (2019, p. 145).

Evidentemente, nesses discursos e movimentos ecológicos da mais alta importância, o que resta a ser repensado é o próprio conceito tradicional de Natureza.

A "DESNATUREZA"

O fato é que a Natureza, com "N" maiúsculo, como a idealizamos pelo menos desde o romantismo, não existe mais. Segundo estatísticas científicas, praticamente não há mais nenhuma parte do planeta que permaneça intocada por ação humana. A irradiação provocada por armas atômicas, por exemplo, se espalhou por todo o globo, em áreas muito distantes de seu ponto inicial, como no caso do acidente em Chernobil; e essa energia radioativa leva séculos para se desfazer de todo, se chegar a isso. O mesmo acontece com a indústria do plástico, desenvolvida nos mais diversos países. Os sacos plásticos se dissolvem depois de alguns anos, mas continuam subsistindo por longuíssimo tempo sob forma de micropartículas, hoje encontráveis em grande quantidade nos oceanos; ingeridas por peixes, acabam chegando à nutrição humana. Quase todas as fontes naturais se encontram de um modo ou de outro contaminadas pelas produções industriais. Toneladas de lixo da mais variada espécie se acumulam em todos os cantos, raramente se submetendo à reciclagem. A produção de gás carbônico por máquinas e pastagens segue em alta velocidade, aumentando o efeito estufa.

Não se deve ter a ilusão de que o "mundo de ontem" possa ser resgatado, nem a curto, nem a médio prazo. O que se espera da racionalidade humana é que, minimamente, reduza o impacto de suas intervenções exploratórias sobre as demais espécies, levando em conta o chamado ecossistema em que vivem, num processo contínuo de descolonização das outras espécies.

Não se deve ceder a um discurso ecológico estereotipado, em prol de uma natureza idealizada, que jamais existiu como figura materna (é preciso não se esquecer de certa *violência* no cerne do mundo dito natural). Cabe, sim, repensar os modos humanos de estar no mundo, para além de toda ontologia humanista. O humano jamais foi o centro da criação, a não ser dentro de uma longa tradição humanista, de fundamento religioso. Esquecemos que a saga dessa espécie é muito recente, nada tendo de atemporal: o *Homo sapiens* data "apenas" de 250 mil anos. Somos uma partícula minúscula, cuja "modernidade" remonta a meros 40 mil anos, a do referido *Homo sapiens sapiens*, dotado de uma capacidade cognitiva semelhante à nossa atual. Isso representa alguns minutos em termos de história da vida no planeta ou nanossegundos, se se levar em conta a história de um planeta com 4,5 bilhões de anos, dentro de um universo com 13,7 bilhões de anos!

Desde que foram enunciados pela primeira vez no século XVIII, os direitos humanos não pararam de ser aperfeiçoados, e uma de suas últimas versões ocorreu após a Segunda Guerra Mundial. Hoje já se fala em terceira e quarta geração dos direitos humanos. Não se deve esquecer que a ativista e deputada Marielle Franco morreu defendendo esses direitos, numa emboscada em que também foi assassinado o motorista Anderson Gomes. E há mais de trinta anos Chico Mendes foi executado lutando pela floresta amazônica, contra o latifúndio. Todas as semanas surgem notícias sobre homicídios de líderes indígenas no Brasil. Estima-se que 70 milhões de habitantes nativos tenham sido exterminados desde o início da invasão e da colonização das Américas por parte dos europeus (cf.

Grondin e Viezzer, 2018). Muitos desses povos foram e continuam sendo os habitantes e mantenedores de nossas florestas, e por isso são cada vez mais o alvo preferencial do genocídio programado pelo governo neofascista de Jair Bolsonaro. Motivo pelo qual diversas lideranças indígenas divulgaram no início de 2020 um *Manifesto* contra o genocídio em curso (cf. Moraes e Benassatto, 2021).

O filósofo Michael Marder expõe com muita clareza o que eu chamaria de *dom* ou *dádiva vegetal*:

> A vida vegetal dinamiza [*enlivens*: vivifica, anima] as plantas, tanto quanto, de diferentes maneiras, animais e seres humanos; a vida em comum, em seu máximo despojamento, é em igual medida um fim-em-si-mesma e uma fonte de vitalidade para-nós. Uma ofensa contra a vida vegetal prejudica tanto as plantas que destruímos quanto *algo do ser/estar vegetal em nós*. Além de aniquilar as próprias plantas, a altamente agressiva exterminação da flora, que atualmente tem colocado sob ameaça de extinção até um quinto de todas as espécies vegetais no planeta, empobrece um elemento vital no que chamamos de "o humano" (Marder, 2013, p. 182).

Não se trata, em hipótese alguma, de rebaixar o humano, como se tornou um clichê a respeito do pensamento contemporâneo, também chamado de *pensamentos das diferenças*, no plural, mas sim de redimensionar o conceito tradicional de Homem, em sua vertente humanista, herdeira do positivismo clássico. Para ser efetivamente universal, o valor humano deve ser inclusivo e respeitar as outras formas de vida não humanas, tal é a questão.

A MEMÓRIA VEGETAL

Para Stefano Mancuso, somente no momento em que formos capazes de entender plenamente o modo como funciona a *memória dos vegetais* poderemos também compreender sua inteligência. Pois o funcionamento da inteligência de qualquer vivente depende de sua capacidade de arquivar e relacionar experiências distintas. O modo como o cientista italiano conceitua a memória é inteiramente afim do que Jacques Derrida chamou de *pensamento do rastro*.[4] Em sua desconstrução do logocentrismo ocidental — que, de modo sumário, pode ser definido como o privilégio do *lógos* enquanto linguagem verbal —, Derrida aborda, na *Gramatologia*, outras formas de linguagem distintas daquela que privilegiamos, como os hieróglifos egípcios e os ideogramas chineses, bem como a escrita de povos ameríndios, que se revelam como sistema de marcas e traços significativos. Vejamos a definição que *Il Vocabulario della lingua italiana* (de Treccani) dá de "memória", e que Mancuso coloca como epígrafe de seu *La Révolution des plantes*: "Memória: de maneira geral, faculdade, comum a diversos organismos, de conservar um rastro [ou vestígio: *trace*] mais ou menos completo e durável dos estímulos exteriores sentidos e das respostas que lhes foram dadas" (*apud* Mancuso, 2019, p. 18).

Para exemplificar a capacidade mnêmica das plantas, ele cita o exemplo das sensitivas. *Mimosa sensitiva* designa o "arbusto rasteiro [...], nativo de regiões tropicais das Américas, [especialmente] do Brasil". Outros nomes populares são maria-fecha-a-porta, malícia, malícia-de-mulher e dormideira (*Mimosa pudica*).[5] O nome mimosa tem origem no latim *mimus*, que por sua vez deriva do grego *mîmos*, "imitador", ou melhor, *mimetizador*. A designação se deve ao fato de aparentemente a planta *imitar* a sensibilidade animal, ao inclinar e fechar as folhas quando tocada. Pertenceria, portanto, ao gênero dos *fingidores* da natureza, por serem capazes de mimetizar uma qualida-

---

4. Categoria que trabalhei amplamente em *Derrida e a literatura* (cf. Nascimento, 2015, p. 181-217).
5. Segundo o *Dicionário Houaiss*, sensitiva é a "[designação] comum a algumas plantas da [família] das leguminosas, [especialmente do gênero] *Chamaecrista*, da [subfamília] cesalpinioídea, e Mimosa, da [subfamília] mimosoídea, com folhas penadas que [geralmente] se contraem quando tocadas".

de que, em princípio, não pertence a sua espécie, qual seja, a de reagir sensorialmente ao toque.

Explique-se, todavia, que qualquer vivente reage sensorialmente ao ser tocado, e que a particularidade das mimosas é imitarem a reação animal, fechando as folhas sobre si mesmas, como mecanismo de proteção, quando estimuladas por qualquer causa. Gosto que a sensitiva seja uma espécie de "máquina" de mimetizar: ela não tem os mesmos sentimentos e reações de um bicho, mas *age como se fosse um*. Sua sensorialidade é outra, porém "travestida" de instinto animal. Algo como um híbrido mimético, que reage às intervenções do entorno. Ao contrário de uma opinião hoje corrente, imitar pode ser altamente inventivo: colar-se à pele do outro ou da outra, fingindo ser o que não se é, perturba e abre possibilidades de reflexão. E os humanos não se cansam de imitar os outros viventes; assim, o *biomimetismo* é um procedimento recente, como parte da *biônica*, ou seja, a disciplina que se dedica a pesquisar as estruturas biológicas das diversas espécies, a fim de ver sua aplicabilidade na medicina, na engenharia, na indústria, na navegação etc.

A *Mimosa pudica* vem encantando os botanistas desde a época de Jean-Baptiste Lamarck, entre os séculos XVII e XVIII. Sua reação instintiva, como um pequeno animal, constitui o que chamo de "o enigma da sensitiva". O próprio Mancuso chegou a realizar, em 2013, uma experiência de laboratório junto com Monica Gagliano. No século XIX, um aluno do cientista René Desfontaines demonstrou em Paris que, após serem expostas a estímulos de mesma natureza, como as sacudidelas dentro de um fiacre, as folhas da mimosa param de se fechar. Ou seja, uma vez constatado que o fenômeno externo nada tem de ameaçador, elas se tranquilizam e não mais acionam seus mecanismos de proteção.

A hipótese de que partiram Mancuso e Gagliano era a de que a plantinha consegue memorizar aqueles estímulos como não nocivos e, portanto, para de reagir. Mas uma questão ainda se colocava: a mimosa poderia ter interrompido o processo por cansaço, tal como ocorre com um esforço muscular prolongado, por faltar energia para continuarmos durante um tempo indefinido. Assim, os dois realizaram o experimento, submetendo algumas mimosas a abalos no sentido vertical: colocaram-nas em pequenos vasos e fizeram com que despencassem da altura de dez centímetros. Depois de sete ou oito quedas, as plantinhas, não se sentindo mais ameaçadas, pararam de reagir. Restava saber se a causa não seria fadiga por falta de combustível. Os pesquisadores passaram então a uma segunda etapa: logo em seguida, submeteram as mimosas a estímulos horizontais por meio de um aparelho rudimentar, e elas voltaram a reagir. Estava claro que conseguiam memorizar e distinguir um estímulo conhecido, "neutro", de um desconhecido e potencialmente perigoso. Faltava saber por quanto tempo elas eram capazes de conservar a informação. Eles deixaram as plantinhas que já tinham conservado o estímulo na memória sem nenhum tipo de abalo por certo período. Depois de alguns dias, repetiram a experiência. E por incrível que pareça alguns dos exemplares guardaram a informação sobre o estímulo até durante quarenta dias, não fechando suas folhas quando sacudidas, algo muito próximo do que são capazes animais ditos superiores, com inteligência elevada. Embora não haja uma explicação para o fato de viventes desprovidos de cérebro disporem de memória, uma hipótese recai sobre mudanças que alteram a expressão dos genes, sem alterar sua sequência (cf. Mancuso, 2019, p. 25-28).

É preciso ver que, de modo geral, a reação instintiva das plantas às alterações do ambiente e sua consequente adaptação são formas de memória. Elas de algum modo se esquecem de como interagiam anteriormente com o entorno, para se amoldar às novas condições climáticas e de solo. Outro exemplo evidente é a *sincronicidade* que a maioria das espécies tem com a mudança das estações. Se a estrutura bioquímica dos vegetais não fosse capaz de registrar e ler as mudanças no clima que ocorrem durante o ano, eles simplesmente se manteriam sem alterações durante o período anual, sucumbindo com a primeira nevasca ou com a primeira canícula. A perda das folhas nas zonas frias é, entre outros motivos, uma forma de as plantas se livrarem do peso que representaria a folhagem congelada, gerando disfunções em seu sistema vital. É exatamente por isso que na zona tropical e em parte da subtropical a folhagem da maioria das árvores permanece durante todo o ano, com exceção de poucas espécies. A renovação das folhas pode ocorrer sem que seja preciso perder todas ao mesmo tempo.

A resposta para esse tipo de memória, semelhante ao tempo de floração, foi dada por Susan Lindquist, do Departamento de Biologia do MIT em Cambridge, Massachusetts. Nesses casos, as plantas poderiam utilizar proteínas chamadas príons, que haviam sofrido anomalias, e elas se encarregariam de transmitir em cadeia a informação necessária a todo o organismo. Fica de todo modo a questão de saber como os vegetais são capazes de identificar o momento adequado para florescer ou para se desfolhar, acionando o mecanismo bioquímico (cf. Mancuso, 2019, p. 28-30).

Pode-se argumentar que tais formas de memória são meramente mecânicas, não implicando nenhuma decisão consciente por parte das plantas. Indagaria então quantos de nossos hábitos não são estritamente mecânicos; se a cada dia tivéssemos que decidir se é preciso ou não escovar os dentes, tomar banho, nos alimentarmos etc., faltaria tempo para realizar todas as atividades da jornada. E no que diz respeito à inteligência inventiva, há inúmeros exemplos da capacidade das plantas de reagir inteligentemente, seja como indivíduos, seja como espécie. Tal como no caso das *Drakaeas* australianas que veremos em breve. Só recentemente a ciência se debruçou de forma criteriosa sobre os inúmeros exemplos da capacidade rememorativa e intelectiva dos vegetais, que nada devem à espécie humana.

Apenas o antropocentrismo impositivo, fundado no privilégio da linguagem verbal e do racionalismo lógico, o referido *logocentrismo*, explica a cegueira perante inúmeros exemplos de inteligência animal e vegetal. Lembrando sempre que a alguns (poucos) animais há tempos já se atribuiu o fator intelectivo, como macacos, golfinhos, papagaios, cães, elefantes e sobretudo corvos; mas para as plantas até recentemente esse reconhecimento inexistia. Hoje há diversas pesquisas científicas envolvidas no aprofundamento da memória e da inteligência vegetal. Claro que a inteligência humana é incomparável; mas isso serve para todas as espécies viventes: a comparação intelectiva entre elas será sempre injusta, pois privilegiará o modo de atuar de uma delas em relação às outras.

Capítulo 3
Alberto Caeiro/Fernando Pessoa: a irmandade das plantas

> *Quando viu que ela não respondia, Yeonghye sussurrou mais uma vez: "Mana... todas as árvores do mundo são minhas irmãs".*
> Han Kang, *A vegetariana*

A ANTIMETAFÍSICA DAS SENSAÇÕES

E aqui começo a citar o poeta-pensador Alberto Caeiro:

> Ah, como os mais simples dos homens
> São doentes e confusos e estúpidos
> Ao pé da clara simplicidade
> E saúde em existir
> Das árvores e das plantas!
> (Caeiro/Pessoa, 1983, p. 140).[1]

Para Caeiro, nenhuma palavra consegue significar ou transmitir efetivamente as sensações. Nesse sentido, o pensamento, por ser feito com palavras, trai a materialidade das coisas:

---

1. Doravante todas as referências a *O guardador de rebanhos* serão feitas com a abreviatura GR e o número da página entre parênteses.

Sou um guardador de rebanhos.
O rebanho é os meus pensamentos
E os meus pensamentos são todos sensações.
Penso com os olhos e com os ouvidos
E com as mãos e os pés
E com o nariz e a boca.

Pensar uma flor é vê-la e cheirá-la
E comer um fruto é saber-lhe o sentido.
(GR, p. 146, grifos meus).

Este último verso joga com o duplo sentido do verbo *saber*, que tanto designa o ato de conhecer quanto, por via erudita, o fato de ter sabor: *saber a* é ter o gosto ou o sabor de. Ao comer um fruto, conhece-se de fato seu sabor, experimentando seu *sentido*. A filosofia sem pensamento e a mística sem mistério de Caeiro/Pessoa são puramente tautológicas: as coisas são o que são e nenhum pensamento reflexivo consegue dar a dimensão do que é. Pois "o que é" ou "está" não é um ente. Uma paisagem não é um ente, e mesmo a palavra paisagem não a define, havendo sempre uma discrepância entre, por um lado, o nome e a definição, e, por outro, a coisa nomeada. O único pensamento que conta é feito de sensações, não de ideias nem de conceitos, sem, todavia, cair no irracionalismo.

Motivo pelo qual a Natureza, com maiúscula, não existe, não passando de invenção humana, que utiliza a linguagem verbal como instrumento de falsificação, por meio da produção de abstrações:

Só a Natureza é divina, e ela não é divina...

Se falo dela como de um ente
É que para falar dela preciso usar da linguagem dos homens
Que dá personalidade às cousas
E impõe nome às cousas.

> Mas as cousas não têm nome nem personalidade:
> Existem, e o céu é grande a terra larga,
> E o nosso coração do tamanho de um punho fechado...
> (GR, p. 152-153, grifos meus).

Enfatizo esse precioso argumento não ontológico de Caeiro. Existem árvores, prados, montanhas e gado, mas não uma única entidade que os reúna. Nesse *pensamento radical* (que vem das raízes), todo conceito, mesmo o mais comezinho e não filosófico, não passa de abstração, fruto da imaginação estéril. Só o sentir define o humano, não como "animal racional", ideia que se atribui erroneamente a Aristóteles (*zoon logon ekhon*), mas como animal-que-sente. Como no célebre exemplo da rosa de Gertrude Stein, para Caeiro, uma árvore é uma árvore é uma árvore é uma árvore, nada mais.

> *Vi que não há Natureza,*
> *Que Natureza não existe,*
> Que há montes, vales, planícies,
> Que há árvores, flores, ervas,
> Que há rios e pedras,
> Mas que não há um todo a que isso pertença,
> Que um conjunto real e verdadeiro
> É uma doença das nossas ideias.
> A Natureza é partes sem um todo.
> Isto é talvez o tal mistério de que falam.
>
> Foi isto o que sem pensar nem parar,
> Acertei que devia ser a verdade
> Que todos andam a achar e que não acham,
> E que só eu, porque a não fui achar, achei.
> (GR, p. 160-161, grifos meus).

Levadas às últimas consequências, as teses poéticas, como antíteses filosóficas, de Caeiro/Pessoa são pura contradição, rompendo explicitamente com o princípio da não contradição, que rege a metafísica racionalista sobretudo desde o par Platão-Sócrates. Seguindo-se a rigor essa poética, todo poema, mesmo o mais sensorial, seria uma traição da realidade material das coisas, pois a poesia tende também ao significado conceitual, mesmo quando fala de simples bolhas de sabão, as quais apenas "São aquilo que são/ Com uma precisão redondinha e aérea,/ E ninguém, nem mesmo a criança que as deixa,/ Pretende que elas são mais do que parecem ser" (GR, p. 152). Mas trata-se de uma contradição fecunda, muito pessoana: *como se* (e essa é uma *ficção do interlúdio*) fosse preciso passar uma última vez pela linguagem para poder ultrapassá-la.

Desde a abertura, O *guardador de rebanhos* se apresenta como *ficção*, pois o poeta se traveste de pastor, como numa écloga bastante anacrônica para o início do século XX:

> Eu nunca guardei rebanhos,
> Mas é *como se* os guardasse.
> Minha alma é como um pastor,
> Conhece o vento e o sol
> E anda pela mão das Estações
> A seguir e a olhar.
> (GR, p. 137, grifo meu).

Nessa perspectiva, a linguagem poética é sempre *trans*: encena a passagem pela linguagem verbal a fim de transcendê-la, não como forma acabada da espiritualidade, num cumprimento teleológico da estética de Hegel, mas como recondução sensorial às coisas do mundo. O mundo trazido de volta a si, eis a proposta radical de Caeiro. Todavia, como não existe "o" mundo, mas mundos, não há como extrair uma única filosofia desses versos; com isso, toda doutrina filosófico-poética se autoanula: "Eu não tenho filosofia: tenho sentidos..." (GR, p. 139). E o jogo de antinomias, que o poema articula a seu favor, se desdobra em várias direções. Muitos dos versos se desencontram e se negam, multiplicando paradoxos, antíteses, oxímoros, denegações, lítotes etc., que já se armam no verso de abertura supracitado: "Eu nunca guardei rebanhos" — *nunca* guardou rebanhos *e* se apresenta como guardador... Não por acaso, o verbo *fingir*, tão pessoano, faz parte do léxico desse magnífico poema. Assumir o próprio fingimento é negar por antecipação que as experiências a seguir narradas são absolutamente verdadeiras, constituindo antes encenações, "Para a nossa imaginação" (GR, p. 137), que recusam o binarismo clássico mentira/verdade. Daí a autoafirmação como sendo aparentemente contraditória, sem que isso seja um defeito, pois a unidade do eu (se ela existe) se faz pela variação e não pela homogeneidade:

> Nem sempre sou igual no que digo e escrevo.
> Mudo, mas não mudo muito.
> A cor das flores não é a mesma ao sol
> De que quando uma nuvem passa
> Ou quando entra a noite
> E as flores são cor da sombra.
> (GR, p. 153).

As flores, também por sua sazonalidade, oferecem o paradigma da mutabilidade afirmada como potência existencial e não como falha.

A poesia do pastor de rebanhos não é nem religiosa, nem metafísica, nem propriamente materialista, visto que o materialismo ainda implica alguma dialética: "O meu misticismo é não querer saber./ É viver e não pensar nisso" (GR, p. 154). Seria no máximo dialógica, ou melhor, plurívoca, ainda quando parece enunciar uma única voz. Mutante, porém, consistente e incisiva. Cada rebanho é um mundo, cada mundo dotado de sensações, que não se pode jamais subsumir a uma única sensação, a um só sentido, a um definitivo Significado: "Sou o Argonauta das sensações verdadeiras./ Trago ao Universo um novo Universo/ Porque trago ao Universo ele-próprio" (GR, p. 160).

Trata-se de poesia do *nonsense*, do não senso, do sem sentido, plena de humor sensorial, sem jamais ser puramente empírica, mas *quase* transcendental: *trans*. Daí que o saber científico, com sua pulsão definidora e classificatória, é incapaz de dar conta da verdadeira *phýsis* do mundo, que nunca é uma, senão várias:

> Um renque de árvores lá longe, lá para a encosta.
> Mas o que é um renque de árvores? Há árvores apenas.
> Renque e o plural árvores não são cousas, são nomes.
>
> Tristes das almas humanas, que põem tudo em ordem,
> Que traçam linhas de cousa a cousa.
> Que põem letreiros com nomes nas árvores absolutamente reais,
> E desenham paralelos de latitude e longitude
> Sobre a própria terra inocente e mais verde e florida do que isso!
> (GR, p. 159).

Para essa poética radical, o pensamento místico-simbolista e o filosófico-reflexivo só podem ser niilistas (no sentido reativo do termo, segundo Nietzsche), já que negam a realidade de que supostamente tentam dar conta, cada um com seu instrumento: "Os poetas místicos são filósofos doentes/E os filósofos são homens doidos" (GR, p. 153). Somente pode vigorar o pensamento-sensação, que não deseja de forma alguma fixar os seres e as coisas como entidades eternas, ao alcance da compreensão. Filósofos e poetas são mais de uma vez indigitados por serem portadores de grave enfermidade, que os torna incapazes de reconhecer as coisas como são e estão, independentemente de suas vontades:

> Porque o único sentido oculto das cousas
> É elas não terem sentido oculto nenhum,
> É mais estranho do que todas as estranhezas
> E do que o sonho de todos os poetas
> E os pensamentos de todos os filósofos,
> Que as cousas sejam realmente o que parecem ser
> E não haja nada que compreender.
> (GR, p. 157).

O DESDIZER POÉTICO

O estranho repousa em nossa incapacidade de dar conta do real, que dispensa a mediação do intelecto e até da sensibilidade poética (informada pela tradição) para existir. O que existe se encontra sempre aquém e mais além de nosso entendimento. A desqualificação geral da arte, em especial da arte poética, é o próprio artifício geral que, paradoxalmente, engendra o poema. Noutras palavras, *O guardador de rebanhos* é um magnífico poema, composto por 49 cantos, que se autonegam e *se desdizem* (como bem diz o poeta Antônio Carlos Secchin — 2017), afirmando algo mais próximo da antipoesia do chileno Nicanor Parra:

> E há poetas que são artistas
> E trabalham nos seus versos
> Como um carpinteiro nas tábuas!...
>
> Que triste não saber florir!
> Ter que pôr verso sobre verso, como quem constrói um muro
> E ver se está bem, e tirar se não está!...
> Quando a única casa artística é a Terra toda
> Que varia e está sempre bem e é sempre a mesma.
> (GR, p. 156).

Trata-se de um poeta do verso livre (Caeiro), crítico do poeta da métrica (Pessoa, em parte), gerando uma antinomia interna ao jogo da heteronímia. A diferença desta última para com a pseudonímia tradicional é que na heteronímia cada poeta é autônomo em relação ao ortônimo Fernando Pessoa. Alberto Caeiro, Ricardo Reis, Álvaro de Campos, Bernardo Soares e todos os outros não são simples *alteregos* de Pessoa, mas sim máscaras ficcionais com vida própria, alguns contando inclusive com biografias. Razão pela qual Ricardo Reis escreve uma "Introdução" aos "Poemas completos" de Caeiro, em que, a par de alguns elogios, não se furta a criticar a obra do outro. Do mesmo modo, Álvaro de Campos escreve um "Posfácio" como "Notas para a recordação do meu mestre Alberto Caeiro", em que narra um diálogo com o mestre a propósito de *O guardador de rebanhos*. É nessa perspectiva que a antipoética de Caeiro enriquece a poética geral de Pessoa e de todos os outros heterônimos. A obra pessoana se mostra vária e mutante, afirmando as vozes distintas e muitas vezes antinômicas de seus autores fictícios.

Ninguém melhor do que Pessoa para iluminar o jogo ficcional dos heterônimos, nos fragmentos em prosa que legou: "Não sei quem sou, que alma tenho. [...] *Sinto-me múltiplo*"; e mais adiante: "*uma suma de não-eus sintetizados num eu postiço*" (Pessoa, 1990, p. 41, grifos meus). Noutras palavras, até o "eu" primeiro, que corresponderia ao próprio cidadão poeta Fernando Pessoa, se vê a si mesmo como "postiço", fingido, e não positivamente real. Uma máscara ficcional num grande teatro, em que se é, ao mesmo tempo, dramaturgo, personagem, ator e plateia. É o que explicita numa carta: "O que sou essencialmente — por trás das *máscaras involuntárias do poeta*, do raciocinador e do que mais haja — *é dramaturgo*" (Pessoa, 1990, p. 58, grifos meus). Aborda então o "fenômeno da minha despersonalização instintiva", explicando que, com isso, não evolui, mas "VIAJO", num lapso datilográfico que o fez grafar a palavra em caixa alta, como confessa. E então define a dramaturgia do fingimento: "Vou mudando de personalidade, vou (aqui é que pode haver evolução) *enriquecendo-me na capacidade de criar personalidades novas, novos tipos de fingir que compreendo o mundo, ou, antes, de fingir que se pode compreendê-lo*. Por isso dei essa marcha em mim como comparável não a uma evolução, mas a uma viagem: não subi de um andar para o outro: segui, em planície, de um para o outro lugar" (Pessoa, 1990, p. 58, grifos meus). O fingimento poético é tanto mais poderoso pelo fato de se dar por meio de "máscaras involuntárias", como produções impulsivamente inconscientes.[2]

---

2. É inevitável citar os versos celebérrimos: "O poeta é um fingidor./ Finge tão completamente/ Que chega a fingir que é dor/ A dor que deveras sente" (Pessoa, 1983, p. 98).

A SORORIDADE DAS PLANTAS: O AFETO NO FEMININO

É dentro do enquadramento antipoético que emergem as plantas com sua força *desnatural*, um híbrido de cultura e natureza, furtando-se às classificações humanas:

> No meu prato que mistura de Natureza!
> *As minhas irmãs as plantas*,
> As companheiras das fontes, as santas
> A quem ninguém reza...
>
> E cortam-se e vêm à nossa mesa
> E nos hotéis os hóspedes ruidosos,
> Que chegam com correias tendo mantas
> Pedem "Salada", descuidosos...,
> Sem pensar que exigem à Terra Mãe
> A sua frescura e os seus filhos primeiros,
> As primeiras verdes palavras que ela tem,
> As primeiras cousas vivas e irisantes
> Que Noé viu
> Quando as águas desceram e o cimo dos montes
> Verde e alagado surgiu
> E no ar por onde a pomba apareceu
> O arco-íris se esbateu...
> (GR, p. 148-149, grifos meus).

Como está no Gênesis 7:15, Noé trouxe para dentro da Arca casais de todas as criaturas que tinham "sopro de vida", ou seja, apenas animais, sem incluir qualquer planta. No entanto, quando baixaram as águas e, após algum tempo, Noé cautelosamente soltou uma pomba pela segunda vez para verificar se de fato a terra estava novamente seca; ao retornar, a ave trouxe no bico um ramo de oliveira. Ou seja, contradizendo o que diz o texto bíblico em sua literalidade, o qual afirma terem sido exterminados todos os seres vivos na face da Terra, ao menos uma planta sobreviveu. O problema é que, no mito de Noé, "seres vivos" são apenas os animais, aqueles dotados de sopro de vida, fôlego, espírito, alma (*psyché*). As plantas, como visto em relação à discussão filosófica, não teriam sopro ou alma, e, portanto, não deveriam ser consideradas como "seres vivos"... Todavia, a prova de que o dilúvio acabou foi nada menos do que o ramo de oliveira no bico da pomba, dando o sinal para que novo ciclo de vida se reiniciasse na terra arrasada. Poeticamente, Caeiro expõe essa contradição bíblica: quem sinaliza o recomeço para a vida é um ser supostamente "não vivo", uma simples oliveira, que, contudo, sobreviveu ao alagamento geral. Trata-se, portanto, de um olhar inaugural para uma tradição equivocada, que sempre relegou os vegetais ao segundo, senão ao último, plano da criação, retirando-lhes até o estatuto de serem ou estarem vivos.

O olhar primeiro de Caeiro sobre as coisas prístinas nada tem de ingênuo, ao contrário, é bastante fingido, fictício, ficcional, fabricado, numa palavra, *postiço*. Sua única finalidade é conjurar a ilusão metafísica, como enfermidade de nossa espécie: "Há metafísica bastante em não pensar em nada", ou seja, o não pensar, o apenas sentir e compreender as coisas por meio das sensações é que seria a única *metafísica* do mundo. De outro modo, impera a já aludida enfermidade:

> Ah, como os mais simples dos homens
> São doentes e confusos e estúpidos
> Ao pé da clara simplicidade
> E saúde em existir
> Das árvores e das plantas!
> (GR, p. 140).

O canto XXVI resume à perfeição todas as contradições da antilírica e da estética sensorial (contrária à estética tradicional) de Caeiro/Pessoa:

> Às vezes, em dias de luz perfeita e exata,
> Em que as cousas têm toda a realidade que podem ter,

Pergunto a mim próprio devagar
Por que sequer atribuo eu
Beleza às cousas.

Uma flor acaso tem beleza?
Tem beleza um fruto?
Não: têm cor e forma
E existência apenas.
A beleza é o nome de qualquer cousa que não existe
Que eu dou às cousas em troca do agrado que me dão.
Não significa nada.
Então por que digo eu das cousas: são belas?

Sim, mesmo a mim, que vivo só de viver,
Invisíveis, vêm ter comigo as mentiras dos homens
Perante as cousas,
Perante as cousas que simplesmente existem.

Que difícil ser próprio e não ver senão o visível!
(GR, p. 152, grifos meus).

O heterônimo Caeiro é um personagem-poeta que nega a si mesmo, desdizendo-se como poeta e como *pessoa* (este termo com p minúsculo e P maiúsculo). Ao qualificar as palavras humanas como mentiras, no ato mesmo de utilizá-las, ele incide numa *contradição performativa* (própria ao desdizer): só lhe interessam o ver e o sentir, mas, para falar disso, o único recurso são as próprias palavras que negam o ver e o sentir!... A tautologia das coisas ou das cousas que são o que são se afirma por antinomias e paradoxos infinitos, os quais confirmam o primado da Natureza sobre as civilizações, mas precisam abjurar o natural em nome do artifício, ou seja, os próprios cantos nomeados como O *guardador de rebanhos*! *Abjurar* porque afinal se trata de versos e não das próprias coisas, nem dos viventes, que apesar de tudo o poema ainda nomeia...

A performance (anti)poética se dá por contraposições performativas, afirmando e negando aquilo a que se refere num mesmo ato. Resta para nossa humana e deficiente reflexão captar o que seria um pensamento feito de puras sensações, uma estética da existência, baseada não na Beleza abstrata, mas num sentir as plantas enquanto tais. Sabendo, todavia, que essa expressão "enquanto tais" se anula diante de uma sensorialidade que se deseja sem palavras, radical em seu combate contra a enfermidade humana — o dom do entendimento, que tudo compila, cataloga, arquiva, para supostamente preservar na memória aquilo que existiu como realidade, embora efêmera:

> Antes o voo da ave, que passa e não deixa rasto,
> Que a passagem do animal, que fica lembrada no chão.
> A ave passa e esquece, e assim deve ser.
> O animal, onde já não está e por isso de nada serve,
> Mostra que já esteve, o que não serve para nada.
> A recordação é uma traição à Natureza,
> Porque a Natureza de ontem não é Natureza.
> O que foi não é nada, e lembrar é não ver.
>
> Passa, ave, passa, e ensina-me a passar!
> (GR, p. 158-159).

Se essa literatura ainda pode ser qualificada como *pensante*, é porque retroage sobre seus próprios mecanismos e indaga incisivamente "o que significa pensar". Pensamento como não pensamento, numa elaboração floral que jamais se reduz a qualquer ontologia de ordem metafísica, como é reiterado explicitamente na citação mais abaixo, a qual forneceu uma das epígrafes para este livro. As flores dessa antiestética não se deixam catalogar, apenas são apreensíveis por pensamentos-sensações (algo que também acontece, com outras modulações, na ficção de Clarice Lispector, como veremos), corroendo ironicamente a tradição ocidental do pensar reflexivo-filosófico. Essa é uma política pessoana (ou antes, uma política de Caeiro) da existência, que se oferece como instrumento de contraponto às biopolíticas empresariais. Em vez da vida das plantas empacotadas, com finalidade comestível e/ou medicinal, flores e folhas para serem saboreadas pelas sensações como forma radical de pensamento.

> Metafísica? Que metafísica têm aquelas árvores?
> A de serem verdes e copadas e de terem ramos
> E a de dar fruto na sua hora, o que não nos faz pensar,
> A nós, que não sabemos dar por elas.
> Mas que melhor metafísica que a delas,
> Que é a de não saber para que vivem
> Nem saber que o não sabem?
> (GR, p. 141).

Ao lado da empatia vegetal com "As minhas irmãs as plantas", ocorre também em Caeiro uma identificação plena ao "animal humano", expressão que Heidegger rejeitaria com todas as suas forças existenciais:

> Procuro despir-me do que aprendi,
> Procuro esquecer-me do modo de lembrar que me ensinaram,
> E raspar a tinta com que me pintaram os sentidos,
> Desencaixotar as minhas emoções verdadeiras,
> *Desembrulhar-me e ser eu, não Alberto Caeiro,*
> *Mas um animal humano que a Natureza produziu.*
> (GR, p. 160, grifos meus).

Negar o próprio *nome*, como se fosse uma palavra malsã, é a forma radical de se reencontrar a si mesmo, por sob a capa de pintura que recobre os sentidos. Os versos ajudam a redescobrir o que as palavras encobrem, como um fármaco que mata e cura ao mesmo tempo, uma droga potente cujo outro título seria *despoesia*.

É preciso não esquecer que a literatura já foi uma matéria animal, quando os livros eram compostos por papiros, feitos com pele de bichos. Hoje a grande maioria dos livros impressos utiliza a celulose, supostamente produzida a partir do aproveitamento racional de florestas plantadas com essa finalidade. O livro digital ainda não atingiu a escala planetária que fizesse a invenção de Gutenberg ser aposentada. Não por acaso, as lâminas do volume impresso têm o mesmo nome atribuído aos apêndices das árvores e ervas: *folhas*. Segundo a explicação etimológica, o sentido de "folha de papel" seria derivado em relação à "folha de planta": o étimo é o latim *folĭum*, no sentido meramente vegetal. Depois, como a Sibila de Cumas, segundo a tradição, escrevia suas predições sobre folhas de palmeira, o termo passou a significar "folha de escrever, folha de papel". Os versos de *O guardador de rebanhos* se inscrevem em *folhas* no duplo sentido: são folhas de papel que recolhem, poeticamente com todo afeto, folhas caídas das árvores.

Um dos sentidos mais fortes a serem retidos nessa antipoética vegetal é o de considerar as plantas como nossas *irmãs*. Há inúmeras consequências a tirar dessa *irmandade botânica*, inédita em muitos aspectos com relação à tradição humanista. A *fitopoesia* de Caeiro-Pessoa se irmana à ficção de Clarice e à de muitas e muitos poetas da contemporaneidade; demonstrar isso é um dos propósitos deste livro.

Capítulo 4
Outras visões do mundo clorofílico

> *Sobre as águas pitingas do Arawá*
> *Ygara que desliza calmamente*
> *Entre galhos — caniços de araçás*
> *No reflexo dourado quase ausente*
> Yaguarê Yamã, "Soneto amazônico"

FITOMIMETISMO

Não há dúvida quanto a ser a vida das plantas a questão ética e política mais importante do mundo atual, pois praticamente toda a vida no planeta depende delas, e a maior parte dos governos (democráticos e não democráticos) tenta ignorar isso. Está em jogo a sobrevivência e a supervivência (viver mais e melhor) do humano e de inúmeros não humanos.

As flores, com poucas exceções, são hermafroditas, embora alguns especialistas se recusem a considerar que detenham verdadeiros gametas, ou seja, uma sexualidade comparável à do animal. Há sempre quem conteste a projeção usual que se faz da vida animal sobre a vida vegetal, questionando o referido *zoocentrismo*. A arquitetura floral das angiospermas (plantas floríferas, com sementes contidas no pericarpo) se adaptou para favorecer a polinização, possibilitando a ação de intermediários como o vento, os insetos, os pássaros e até mesmo os humanos. Em sua grande maioria, as plantas recusam a autogamia, ou seja, a autofecundação ou o "incesto" de uma flor consigo mesma:

Nas plantas com flores, o ovário recebe o nome de pistilo. Este é formado por uma ou mais folhas reduzidas e modificadas, os carpelos, que se agenciam para formar uma urna fechada, contendo um ou mais óvulos alojados numa ou várias cavidades.

[...] Numa flor completa, o pistilo é acompanhado de uma coroa de estames que o circundam, produtora de grãos de pólen. Cada um desses grãos é capaz de fecundar uma oosfera; mas é preciso que ele seja veiculado até lá por um inseto ou pelo vento. Inúmeras flores organizam dispositivos morfológicos ou genéticos que proíbem a fecundação direta entre os estames e o pistilo de uma mesma flor ou de uma flor do mesmo indivíduo. *Como dizia Darwin, a natureza tem horror à autogamia* (Pelt, 2011, p. 111, grifos meus na última frase).

A evolução nas angiospermas tende à miniaturização e ao surgimento de *inflorescências*, ou seja, um conjunto de flores unidas pelo pedúnculo, uma haste que as liga ao tronco. A inflorescência é um exemplo de socialização das flores, que facilita a polinização "em cadeia" por um mesmo inseto. Edelvais, que veremos adiante citado por Clarice Lispector, é dado como exemplo de flor mais "evoluída": é composta por *capítulo* de capítulo,[1] quer dizer, uma dupla inflorescência, que aperfeiçoa o mecanismo da polinização (cf. Pelt, 2011, p. 139). Seja a evolução linear ou cíclica, todos os agenciamentos florais têm uma mesma finalidade: preservar a oosfera, a célula sexual feminina, e garantir sua fecundação por meio dos agentes polinizadores, evitando a autofecundação.

Um dos casos mais excepcionais de inteligência vegetal relacionado à polinização é o das *Drakaea*, que correspondem a dez espécies das chamadas orquídeas-martelo — por lembrarem a forma desses instrumentos —, e são encontradas no sudoeste da Austrália. Porém o mi-

---

1. Capítulo: "tipo de inflorescência, característico da família das compostas, em que as flores são sésseis e inseridas em um receptáculo, geralmente discoide, como, por exemplo, nas margaridas; antódio, calátide".

metismo mais importante delas é outro, e fascinou Deleuze e Guattari, quatro décadas atrás, quando escreveram *Mil platôs*. Esse exemplo foi retomado por Jean-Marie Pelt, que provavelmente não leu os dois pensadores, mas sim Derrida, citado em seu *L'évolution vue par un botaniste* (2011, p. 202-206). As *Drakaea* se caracterizam por terem apenas um talo, acompanhado de um prolongamento, cuja pétala mimetiza a forma de uma pequena vespa. O agente polinizador dessas plantas é uma vespa da família *Thynnidae*. A fêmea da vespa não possui asas e passa boa parte da vida sob a terra, alimentando-se das larvas do escaravelho, que por sua vez se alimentam das raízes. O macho tem asas que lhe permitem se nutrir nas flores que sobrevoa. No momento em que a fêmea entra no cio, ela sai do subsolo e se coloca sobre uma planta, posicionando-se de forma visível e acessível, liberando um feromônio, um "perfume do amor", o qual atrai o macho. Este captura a parceira e copula com ela em pleno voo, alimentando-a no mesmo ato com o néctar das flores onde pousou, durante cerca de 24 horas — trata-se de um "banquete" à moda greco-romana, um "simpósio", acompanhado de muito sexo e comida. Depois de fecundada, a fêmea é recolocada na terra, descendo ao subsolo para depositar seus ovos e depois morrer.

O que fez a orquídea *Drakaea* ao longo de sua história específica? Ela não só se metamorfoseou num pequeno inseto, ganhando a forma e a cor da fêmea da vespa, mas também passou a produzir um aroma idêntico ao feromônio do inseto. O resultado é que a vespa-macho, ao ver aquela falsa parceira na ponta de um talo, exalando um delicioso perfume, tenta agarrá-la por alguns segundos, tempo suficiente para se cobrir de pólen. Uma vez que reconheceu o ludíbrio, ele parte rapidamente e encontra outra "parceira" com as mesmas características, quer dizer, uma flor com *mutação zoomórfica*, sem deixar de ser planta. Ele cai de novo na armadilha, polinizando a flor que o recebe na segunda investida sexual...

Continua sendo um enigma para os cientistas saber como a *Drakaea* conseguiu por conta própria mimetizar a fêmea da vespa, com tanto refinamento visual e olfativo. Uma das hipóteses é que, em algum momento, pode ter havido uma passagem da informação genética do animal para a planta, numa espécie de "contágio genético". Ela de certa forma copiou seu possível polinizador e criou um falso clone de seu modelo-fêmea. Mesmo que esta hipótese seja verdadeira, nada elucida qual decisão biológica levou a pequena planta a esse mimetismo, que não é único na natureza, mas é sem dúvida de longe um dos mais sofisticados. E Aristóteles dizia, na *Poética*, que os humanos seriam os maiores mimetizadores, logo ele, um dos grandes observadores da fauna e da flora, protótipo do cientista ocidental... Se tivesse conhecido a *Drakaea* e outras espécies vegetais ou animais, o filósofo teria alterado seu julgamento. Quando se observam de perto outras espécies, muitos de nossos preconceitos metafísicos, fundados em especismo, vêm abaixo.

Deleuze e Guattari tomam o par orquídea-martelo-vespa como exemplo de um caso em que *desterritorialização* e *reterritorialização* se relacionam, constituindo ramificações de um processo complexo. Quando a orquídea assume a forma de uma vespa, há aí um exemplo de desterritorialização, pois a flor torna-se outra, num processo nomeado como *devir* (*devenir*). No entanto, ao exercer a função polinizadora provocada pela planta, a vespa estaria reterritorializando o processo dito natural. É essa duplicidade que os dois pensadores valorizam na relação planta-animal:

> [...] não mais imitação em absoluto, mas captura de código [genético], mais-valia de código, aumento de valência, verdadeiro devir [*devenir*], devir-vespa da orquídea, devir-orquídea da vespa, cada um desses devires [*devenirs*] assegurando a desterritorialização de um dos termos e a reterritorialização do outro, os dois devires se encadeando e se revezando de acordo com uma circulação de intensidades, a qual empurra a desterritorialização cada vez mais longe (Deleuze e Guattari, 1980, p. 17).

Essa combinação dos dois *tornar-se* ou *devires*, da planta e do inseto, é o que os autores nomeiam, seguindo a terminologia de Rémy Chauvin, como *evolução aparalela*, ou seja, aquela em que os esquemas de evolução não seguiriam mais os modelos lineares de descendência, de acordo com o paradigma da árvore genealógica. Ocorre o que Fernando Pessoa chamou de *outrar-se*: em vez da identidade simples (planta ou animal), cada uma das espécies se acopla à outra (planta e/ou animal), permutando entre si elementos de cada identidade individual, ainda que provisória e superficialmente. Todavia, essa provisoriedade e essa superficialidade têm mecanismos constantes e efeitos reais: a polinização heterogâmica da flor. Como resumem os dois filósofos: "num devir, os dois termos não se permutam nem se identificam, mas são arrastados num bloco assimétrico, no qual um não muda menos do que o outro, constituindo sua zona de vizinhança" (Deleuze e Guattari, 1980, p. 376).

RIZOMAS, RAÍZES, ARBORESCÊNCIAS E OUTRAS RAMIFICAÇÕES

Dois equívocos devem ser evitados quanto às formulações de Deleuze e Guattari sobre as relações complexas entre a árvore, a raiz e o rizoma. Primeiro, a crítica dos autores se dirige menos às árvores reais do que a certa imago da árvore na cultura dita ocidental. Isso fica claro logo no início da "Introdução": "Plantas com raiz ou radícula podem ser rizomorfas com relação a muitos outros aspectos: *é uma questão saber se a botânica, em sua especificidade, não é totalmente rizomórfica*" (Deleuze e Guattari, 1980, p. 13, grifos meus). Longe então de opor a árvore ao rizoma, interessa ver a existência botânica como um todo enquanto função rizomórfica, múltipla, descentrada. Do livro à genealogia familiar e à linguística estrutural chomskyana, foi toda uma civilização que se ergueu baseada na *arborescência*, como imago ideal da tradição letrada, da evolução genealógica e da transformação gramatical gerativa.

Essa árvore culturalmente idealizada pouco se parece com as árvores reais, que, segundo a botânica contemporânea, são descentradas e modulares. Na tradição arbórea das metafísicas ditas ocidentais, o tronco corresponde a uma imagem fálica, indicando força, rigidez e centramento. Já as raízes indiciam uma fixação ao solo original; em termos deleuzianos e guattarianos, uma forte *territorialização*. Pode-se acrescentar a isso o fato de os galhos e folhas superiores, formando a copa, equivalerem à cabeça, como sede da racionalidade. O caráter antropomórfico desse esquema clássico é iniludível, saltando aos olhos. Toda a ideia de genealogia e de genética se baseia nesse tronco e nesse enraizamento, bem como nas ramificações dos galhos controladas a partir do eixo central. O livro-árvore ou o livro-raiz correspondeu sempre à ideia de um saber interiorizado, orgânico, *logocêntrico*, como diria Derrida. Segundo os autores de *Mil platôs*:

> A árvore já é a imagem do mundo, ou então a raiz é a imagem da árvore-mundo. É o livro clássico, como bela interioridade orgânica, significante e subjetiva (os estratos do livro). O livro imita o mundo, como a arte, a natureza: por procedimentos que lhe são próprios e que levam a bom termo o que a natureza não pode ou não pode mais fazer. A lei do livro é a da reflexão, o Um que se torna dois. Como a lei do livro estaria na natureza, visto que ela preside à própria divisão entre mundo e livro, natureza e arte? (Deleuze e Guattari, 1980, p. 11).

O segundo equívoco seria trocar um fetiche por outro, como acabaram procedendo muitos leitores de Deleuze e Guattari: absolutizar e clicherizar o rizoma em detrimento da arborescência, recaindo num "dualismo maniqueísta" ou num "dualismo ontológico" (Deleuze e Guattari, 1980, respectivamente p. 23 e 30) bastante tradicional. Como eles advertem de forma irretocável, num longo trecho, de que seleciono uma parte:

> [...] nos apoiaremos diretamente numa linha de fuga que permita explodir os estratos, romper as raízes e operar as novas conexões. Há, portanto, agenciamentos muito diferentes [de]

calques-mapas, rizomas-raízes, com coeficientes de desterritorialização variáveis. *Existem estruturas de árvore ou de raízes nos rizomas, mas, inversamente, um galho de árvore ou uma divisão de raiz podem se pôr a desabrochar em rizoma.* A detecção não depende, no caso, de análises teóricas que impliquem universais, mas sim de uma pragmática que compõe as multiplicidades ou os conjuntos de intensidades. No cerne de uma árvore, no oco de uma raiz ou na articulação de um galho, um novo rizoma pode se formar. Ou então é um elemento microscópico da árvore-raiz, um radículo, que inicia a produção do rizoma (Deleuze e Guattari, 1980, p. 23, grifos meus).

Vejamos como o Houaiss define o rizoma, como elemento da morfologia botânica: "caule subterrâneo e rico em reservas, comum em plantas vivazes, caracterizado pela presença de escamas e gemas, capaz de emitir ramos folíferos, floríferos e raízes". Assim, em vez de um tronco aéreo, composto de galhos, folhas, frutos e raízes, tem-se um caule descentrado, que prolifera folhagens, inflorescências e raízes. No entanto, a própria etimologia proíbe a oposição entre a raiz da árvore e o rizoma. O grego *rhizoma* significa "o que é enraizado; arraigamento, raiz".

O maior defeito dos leitores equivocados de Deleuze e Guattari foi praticarem calques e decalques sem nenhum distanciamento nos textos de *Mil platôs*, exatamente o que os dois autores mais condenavam explicitamente. Quando o rizoma se torna a *imagem* quase exclusiva, que todo e qualquer um pode citar para reivindicar a genealogia nômade e deslocadora inerente ao pensamento de Deleuze e Guattari, é o próprio nomadismo como forma de pensamento que, contraditoriamente, se sedentarizou numa imago. Não se compreendeu em absoluto que rizoma, platô, nomadismo, agenciamento, intensidades, plano de imanência, desterritorialização etc. não são apenas novos conceitos, dentro da longa tradição metafísica ocidental, e como tais induzindo a repetições até a náusea. O que os autores propunham é que inventássemos nossos próprios rizomas, ou seja, novas ferramentas de reflexão a fim de evitar o congelamento na Ideia. *Agenciar* implica encontrar novos pontos de contato, estabelecendo novas redes de articulação, sem pontos de centramento absoluto. Embora exista hoje uma condenação explícita da "agricultura", como forma clássica de territorialização, penso que nada se deve ter contra as pequenas culturas, as hortas e pomares, onde se cultivam sementes, mudas e plantas, respeitando a vegetação e seu entorno. O cultivar apenas se torna nocivo quando feito em escala industrial, com os recursos típicos do *agrobusiness* e o desrespeito ao ambiente. Aí tem-se a "agritortura", como bem elucidou Drummond no poema memorável, já citado (1980).

É esse semear culturalmente fértil que insemina a pintura de Van Gogh, ele que passou parte de sua curta vida artística a redesenhar e a repintar *O semeador*, obra de Millet. Não se trata justamente de calque nem de decalque; as diversas telas *segundo (d'après) Millet* são um tipo de *emulação* como desafio a fazer diferente na mais extrema proximidade. De modo que muitas vezes a cópia vai além do suposto modelo: hoje as telas de Van Gogh são mais conhecidas do que as de Millet, que o inspiraram.

No regime de invenção, a retomada de uma composição anterior nada tem de servil, mas sim produz perspectivas de abordagens diferenciais, verdadeiramente rizomáticas, a partir de um ou mais planos de imanência. Se a pintura do holandês escapa da lógica da representação é porque seu mimetismo é transgressor, desabusado, jamais subserviente ao que o antecede, passando longe de mera imitação territorializante. Com Van Gogh, a pintura deixa em definitivo de ser simples representação como reprodução do real para ser representação como encenação, fingimento, reinterpretação, ou seja, representação de representações. Puro teatro pictórico. O movimento transformador já tinha sido lançado por Caravaggio, Rembrandt, Goya, Manet e sobretudo pelos primeiros impressionistas.

Sem recair numa simples linha genealógica, antes como brotação arbitrária do caos inventivo, que outros nomearam "loucura", Van Gogh aprende desaprendendo a pintar, ignorando as regras da arte ainda vigentes em seu tempo a fim de fazer reverberar o gesto de seus antecessores numa câmara de eco. O traço ou a pincelada casual fogem da alegoria e do simbolismo, como ainda comparecem em Gauguin. Toda a pintura de Van Gogh, sobretudo após sua última temporada parisiense, é um brotar de ideias, formas, movimentos, atitudes existenciais, reflexões intempestivas, não como uma "máquina de guerra" (Deleuze), mas como uma *máquina de amor* pelo mundo. Uma máquina que se acopla a outra máquina, a máquina pictórica, desembestada, refratária à Máquina do Mundo de Camões e de Drummond. Além de *O semeador*, Van Gogh pintou inúmeras telas com temas dos campos e dos bosques, algumas recortando apenas a parte inferior da vegetação, as raízes expostas e os troncos, ou os arbustos, sem preocupação realista, como no belíssimo *Sous-bois*, de 1889, pintado durante a estadia no asilo, em Saint-Rémy-de-Provence.

Deleuze e Guattari nomeiam a produção acêntrica dos rizomas como *n-1*, fórmula na qual "n" remete ao infinito das multiplicidades e "-1" indica a subtração ao Uno. Ou seja, tais multiplicidades não se deixam subsumir por nenhuma unidade empírica ou transcendental, e por isso mesmo não se reúnem num único Centro. Trata-se de pensamento sem fundamento único, sem modelo ideal, sem Ideia fundante, motivo pelo qual a escolha absoluta do rizoma como categoria fundamental pode engendrar a traição mesma do pensamento nômade. Daí a necessidade de articular o livro ao *fora* (*dehors*), à exterioridade que não remete mais à interioridade centrada do livro-árvore, nem a ela se opõe de maneira simplista: "Como encontrará o livro um exterior suficiente com o qual possa agenciar no heterogêneo, em vez de um mundo a reproduzir? Cultural, o livro é forçosamente um calque: calque já de si próprio, calque do livro precedente do mesmo autor, calque de outros livros independentemente de suas diferenças, decalque interminável de conceitos e de palavras no lugar, decalcamento do mundo presente, passado ou por vir" (Deleuze e Guattari, 1980, p. 35). Calque e decalque significam imitação servil, enraizamento absoluto, num processo idealizador e logocêntrico, em que discurso e tradição racionalista se entrelaçam inextricavelmente.

Um livro escrito em platôs se distingue do livro por capítulos, tal como uma brotação se distingue de um enraizamento como fixação absoluta no solo. Mais uma vez: os platôs não se opõem aos capítulos (embora por vezes a linguagem dos autores descambe pontualmente para termos "opositivos"), sendo antes germinações aleatórias destes. Propõem-se produções que fazem germinar o próprio inconsciente (o livro-rizoma dá continuidade ao processo contra a psicanálise iniciado em O anti-Édipo, desdobrando a esquizo-análise): "A questão é *produzir inconsciente*, e com ele, novos enunciados: o rizoma é essa produção de inconsciente mesmo" (Deleuze e Guattari, 1980, p. 27). Os platôs são *estratos*, que se relacionam sem hierarquia, como um livro que pode ser lido a partir de qualquer ponto, sendo a leitura linear apenas um dos trajetos possíveis.

Há que se aproximar essa configuração acêntrica do rizoma da *estrutura descentrada* proposta por Derrida em sua célebre conferência na Universidade Johns Hopkins, em 1966. Em ambos os casos, ocorre uma revisão radical do platonismo a partir de seus fundamentos, questionando o *lógos* como discurso autocentrado, peremptório, dogmático. Como dizem Deleuze e Guattari "No decorrer de uma longa história, o Estado foi o modelo do livro e do pensamento: o *lógos*, o filósofo-rei, a transcendência da Ideia, a interioridade do conceito, a república dos espíritos, o tribunal da razão, os funcionários do pensamento, o homem legislador e sujeito. *Pretensão do Estado de ser a imagem interiorizada de uma ordem do mundo e de enraizar o homem*" (Deleuze e Guattari, 1980, p. 35-36, grifos meus). Trecho a se relacionar a diversos outros da conferência de Derrida; por exemplo:

> [...] toda a história do conceito de estrutura, antes da ruptura de que falamos, deve ser pensada como uma série de substituições de centro a centro, um encadeamento de determinações do centro. O centro recebe, sucessivamente e de modo regulado, formas ou nomes diferentes. A história da metafísica, como a história do Ocidente, seria a dessas metáforas e dessas metoní-

mias. Sua forma matricial seria — que me perdoem ser tão pouco demonstrativo e elíptico, é para chegar mais rapidamente a meu tema principal — a determinação do ser como *presença*, em todos os sentidos dessa palavra. Seria possível demonstrar que todos os nomes do fundamento, do princípio ou do centro sempre designaram a invariante de uma presença (*eidos, arché, telos, energeia, ousia* (essência, existência, substância, sujeito), *aletheia*, transcendentalidade, consciência, Deus, homem etc.) (Derrida, 1967, p. 410-411).

Enfatizo que importa, com efeito, não opor o rizoma à árvore e à raiz, mas interpretar rizoma e árvore como *estruturas modulares*, acêntricas, que, apesar de aparentemente imóveis a olhos humanos, têm uma dinâmica em certo sentido mais intensiva do que os semoventes animais. O trio rizomas-raízes-árvores (sempre no plural) se furta a qualquer essencialismo ontológico, calcado na metafísica da presença, cujos nomes gregos, junto com seus equivalentes latinos, Derrida nomeou na citação acima: "(*eidos, arché, telos, energeia, ousia* (essência, existência, substância, sujeito), *aletheia*, transcendentalidade, consciência, Deus, homem etc.)".

É nessa perspectiva que Michael Marder relaciona a estrutura tendencialmente "anárquica" das plantas, sua ausência de centro único, ao "corpo sem órgãos" de Deleuze e Guattari. A relação parte/todo nos vegetais é completamente distinta dos animais, humanos e não humanos. Cada galho e cada folha, quando separados do caule, podem dar origem a uma nova planta. Nenhum braço, perna ou ventre animal, uma vez separado do corpo, dará origem a um novo indivíduo, ao contrário, tenderá à necrose e ao perecimento, se não forem bem acondicionados num laboratório experimental. Tal é o sentido *democrático* das plantas: cada parte do corpo vegetal representa a si mesma e ao corpo (cujo contorno é bem distinto do dos corpos animais, com limites em geral bem menos definidos), dependendo deste para brotar, mas podendo sobreviver separadamente.

> [...] a sugestão de que a planta é um "ser coletivo" implica que seu corpo é um conjunto não totalizável de multiplicidades, um espaço de convivialidade eminentemente político. Para que o conceito de *corpo político* seja adequado à democracia vegetal, esse corpo precisa ser nitidamente distinguido do organismo cujas partes — os *órgãos* — são subservientes às exigências do todo (Marder, 2013, p. 85).

A democracia vegetal se aproxima do anarquismo sem, todavia, se confundir com este, pois ausência de centro soberano não significa desorganização, mas sim estruturas múltiplas de organização, independentes porém articuladas entre si. É por isso que, a partir de uma pequena semente ou muda, as plantas podem brotar em qualquer lugar onde haja terra, água, dióxido de carbono e luz solar para elas vigorosamente *vegetarem*.

Cabe, portanto, embaralhar as cartas, recombinar os mapas, abrindo para novas possibilidades de articulação sensível e intelectual com os vegetais, tal como intentou ao longo de toda sua vida artística o polonês-brasileiro-baiano Frans Krajcberg. Todo meu desejo nesta busca ou pesquisa (*recherche*) é reinterpretar a precariedade das vidas vegetais como potência ética, política e estética. Seja como realidade imanente, mas que transcende sempre o próprio contexto existencial de partida (seu habitat), seja como metáfora deslocadora de preconceitos, as plantas têm muito a nos ensinar, não impondo uma nova moral, apenas nos seduzindo para outras possibilidades éticas de cultura e de agricultura. Nada se deve ter contra as culturas em geral, mas deve-se, sim, pôr em causa o modo como muitas delas assujeitam os corpos, fixando-os burocraticamente em territórios estanques, como bem ficcionalizou a literatura de Kafka.

Capítulo 5
Frans Krajcberg e o arquivo natural*

---

* Para conhecer melhor a obra de Frans Krajcberg, parte de seu acervo encontra-se disponível em imagens pelo Instituto Pedra em parceria com o Instituto do Patrimônio Artístico e Cultural da Bahia: <www.institutopedra.org.br/projetos/acervo-frans-krajcberg/>.

> *Krajcberg: Você percebeu que [meu trabalho]*
> *não tem imagem do homem. Depois da guerra,*
> *meu grande desejo era fugir do homem.*
> *Que arte eu poderia fazer? Defender a vida.*
> *E lutar contra esse barbarismo praticado.*
> *Como ser passivo, esquecer?*
> *Até o fim de minha vida [essa arte]*
> *vai estar presente.*
> *Se eu pudesse trazer as três montanhas de lixo*
> *[de homens mortos, em campo de concentração*
> *na Segunda Guerra], é isso que gostaria de fazer.*
> Frans Krajcberg, entrevista na *Folha de S.Paulo*

ARQUIVOS MORTOS E ARQUIVOS VIVOS

Interessa refletir sobre esse grande *arquivo* bastante *vivo*, que são as espécies vegetais. Evidentemente o *arquivo morto* das inúmeras espécies desaparecidas assombra o arquivo atualmente vigente, como um espectro que tanto nos ajuda a sobreviver em tempos precários, quanto traz a ameaça da destruição. Os mortos, afinal, fornecem a prova irrefutável de que tudo se destina a um fim, embora muitas vezes o prazo final, o chamado *deadline* (literalmente a linha morta), nunca possa ser estipulado.¹ Lembro que a palavra arquivo, como se sabe, vem do latim tardio: *archīvum* "palácio, tribunal, arquivo, lugar onde se guardam papéis e documentos antigos, cartório", como adaptação do grego *arkheîon*, "residência dos principais magistrados, onde se guardavam os arquivos de Atenas". Aqui a palavra arquivo é utilizada em sentido literal e metafórico: o espaço de preservação da memória e o espaço em aberto de preservação das espécies viventes, em particular das espécies vegetais. À precariedade das plantas se associa intimamente a precariedade humana. Vivemos rumo a um *deadline*, a um prazo final, a uma linha-limite, que constitui todo nosso "mal de arquivo" contemporâneo (Derrida, 1995), a ser transformado em potência, se bem refletido.

A partir da obra de Frans Krajcberg, pode-se justamente pensar as relações entre *arquivo morto* e *arquivo vivo* no que diz respeito às plantas.² Tal distinção não deixa de ser equívoca, porque a conversão em arquivo de qualquer vivente ou objeto já é transformá-lo em "morto", classificado para consulta. *Arquivo vivo* seria o conjunto das espécies existentes enquanto não sofrem algum tipo de paralisia letal ou de degeneração irreversível. Todavia, como classificar uma obra como a de Krajcberg, que se ergue vigorosamente sobre os escombros da destruição?...

Foi um artista que trabalhou ativamente o registro e a reelaboração das cinzas, dos restos da voragem destrutiva. Por assim dizer *sua obra operava* (tal é o sentido etimológico do termo latino *opus*, "trabalho" em sentido concreto, "cultivo", "agricultura" etc., do qual deriva o

---

1. Definição do *Dictionary Merriam-Webster* (2021) para *deadline*: "1. uma linha desenhada dentro ou ao redor de uma prisão, em relação à qual o prisioneiro corre o risco de receber um tiro se ultrapassar. 2a: uma data ou hora antes da qual algo deve ser feito. 2b: horário depois do qual um texto não é aceito para a edição específica de uma publicação".
2. As reflexões sobre a obra de Krajcberg foram feitas a partir de diversas exposições que vi com obras suas e igualmente do vídeo *O grito da natureza* (2019), dos livros com e sobre o artista, *Natura* (1987) e *Revolta* (2000), como também de uma entrevista à *Folha de S.Paulo* (2021a). A biografia e alguns trabalhos do artista e ativista ambiental podem ser consultados no verbete virtual da *Enciclopédia do Itaú Cultural* que lhe é dedicado (2021b).

também latino *opera*, resultando em nosso vocábulo "obra") no sentido de fazer o luto impossível da catástrofe, que para ele se desdobrou em dois tempos decisivos. Primeiro, o tempo que vivenciou da Segunda Guerra, em que perdeu a mãe e os irmãos na Polônia, e em que viu os cadáveres calcinados nos campos de concentração. Segundo, o tempo das queimadas em território brasileiro, que presenciou, fotografou e filmou inúmeras vezes, em particular na Amazônia. Sua *febre de arquivo* paradoxalmente se dirigia às matérias carbonizadas pela ação do homem, e laborava não propriamente para remediar o mal, mas para realizar algo, uma *obra inoperante*,[3] a partir do niilismo coletivo.

O "poeta dos vestígios" é, sem dúvida, o arquivista da morte e da sobrevivência, ou seja, daquilo que escapou como resíduo da destruição em curso na Amazônia, em todo o Brasil e no mundo. Sua ativa memória lutava contra o esquecimento do próprio presente, tanto quanto do passado devastador. Um arquivista mais voltado para o que acontece hoje e aqui do que ontem e alhures. Krajcberg ardia pelo desejo de não se deixar perder uma natureza que, no entanto, em suas obras só existia como rastro. Uma natureza por assim dizer *desnatural*, adjetivo que me é caro.[4] Tal é a definição de sua arte, uma produção desnatural que, todavia, sinaliza os limites de sobrevivência do dito natural num mundo hiper-industrializado e digitalizado.

Vejamos como ele define o início de seu ativismo artístico, já residindo no extremo sul da Bahia:

> Pouco depois de me instalar em Nova Viçosa [em 1972], fiz uma exposição no Centro Georges Pompidou, em Paris. Três vezes por semana, eu ia lá e mostrava fotos do Brasil e dialogava com o público. Depois dessas conversas, compreendi que o meu desejo não era apenas o de trabalhar com a natureza. Compreendi

---

3. Para uma reconceituação do valor de *obra*, cf. meu ensaio "Do texto à obra — e vice-versa: Barthes com Blanchot e Nancy" (Nascimento, 2017).
4. Cf. meu *retrato desnatural: diários 2004-2007* (Nascimento, 2008).

também que deveria defender a natureza com o meu trabalho. Voltei para o Brasil e comecei a fazer grandes viagens, a ver toda a destruição, a fotografar, a captar e trazer a morte para mostrar: "Vejam, onde havia uma bela árvore, hoje existe um pedaço de carvão".

Sou revoltado contra o que está acontecendo. Contra a luta do homem contra o homem, do homem contra a natureza, do homem contra a vida. O meu trabalho é a única maneira de me expressar. Se começo a gritar na rua, me botam num hospital de doidos.

[...]

Sinto que estou mais perto da força que me dá tranquilidade para viver: a natureza (2021a, grifos meus).

A vida e a obra de Krajcberg são, portanto, marcadas pela morte, com a perda de toda a sua família na Segunda Grande Guerra, e com a visão dos corpos empilhados nos campos de concentração. Essa *epifania negativa* está na base de sua pesquisa artística, que passará por diversas fases, todas de algum modo impulsionadas pelo horror da guerra e pelo expressionismo nas artes, tendência que fez parte de sua formação. Apesar de ter sido aluno a partir de 1945, em Berlim, de Willi Baumeister, um dos mestres sobreviventes da Bauhaus, não é no construtivismo da escola que ele vai se encontrar. Será preciso todo um périplo existencial e artístico para achar a verdadeira motivação que o impulsionará até o final da vida.

Seria impossível resumir seu percurso, remeto para isso ao belíssimo livro *Revolta*, com texto do crítico Frederico Morais, em que consta uma biocronologia (Krajcberg, 2000), e à entrevista citada para a *Folha de S.Paulo* (2021a). Destacaria apenas alguns pontos que me parecem essenciais. Depois do período de estudos em Stuttgart, após a Segunda Guerra, em que se destacou entre os alunos de Baumeister, por recomendação deste, em 1948, Krajcberg segue para Paris, onde encontra Fernand Léger. Mas é Marc Chagall que o orienta, provavelmente porque Krajcberg falava russo, mas certamente não francês. Com a ajuda de Chagall, compra uma passagem na terceira classe para o Rio de Janeiro, onde aporta sem falar uma palavra da língua e passa a morar nas ruas. Em seguida, vai para São Paulo, onde é contratado como operário no Museu de Arte Moderna. A partir daí seu contato com o meio artístico se intensificará, travando conhecimento aos poucos com artistas como Volpi e Waldemar Cordeiro. Já em 1951, trabalha na I Bienal de São Paulo, onde expõe duas pinturas. Na IV Bienal de São Paulo, em 1957, ganha o prêmio de melhor pintor brasileiro. Depois disso, participa de diversas mostras nacionais e internacionais.

No início dos anos 1950, Krajcberg morou no interior do Paraná, onde pela primeira vez se isolou em contato com a natureza, mas de onde se mudou quando começaram as queimadas para destruir as florestas e implantar o cultivo do café. Seria sua primeira experiência direta com o que chamo de *holocausto vegetal*, repercutindo o holocausto da Segunda Guerra, cujo resultado ele presenciou no campo de concentração. Utilizo o polêmico termo "holocausto" em seu sentido etimológico, queimar o todo ou queimar inteiramente (do grego *holókaustos*, "sacrifício em que a vítima é inteiramente queimada"). O holocausto praticado pelos nazistas contra judeus, ciganos e homossexuais, mais tarde denominado como *Shoah* ("catástrofe", "destruição"), simboliza metonimicamente todo holocausto possível, quando um gênero ou uma espécie é tomada intencionalmente como alvo de destruição pelo fogo ou por qualquer outro meio. O horror que a obra de Krajcberg veicula deriva desse duplo holocausto, da espécie humana e das espécies vegetais, pois a morte da vegetação implica, de um modo ou de outro, a morte de qualquer animal, inclusive o humano. Sua obra assumirá integralmente o caráter ético e político desse horror anos mais tarde.

Depois da temporada paranaense, Krajcberg foi morar no Rio de Janeiro, onde chegou a trabalhar ao lado de Franz Weissmann. De 1958 a 1964, residiu em Paris. Ainda em 1964, seguiu para o interior de Minas, vivendo um ano em Cata Branca, onde fez a descoberta dos minérios e dos pigmentos naturais que marcaram sua obra a partir daí. Nesse mesmo ano, recebeu o Prêmio Cidade de Veneza. Creio que seus trabalhos podem ser alinhados nessas duas vertentes que não se opõem, antes se suplementam: uma mineral, com destaque para os *assemblages* nos quadros com pedras e detritos naturais; e outra vegetal, a mais conhecida, e que deixou sua marca fulgurante na história das artes e na História simplesmente.

Depois de novo período parisiense, Krajcberg passou a viver, a partir de 1972, no extremo sul da Bahia, em Nova Viçosa, uma antiga aldeia indígena que se transformara em colônia de pescadores e que ele já havia visitado em 1965. É preciso lembrar que, segundo suas próprias palavras, Krajcberg renasceu no Brasil. Foi aqui que, de algum modo, pôde, se não suprimir, ao menos reduzir a melancolia pelo horror europeu, encontrando um novo território a que se apegar. Razão pela qual detestava que o considerassem um artista polonês radicado no Brasil. A despeito de seu forte sotaque em português, queria ser considerado brasileiro, tal como desejava a também imigrante da Europa do Leste Clarice Lispector, pois foi aqui que viveu grande parte de sua longa existência. Pátria, se existe, é a que se adota com afeto, não necessariamente aquela em que se nasceu.

Não é fácil adotar uma terra como o Brasil, essa "grande pátria desimportante", que pouco valoriza seus filhos mais brilhantes. O fato de Krajcberg ainda não estar ao lado dos grandes modernistas e pós-modernistas ocidentais do século XX e do XXI se deve em parte a essa dificuldade de reconhecimento já em território nacional. O prestígio internacional tampouco bastou para colocá-lo ao lado de outros importantes inventores, como Léger, Chagall, Duchamp, Picasso, Taeuber, Max Bill, além dos minimalistas e dos artistas conceituais que emergiram na década de 1960. A riqueza de sua obra está em se alinhar ao melhor da vertente conceitual (daí ele recusar o título de artista, tal como Duchamp, que se declarava *anartista*), ao melhor da produção estética modernista e pós-moderna (daí ele poder ser, a despeito de sua própria vontade, considerado um dos grandes nomes da pesquisa estética *stricto sensu*, tendo experimentado uma gama enorme de procedimentos artísticos: escultura, pintura, escultura pictórica, *assemblage*, fotografia, vídeo, instalação). Combina-se a todos esses aspectos o ativismo artístico-ambiental que marca a parte final, e mais expressiva, de sua arte, na qual *documento* e *artefato artístico* quase não se distinguem, já que ambos visam a sensibilizar ética, política e esteticamente os espectadores. Sua arte pode e deve ser lida como um *testemunho sensível e sensitivo*, que transcende a época na qual foi produzida.

A VIRADA ATIVISTA

O ponto de mutação de sua pesquisa estética ocorre a partir de 1975, após a referida exposição no Centro de Arte Contemporânea, o Centro Georges Pompidou em Paris. Krajcberg levou para lá seus trabalhos com árvores calcinadas e outros resíduos naturais, obtendo ótima repercussão crítica. Mas, como ele mesmo contou, nos debates que ocorreram, houve conflito com o público, que de algum modo condenava aquela estetização do holocausto vegetal. Isso gerou nele a necessidade de infletir sua prática a partir de uma reflexão ética e política. Em solo europeu, nascia em definitivo o *ativismo artístico*, que se tornaria a marca nacional e internacional de suas intervenções. A partir desse momento, ele não somente intensificou sua pesquisa de campo nos mangues de Nova Viçosa, recolhendo troncos carcomidos pelos gusanos, árvores apodrecidas, raízes e todo tipo de detrito vegetal, mas também passou a fazer incursões pela floresta amazônica e pelo Mato Grosso, onde presenciou a destruição programada de nossas belas florestas tropicais e do Pantanal.

O que fascina nessa miríade infinita de trabalhos realizados no sítio Natura em Nova Viçosa, mas também em seu ateliê em Paris, é a força de um homem que se levantava com a luz do sol e saía para catar resíduos, no *arquivo morto* do mangue e da floresta, acompanhado por assistentes. E que passava dias inteiros trabalhando exaustivamente a madeira, preparando-a para receber o pigmento por ele mesmo produzido, a partir de minérios recolhidos em Minas Gerais. É essa mistura de artista coletor, que vai em busca dos *objets trouvés* na natureza, um humano em corpo a corpo direto com o não humano orgânico e inorgânico — é essa mistura do catador com o artista virtuose, capaz de estetizar qualquer material, que compõe o híbrido chamado Frans Krajcberg. Como bem nota Frederico Morais, é chocante sabermos que toda a beleza que contemplamos só foi possível a partir do que estou chamando provocativamente de *holocausto vegetal* (expressão que não encontrei na ainda pequena fortuna crítica sobre o artista-ativista). Ele próprio comenta: "Meu trabalho às vezes chega ao estético, mas sem querer. Não é todo dia que eu consigo fazer um trabalho que grite alto, como eu gostaria. Às vezes ele cai um pouquinho no estético, sem que eu tenha intenção" (2021a). Sua concepção atualiza a noção de Duchamp e do dadaísmo sobre a "antiarte", porém com outros objetivos: "Eu não quero criar um novo ismo, nenhuma escola nova de arte. Meu único objetivo é destruir a pintura, fazer uma antipintura. Eu detesto esta pintura que vejo por aí, em museus e galerias. Há pintores demais no mundo, mas poucos artistas" (2000).

Krajcberg é, portanto, um arquivista do natural morto, devastado. Poderia, se desejasse, trabalhar lado a lado com os grandes cientistas entre os dois séculos que viveu. Na qualidade de coletor e reprodutor do arquivo morto, expôs o resultado de suas buscas, como denúncia do grande empreendimento destrutivo que grassa nos diversos estados brasileiros, inclusive na exuberante Mata Atlântica, que outrora se estendia por toda a costa brasileira e hoje se vê reduzida a fragmentos. Se tivesse parado aí, já teria dado uma contribuição à humanidade e à vida em geral, uma vez que o destino de nossas florestas diz respeito a todos os viventes, humanos e não humanos. Fotos e vídeos reforçaram a apresentação ao vivo desse arquivo geral da destruição em curso.

No entanto, devido a sua formação artística europeia, marcada inicialmente pelo expressionismo, ele foi muito mais longe. E a estetização que propõe dos resíduos vegetais fascina pela exuberância dos materiais recolhidos, alguns difíceis de se submeterem às técnicas artísticas tradicionais: gravetos, raízes, troncos gigantescos, cipós, folhas de todas as espécies — a rigor, qualquer coisa mineral, mas sobretudo vegetal que captasse o interesse do coletor foi levada para seu ateliê e trabalhada arduamente, como se fosse o mármore e a madeira com que os escultores tradicionalmente confeccionam suas obras.

A estranheza do resultado vem dessa insubmissão do natural destruído, que não se curva inteiramente aos procedimentos escultóricos e pictóricos tradicionais, mas que surpreende pelo fato de, em alguma medida, essas produções ainda estarem relacionadas à tradição da arte ocidental. Não são decerto o produto de um artista "primitivo" (designação que, aliás, caiu em desuso, por razões de etnocentrismo), como há tantos no Brasil, trabalhando também com restos de vegetação, como troncos abandonados, raízes e folhas. Seria o caso de comparar um dia o trabalho desses outros arquivistas ditos primitivos ao de Krajcberg. Em seu caso, há um vasto repertório da arte e da antiarte que ele domina, mas que estrategicamente evita relacionar a sua proposta, embora o vínculo seja evidente.

A vida de sua obra dependeu basicamente do remanejamento do arquivo da natureza morta, que encontrou e coletou nas inúmeras incursões pelo mangue, pela floresta e pelo descampado. A partir do material mais precário, a vida calcinada pôde erguer belos monumentos, como registros de uma memória do presente. Apesar de todo o ativismo de uma existência dedicada à natureza e à arte, contra qualquer forma de destruição, o holocausto vegetal seguiu e continua a todo vapor, com a proclamação explícita do presidente genocida do Brasil que tudo fará para retirar os indígenas dos territórios que ainda ocupam na floresta amazônica. O projeto de lei n. 490, atualmente em trânsito no Congresso, é a expressão exata desse desejo francamente terminal.[5]

---

5. Em 23 de junho deste ano, esse nefando projeto de lei, cognominado PL 490, foi aprovado pela indigente Comissão de Constituição e Justiça (CCJ) da Câmara, seguindo rumo à aprovação por deputados e senadores. Isso ocorreu a despeito dos protestos de indígenas, que se deslocaram de vários pontos do país para acampar em Brasília. Indo de encontro à Constituição, o PL deixa livre o caminho para a suspensão de demarcações das terras indígenas e para a exploração de seus recursos naturais, sem nenhum controle ambiental. É a versão "legal" mais grotesca do projeto de devastação das florestas e biomas implantado no país.

Cada vez que um holocausto como esse é anunciado e praticado, é toda a humanidade que se precariza, como se os governantes planetários amassem projetar o fim programado da espécie. A sensibilização com o sofrimento das demais espécies só funcionará quando finalmente percebermos que a vida como um todo, a despeito de sua abundância, é extremamente precária. E que os crimes praticados contra os outros viventes ameaçam o coração de nossa frágil sobrevivência.

Deixo a palavra final ao (anti)artista: "Não escrevo, não sou político. Minha mensagem é trágica: eu mostro o crime. A outra face de uma tecnologia sem controle. Quero dar à minha revolta o aspecto mais dramático e mais violento. Se pudesse espalhar aqui as cinzas, eu chegaria próximo do que sinto. Com minha obra, exprimo a consciência revoltada do planeta" (2000, p. 165).

Capítulo 6
Derrida e as plantas: disseminações

> *Vladmir: A árvore, olhe para a árvore.*
> (Estragon olha para a árvore.)
> *Estragon: Ela não estava aí ontem?*
> *Vladmir: Claro que estava. Não se lembra? Quase nos enforcamos nela. Mas você não faria isso. Não se lembra?*
> *Estragon: Você sonhou.*
> Samuel Beckett, *Esperando Godot*

> *A marca, o grama, o rastro, a* différance *dizem respeito diferencialmente a todos os viventes, a todas as relações do vivente com o não vivente.*
> Jacques Derrida, *L'Animal que donc je suis*

A SOLIDARIEDADE DOS VIVENTES

Se há algo que a escrita de Jacques Derrida ajuda a pensar, são as vidas precárias que habitam as ruas do mundo, inclusive as do chamado "Primeiro Mundo", designação etnocêntrica, como a matriz mesma do sistema capitalista, e que serve para segregar ao menos dois mundos incompatíveis, o de "lá" e o de "cá". Mas quando a miséria aumenta nos dois lados, quando um governo de extrema direita assumiu o poder em 2015 na ainda maior potência mundial, foram todos e todas que não são parte da elite branca norte-americana, de preferência republicana, que *se precarizaram*. Um dos efeitos mais iniludíveis da hegemonia absoluta de um grupo social sobre os outros é a *precarização geral da vida*. Em princípio, qualquer um que não pertença a "meu" grupo é suspeito e pode ser acusado, perseguido, processado e expulso. O fortalecimento excessivo e quase absoluto do lar, do *home* e do *Heim*, do *chez soi*, do *hogar*, do *oikos*, da oca, da casa, como lugar de estabilização particular, nacional e identitária, procura reduzir qualquer força diferencial a *ruínas*. Lá no Norte como aqui no Sul, a extrema direita de hoje tenta reprimir as forças de ocupação de praças e ruas, as manifestações legítimas contra o neoliberalismo globalizado, as invasões dos movimentos dos sem-terra e dos sem-teto, que se fazem em nome de uma efetiva democracia por vir, vindo. Uma *democracia planetária*, como defendo, para deslocar o economicismo do termo globalização. A "solidariedade dos viventes", preconizada por Derrida (2016), seria isso: um movimento que já está aí, vindo, por vir, a vir, em que os mais diversos grupos de viventes humanos e não humanos se sentem, mais do que representados em sentido clássico, participantes das transformações mundiais. Se a *solidariedade* remete ao étimo de "sólido", "firme", "seguro", não se trata de absolutizar uma força coletiva, nem muito menos de reduzi-la a um movimento gregário. O termo solidariedade, utilizado de forma parcimoniosa na obra de Derrida, e não sem muitas aspas visíveis ou invisíveis, sinaliza apenas para a necessidade de reforço do precário.[1] De algum modo, é preciso que as forças precarizadas, arruinadas, se solidarizem como resistência aos poderes hegemônicos, que são sempre *mais de um*, a fim de poderem sobreviver num mundo feito contra elas e sobre seus despojos.

Há ainda uma chance para isso, uma saída? Sim, sem dúvida, e é essa contribuição que o pensamento diferencial e democrático das desconstruções e disseminações tem ajudado a fomentar um pouco em

---

1. Agradeço a Mónica Cragnolini (2021) por ter elencado diversas passagens na obra de Derrida em que a palavra *solidariedade* aparece, muitas vezes afirmada, mas nunca sem um tipo de ressalva.

toda parte, sem nunca se fixar num lugar nem ser apenas o porta-voz de uma voz central. Ao contrário, mais além do horizonte desconstruído da política hegemônica, trata-se de ouvir as vozes recalcadas, reprimidas, abafadas até o silêncio, onde se erguem muros em Israel, nos Estados Unidos; ou cercas e grades, nos prédios e casas pelo Brasil afora, tentando sempre se proteger daquilo que se exclui e que reaparece violentamente como retorno do recalcado. Daí as invasões, os assaltos e os arrastões, sempre vistos como "monstruosidades", mas nunca efetivamente analisados naquilo que são: atos destrutivos como resposta à precarização e à destruição em massa, programada por forças totalitárias.

Todavia, jamais farei a apologia da violência pela violência. Se resistir é imperativo, há de se encontrar os modos mais brandos, incisivos e, portanto, eficazes de fazê-lo, sem a necessidade de recair no anarquismo estéril. Pois a democracia só pode advir por meio de outra ordem mundial: a contraordem da ordem ultraliberal instalada em todas as regiões do planeta, sobretudo a partir do início dos anos 1990, após a queda do muro de Berlim, quando se imaginou o suposto "fim da história", tendo Francis Fukuyama (1992) como seu arauto. Outras ordens, outros modos de exercer e exigir a gestão do bem público, em nome de uma comunidade em aberto, não coercitiva nem identitária, mas sim efetivamente plural e solidária.

Nisso, Jacques Derrida é apenas um nome, que se inscreve entre outros, pelo desejo de mudar o estático e o estabilizado, dentro e fora da universidade. Uma mudança que se faz a partir das ruínas e das cinzas, como *rastro* de um pensamento inovador, que inclui prioritariamente as vidas precárias onde quer que estejam: grupos étnicos (curdos, palestinos, ameríndios, negros e outros), sexuais e de gênero (mulheres, gays, trans e outros) e grupos socialmente perseguidos, mulheres violentadas, trabalho escravo, domínio criminoso do tráfico, animais seviciados, florestas devastadas pelo *agrobusiness* e pelo garimpo, e assim por diante. Um verdadeiro rol de horrores. "Precário" vem do latim *precarius*, "obtido por meio de prece; concedido por mercê revogável;

tomado como empréstimo; alheio, estranho; passageiro". No sentido atual, remete ao "que tem pouca estabilidade". E é a instabilidade existencial dos grupos socialmente precarizados que os expõe a todo tipo de exploração, como escravos e estrangeiros, escravos estrangeiros em sua própria terra, naquela que deveria ser seu lar, pois o conceito de *lar* se tornou um privilégio de parte da humanidade.

Desse modo, tal como antes em ocasiões de forte crise planetária, no momento atual a vida se encontra vulnerável às forças que a destroem por dentro e por fora, obrigando-a ao estado de *sobrevivência* permanente. As vidas humanas em particular, especialmente os pobres e miseráveis, se veem fragilizadas, por exemplo, quando um dos deputados do Golpe de 2016 (o inefável Rodrigo Maia) declara que a Justiça do Trabalho não deveria simplesmente existir. Ou quando um ministro do Supremo Tribunal Federal, Gilmar Mendes, diz que a mesma justiça trabalhista parece apenas servir ao Partido dos Trabalhadores. O projeto de terceirização universal do trabalho em curso faz parte dessa redução dos direitos dos trabalhadores ao mínimo ou a quase nada. Só falta agora revogar a Lei Áurea, pois o trabalho escravo é fato em nosso país, mais de um século após a abolição.[2]

A questão mundial, portanto, não é mais apenas a da exploração e colonização pelos diversos impérios que tomaram posse da Terra. Agora uma das chaves fundamentais do porvir é justamente a coabitação entre os humanos, como também a coabitação entre as espécies,

---

2. Em 11 de novembro de 2017, entrou em vigor a reforma da legislação trabalhista, com a alteração de cem pontos da Consolidação das Leis do trabalho (CLT). O aspecto mais importante foi a prevalência do negociado sobre o legislado. Ou seja, na relação de força entre patrões e empregados, os acordos, quase nunca favoráveis aos últimos, se sobrepõem à legislação existente. Tal como noutros países, a flexibilização nos contratos de trabalho apenas favorece o ultraliberalismo econômico, nada trazendo de proveitoso aos trabalhadores.
Quase quatro anos depois, em 12 de agosto de 2021, a Câmara dos Deputados aprovou uma legislação que torna possível um vínculo empregatício com carga horária reduzida, sem pagamento de horas extras, férias nem 13º salário. A escravização do trabalhador só faz se intensificar.

sobretudo a espécie humana e seus outros, as plantas e os animais. Não interessa mais a soberania humana cultivada a partir do mito adâmico e de outras fábulas antropocêntricas nas mais diversas culturas. Muito menos importa o ser ou estar-com (o *Mitsein* de Heidegger, que inspirou o *être-avec* de Nancy),³ ainda de natureza ontológica. E onde há ontologia, há discriminação, segregação, princípio de destruição do outro enquanto outro, sempre em nome de uma *identidade essencial*, contraposta ao que lhe é dessemelhante, estrangeiro ao lar. Importa, sim, o *com-viver*, o *viver-com* das espécies, que subsistem no limite da sobrevida e da aniquilação. Tal é a solidariedade essencial dos viventes, sem a qual o destino de muitas espécies para a aniquilação é inexorável e chegará antes da hora. A obra de Derrida, publicada em livros na França e noutros países, se encerrou com uma bela reflexão sobre o coabitar, na décima sessão do último seminário, no agora quase remoto ano de 2003 (cf. Derrida, 2010, p. 357-397). Curiosamente, o seminário *La bête et le souverain* [A besta, ou a fera, e o soberano], realizado durante dois anos na École des Hautes Études en Sciences Sociales (EHESS), se dedicou de forma quase integral a uma análise da soberania humana, relacionada à ferocidade suposta da "besta" ou da "fera" (*la bête*), ou seja, dos animais. Como veremos adiante, faltou uma reflexão, tão detalhada quanto, acerca desses outros maltratados e sacrificados viventes, as plantas. Diferentemente, foi o que fez Clarice Lispector, com sua literatura ou escrita pensante, ficcionalizando em mais de um momento nossa relação desastrada e estranha, *unheimlich*,

---

3. Em *La communauté affrontée*, Jean-Luc Nancy faz um balanço da substituição do termo "comunidade", que tinha marcado seus trabalhos anteriores, por expressões como *"être-ensemble"*, *"être-en-commun"* e finalmente *"être-avec"*. A razão principal, sem dúvida, foi o sentido de "comunitarismo" étnico que se afirmou na virada do século. Ele sublinha a força do *"avec"* para marcar um *"être-ensemble sans assemblage"* (ser/estar-junto sem reunião), e observa entre parênteses: "Nesse sentido, é preciso levar mais longe uma análise do *Mitdasein* no estado em que o abandonou Heidegger" (Nancy, 2001, p. 43). Trocar o *être-avec* por um *vivre-avec*, ou *com-viver*, é, segundo penso, um modo de deslocar e fazer avançar a questão mais além da ontoteologia.

infamiliar, com *as* plantas.[4] Mais do que aos animais, que ainda de algum modo *estranhamente* se nos assemelham, somos quase indiferentes ao destino do chamado reino vegetal. Reino: o termo alude a uma falsa soberania, diante da onipotência humana. Os animais podem ter patas (mas nem todos as têm), semelhantes às mãos e aos pés humanos, porém como membros inferiores aos nossos; podem também ter olhos semelhantes e até mais potentes do que os nossos, e assim por diante. Mas há algo que normalmente é dado como exclusivo de nossa espécie: o tamanho e a complexidade do cérebro. O recurso à linguagem verbal, como fator decisivo para a qualificação da espécie como superior, o chamado *logocentrismo*, depende dessa maior capacidade cerebral e do desenvolvimento correlato do órgão fonador. A despeito dessas diferenças rebaixadoras, os animais em sua *familiar estranheza* são menos estrangeiros nessa perspectiva do que as plantas, que raramente nos são comparadas, a não ser por metáfora (tal como no Brasil se tornou moda nas últimas décadas nomear mulheres como "melancia", "melão" e frutas do gênero...).

Derrida se preocupou antes de tudo com o *carnofalogocentrismo*: o mito do indivíduo de sexo masculino, comedor de carne vermelha e centrado no privilégio da linguagem verbal: *carnis* era a "carne", o "pedaço de carne"; *carnum* significava "de carne", "corpóreo". Mas hoje podemos acrescentar mais um prefixo ao neologismo: *vegetum* (originalmente, "vigoroso", "robusto", "bem disposto"). *Vegetocarnofalogocentrismo*, em sua versão vegetal, significa a implementação da *agritortura* (poeticamente denunciada por Drummond em 1980), desde que as primeiras populações nômades se fixaram na Ásia e depois no resto do mundo. Evidentemente plantar para comer não é um mal em

---

4. Abordei a questão dos animais e das plantas em *Clarice Lispector: uma literatura pensante* (Nascimento, 2012). Um maior desenvolvimento da relação da literatura clariciana com as plantas se encontra adiante, no capítulo 7. Quanto ao *Unheimliche*, cf. o subcapítulo "Freud e o *Unheimliche*", do capítulo 9, "Hegel, as descolonizações e o pensamento indígena (Ailton Krenak, Davi Kopenawa)", neste volume.

si, pois "*il faut bien manger*": é preciso comer de fato e bem.⁵ O problema é quando, a partir sobretudo do início da era dita moderna, com o ciclo europeu das grandes navegações e invasões, se inicia também uma ampla devastação florestal. Espanhóis, portugueses, franceses, holandeses e ingleses decerto estiveram entre os primeiros megaexploradores e devastadores da flora mundial, no princípio fundador da globalização moderna, mais ou menos cinco séculos atrás. A quase extinção do chamado pau-brasil ao longo da costa brasileira, ainda no século XVI, foi o primeiro mau sinal da história futura. Aliados a isso, os múltiplos instrumentos de exploração agrária do solo nem sempre respeitaram a singularidade das espécies e sua capacidade de adaptação. Ademais, a partir da revolução industrial, todos os tipos de poluentes, associados aos pesticidas, contribuíram para o envenenamento em tempo real de grande parte da vegetação do globo. É sobre isso também que o citado poema pensante "Agritortura", de Drummond, nos ajuda a refletir, ainda mais em se tratando de um poeta filho de fazendeiro, cultivador de terras e letras, além de outros bens de raiz.

MUITO ALÉM DO VITALISMO

Um *pensamento vegetal*, com suas muitas ramificações e disseminações, tal é o que também um filósofo contemporâneo como Michael Marder nos convida a refletir, sem descair num biologismo como versão derradeira e acabada de um novo vitalismo: "em primeiro lugar, dar nova proeminência à vida vegetal, retraçando a mudança de paradigma que já ocorreu entre as investigações de Aristóteles sobre *animalia* e os estudos de Teofrasto sobre plantas, e, em segundo lugar, averiguar os pressupostos acríticos que fundamentaram até aqui a explicação sobre essa vida" (Marder, 2013, p. 3). O que impede a

---

5. Cf. o diálogo fundamental de Jacques Derrida com Jean-Luc Nancy, "'Il faut bien manger' ou le calcul du sujet" (Derrida, 1992).

compulsão vitalista é o fato de não se tratar de uma valorização da vida em si mesma, mas sim de pensá-la sempre em suas articulações com a não vida, com aquilo que a excede, estruturando-a desde dentro. A vida seria assim um modo de alteridade, que demanda, por sua vez e lugar, o contato com outras formas de existir e *restar*. Desde Freud, sabemos — mas isso começou com o pensamento do ser e do não ser entre os gregos antes de Sócrates — não haver vida em estado puro que não seja *habitada* por alguma pulsão de morte. E Nietzsche, legítimo herdeiro de Heráclito, já explicava com todas as letras que é impossível interpretar e avaliar qualquer forma histórica de existência sem, no mesmo gesto, levar em conta seus contrários. Essa é a *hiper-ética* vital a que nos convida o pensamento disseminador, onde quer que ele compareça, nos ensaios filosóficos ou nos gêneros e subgêneros dessa *estranha* instituição chamada literatura.

No seminário realizado entre os anos de 1975 e 1976, intitulado *La vie la mort* e publicado postumamente, Derrida defende Nietzsche da acusação que Heidegger lhe imputou de ser o "último metafísico", por se apegar à questão da vida (*bios*) como simples "totalidade do ente". Com isso, o pensador do *Dasein* ignora a desconstrução proposta por Nietzsche em relação a todo biologismo científico ou metafísico, que se aferrasse ainda ao ontologismo tradicional:

> [...] se o que Nietzsche chama de vida, e se ele recorre à ciência para falar do que chama de vida, no exato instante em que suspeita justamente do que se chama de "o mundo verdadeiro" por estar colocado, pela vida, para a vida, como mundo ente, se ele suspeita da própria forma "ente" como sendo um efeito de "vida", se, portanto, o ente, a entidade e o ser da entidade não fossem senão efeitos da "vida", a qual, pois, não seria um ente, nem a totalidade do ente, então não apenas o esquema filosófico que acabo de desenhar receberia um golpe, mas seria mesmo o principal alvo, o acusado principal do discurso nietzschiano (Derrida, 2019, p. 268).

O pensamento nietzschiano se situaria então *mais além* (*Jenseits*) de todo biologismo científico e de todo essencialismo metafísico, que precisasse colocar a questão do ser como determinada pela totalidade do ente. Se Nietzsche descarta tanto o ente como o ser, é justamente no sentido de abrir para um pensamento não ontológico, ainda que fosse a mais fundamental das ontologias, como defendida por Heidegger desde *Ser e tempo*.

É chegada a hora, portanto, de se pensar *a diferença vegetal*, a fim de saber se toda a questão do *ser* lançada pelos gregos antigos não passa de uma invenção ocidental. Esse teria sido o pontapé inicial helênico. *Teria sido* é o condicional passado do verbo *ser*, o qual engendrou a categoria filosófica equivalente, o *ser*, que talvez seja de fato menos universal do que se pensa, pois nenhuma outra cultura com que tive contato detém categorias tais como essência, substância, *idea*, *eidos* etc. Observaria que a substancialização do verbo ser ocorre de forma precária em português e em espanhol. A rigor, os referidos *Mitsein* de Heidegger e *être--avec* de Nancy[6] deveriam ser traduzidos nessas duas línguas de forma bífida como ser/estar-com. Tal é a chance dos idiomas ibéricos, esses monolinguismos dos outros, que o português do Brasil teve a chance (e o azar) de herdar. Ao dessubstancializar o *Sein*, o *être*, o *to be*, o *esse*, latino, e o *eînai* grego, dividindo-os em *ser* e *estar*, aumentamos igualmente as chances de sobrevivência das outras formas de vida além da humana, as das variadas espécies vegetais e animais, e mais além. Pois a ontoteologia do *Sein* ou do *être*, por exemplo, sempre esteve a serviço desse sujeito autoconsciente e profundamente devastador nomeado como o Homem, o *Dasein* humano de Heidegger, ou, para citar a expressão latina, o *Homo humanus*, o "homem humano" aludido por Guimarães Rosa em *Grande sertão: veredas*.[7] A *agritortura* coincide com o surgimento da subespécie do *Homo sapiens*, ou seja, o já referido

---

6. Cf. nota 3 deste capítulo.
7. Abordei essa questão do *Homo humanus*, com e mais além da leitura de Heidegger, em *Clarice Lispector: uma literatura pensante* (Nascimento, 2012, p. 50-52).

Homo sapiens sapiens, ou homem moderno, que deixa de viver apenas em grupos nômades, para se fixar, dedicando-se à agricultura e criando as primeiras sociedades humanas.

A ontoteologia da metafísica dita ocidental consistiu em dotar esse sujeito moderno de uma substância incomparável na história da espécie humana, sacrificando as demais espécies, animais ou vegetais, por serem supostamente desprovidas de um legítimo status ontológico. Nem mesmo toda transcendência desse ser/estar cognoscente explica a soberania do assim designado Homem sobre as demais espécies. O soberano (o "homem humano") e as feras, eis a questão. A bela e a fera, ou antes, o belo humano e a ferocidade animal ou a estupidez vegetal, segundo o tradicionalismo humanista. Na referida *Carta sobre o humanismo*,[8] em que tenta separar a analítica existencial da tradição humanista, Heidegger reitera diversas vezes a ontologia da linguagem como antropocentrismo:

> O pensamento inicial é o eco a favor do ser pelo qual se ilumina e pode acontecer apropriativamente o elemento único: o fato de que o ente é. Este eco é a resposta humana à palavra da voz silenciosa do ser. A resposta do pensamento é a origem da palavra humana; palavra que faz surgir pela primeira vez a linguagem como manifestação da palavra nas palavras (Heidegger, 2008, p. 322).

Cabe agora mais do que nunca pensar as diferenças vegetais e animais, sem fetichizá-las por sua vez, mas inserindo-as no corpo de baile das espécies, sem especismo humanista tampouco. Em defesa do direito incondicional à vida, em todo o planeta. Sim, como visto, *il faut bien manger*, tal disse Derrida na célebre entrevista a Jean-Luc Nancy, mas esse *"bien"*, esse bem, não deveria ser o privilégio de uma única espécie em detrimento das outras. Esse é nosso bem e nosso mal-estar de hoje, a ser repensado urgentemente, com e além do pensamento da *différance* derridiana. Pedir perdão às demais espécies não pode ser uma desculpa para continuar a maltratá-las;

---

8. Cf. capítulo 1, "A questão vegetal", neste volume.

longe disso, deveria ser o princípio de outra atitude com essas alteridades que habitam em torno de nós e nos habitam também, alimentando-nos com seus nutrientes. *Descristianizar o perdão* significa retirá-lo do código religioso, abrindo caminho para um pensamento pós-teológico.

As últimas palavras de Derrida foram em defesa incondicional do direito à vida: "Prefiram sempre a vida e afirmem sem cessar a sobrevivência [*Préférez toujours la vie et réafirmez sans cesse la survie*]" (Derrida *apud* Peeters, 2010, p. 660). Os direitos humanos se ampliam e se afirmam pelos direitos dos outros viventes, em particular dos animais e das plantas. Anunciam-se, desse modo, as Luzes de uma nova época, contrastada com as sombras do totalitarismo cego, como violência soberana e avassaladora do humano sobre as demais espécies. Nisso, a universidade é um lugar privilegiado para se refinar os saberes em torno do direito, contra o obscurantismo e a favor de um projeto educacional amplo. Não por acaso, o saber universitário tem sido sistematicamente atacado pelo negacionismo cultural, sobretudo em países governados por regimes de extrema direita.

Das dez chagas (*plaies*) da "nova ordem mundial" (a qual marcou o advento internacional do *neoliberalismo* pós-muro de Berlim, hoje reconfigurado para pior como *ultraliberalismo*) repertoriadas por Derrida em 1993, nos *Espectros de Marx*, apenas uma delas se fechou parcialmente, a da dívida dos países emergentes e dos países pobres. As outras persistem e algumas se acentuaram, mas seria preciso acrescentar mais algumas, tão determinantes quanto. Revejamos, de forma resumida:

1. O desemprego, que ainda grassa e até aumentou em diversos países, desenvolvidos ou não.
2. A exclusão cidadã de sem-teto, exilados, apátridas e imigrantes em geral. Questão agudizada e em plena ordem do dia em todo o planeta, com os novos fluxos migratórios do século XXI.
3. A guerra comercial implacável entre países e comunidades.
4. A incapacidade de lidar com as normas e o conceito do mercado (neo)liberal.

5. O agravamento da dívida externa.
6. A indústria e o comércio do armamento.
7. A extensão e a difusão do armamento atômico.
8. As guerras interétnicas.
9. A multiplicação de Estados-fantasmas, como a máfia, o narcotráfico e as milícias.
10. O problemático estado presente do direito internacional e suas instituições.

(Cf. Derrida, 1993, p. 134-139).

A grande chaga ou o grande flagelo que ameaça hoje não apenas a humanidade, mas também a comunidade em aberto dos viventes, é justamente o desrespeito e a infração constantes do direito à vida como um todo, em suas relações complexas com o inorgânico e com a própria morte. É a fragilização extrema de formas de vida por si sós vulneráveis, no limite da miséria absoluta, que torna o desafio da *restância* (resistência e resto, sem ontologia existencialista) no planeta mais necessário do que nunca. A multiplicação da miséria nos grandes, médios e pequenos centros (ou seja, em toda parte) torna a tarefa de se solidarizar materialmente com os miseráveis mais árdua, por vezes quase impossível. Em contrapartida, o aumento vertiginoso da concentração da riqueza nas mãos de poucos indivíduos, algo como 1% da população mundial, implica a necessidade de refletir sobre como os mecanismos clássicos do capitalismo, quando entregues a si mesmos, se retroalimentam ao infinito. Tudo isso pede reavaliações, sem demora.

Alisto alguns signos da exacerbação dessa precarização geral da vida em suas formas mais frágeis, menos hegemônicas: enrijecimento das leis trabalhistas e das regras de aposentadoria, em diversos países; enfraquecimento da força de trabalho nas relações com o capital, particularmente no Brasil, por causa das referidas terceirização e desregulamentação em curso; tentativas persistentes de desvalorizar a demarcação das terras indígenas, com a consequente e repetida invasão de território; desarticulação do código florestal; agravamento do preconceito racial frente às tentativas de combater o racismo; fortalecimento da misoginia clássica diante das conquistas feministas; uso e abuso dos dados e metadados de usuários da internet e da telefonia móvel por parte de provedores, operadoras e demais empresas ligadas à cultura digital, como ficou patente depois da denúncia de Edward Snowden (cf. Lissardy, 2021) etc.

A figura de Macabéa, de *A hora da estrela*, pensada e repensada por seu autor-narrador Rodrigo S. M., reúne alguns desses sinais de precarização vital, indiciados por Clarice Lispector nos anos 1970 e agravados com o passar das décadas. Como diz Rodrigo, "é paixão minha ser o outro. No caso, a outra" (Lispector, 1978, p. 37). Ser aqui nada tem de ontológico, implicando apenas o *outrar-se* de Pessoa: colocar-se na pele do outro, ao menos via ficção, por esse modo que a literatura tem de juntar imaginação e realidade, não só como compossíveis, mas como mutuamente necessárias, no limite da impossibilidade. A imaginação fertiliza a realidade, na medida em que abre para a alteridade, por meio da lógica insólita do *como se*. E a realidade fertiliza a imaginação, ao evitar que esta flutue na "longa azul gaiola" da existência abstrata. Isso é fundamentalmente o que uma literatura pensante como a de Clarice Lispector nos dá a pensar, no espaço universitário (ou qualquer outro) de resistência ou de restância, configurando o que nomeio como *alterficção*: a ficção do outro, pelo outro, para o outro, de preferência com sua própria voz (cf. Nascimento, 2021a).

A vulnerabilidade da vida e a necessidade de sua preservação se tornaram, portanto, tarefas decisivas no chamado antropoceno, que anuncia uma nova época da humanidade e do planeta, qual seja, a era em que nossa presença no globo teria alterado fundamentalmente sua estrutura e funcionamento.[9] Tal é a verdadeira *injunção do pensamento*, que se faz como marca da alteridade em nós — o outro e a outra que logo somos: pensar um *conviver* que seja de fato um *viver-com*, na

---

9. A questão de saber se o antropoceno é ou não um fato é abordada no capítulo 9, "Hegel, as descolonizações e o pensamento indígena (Ailton Krenak, Davi Kopenawa)", neste volume.

aceitação do outro em sua mais radical diferença, desde que não atente contra a própria vida. Tal é a *hospitalidade incondicional* que o pensamento disseminador reafirma com seus enunciados e ações, com suas ações enunciativas, performando-se como obra ou operação sempre em aberto, nunca acabada.

O Derrida de que me sinto ainda e cada vez mais próximo é, portanto, aquele que não parou de multiplicar as questões ético-políticas, em nome de uma *hiper-ética*, de uma ética além da ética como moral, como tábua prévia de valores e comportamentos. Num debate ocorrido nos anos 1980, Derrida explicita sua recusa de subsumir o termo ética, tal como repetirá na entrevista à *Folha de S.Paulo*, em 2001 (cf. Derrida e Labarrière, 1986, p. 70; e também Derrida e Nascimento, 2016, p. 124). Ele destaca a necessidade de se reavaliar os pressupostos que tradicionalmente fundamentam a ética, devendo-se indagar "a respeito da origem da ética e da eticidade da ética".

Um dos pensadores com quem Derrida dialoga a fim de repensar a ética de outro modo é Emmanuel Levinas. Com esse filósofo judaico, originário da Lituânia e naturalizado francês — autor, entre vários outros textos, de *Totalidade e infinito* —, com Levinas, portanto, trata-se de pensar uma alteridade que não se reduza ao Mesmo, entendido como eu individual ou identidade coletiva. Em Levinas, na verdade é o eu que passa a existir em função do outro. A heteronomia nesse caso é absoluta. Somente no momento em que se divisa o "rosto" do outro ou de outrem ("*le visage d'autrui*") é que um eu se forma e se informa a respeito dessa alteridade, que ele nunca poderá esgotar, reduzir, em suma, interpretar em definitivo a sua maneira e segundo seus valores (cf. Levinas, 1996; e também do mesmo autor, 1992 e 1994).

Se assim é, a fonte dos valores morais já não pode ser pré-dada por um *a priori* individual ou cultural. O que dá origem à própria ética não é subsumível ao campo de uma moral estrita ou condicional. Derrida radicaliza aquilo que em Levinas ainda tem algum contorno antropomórfico, pelo fato de se tratar de um "rosto", muito embora absolutamente desconhecido. O pensamento derridiano da *différance* se deixa fundamentar numa alteridade que nada mais tem das feições do humano, muito menos de um humano calcado nos valores da colonização europeia e recentemente norte-americana sobre o resto do mundo. *Tout autre est tout autre*, diz e sublinha Derrida (1999, p. 98). Enunciado que se pode traduzir, performativamente, das mais diversas maneiras: todo outro é todo outro, totalmente outro é totalmente outro, ou radicalmente diferente é radicalmente diferente, completamente outro é completamente outro etc. Esse enunciado é mais do que uma tautologia, pois indica que a diferença só pode ser pensada a partir de si mesma, desdobrada no intervalo de si para consigo, mas, por ser sempre *diferente*, jamais se autoidentifica no processo. A dobra da *différance* é o que impede a autoidentificação, alterando-a permanentemente; essa dobra é a marca indelével do heteronômico e do heteronímico (cf. Nascimento, 2006). Se essa *différance* se escreve com um "a", em vez do "e" ortográfico do francês normativo (*différence*), é porque nas culturas ditas ocidentais se acostumou a pensar as diferenças de forma binária e opositiva: humano/animal, humano/vegetal, humano/mineral, masculino/feminino, presente/ausente, dentro/fora, fala/escrita etc. A série é, por definição, infinita e hierarquizante; nela, o primeiro termo vale mais do que o segundo, sobredeterminando o regulamento normativo da hegemonia. A distinção entre *différence* e *différance* só é perceptível na escrita, pois, do ponto de vista auditivo, as duas palavras são homófonas. Com isso, inverte-se a hegemonia da fala sobre a escrita, como disposta pela metafísica dita ocidental.

A *différance* foi uma categoria inventada por Derrida nos anos 1960 para pensar as diferenças de modo não binário, opositivo ou hierárquico, *descolonizando* as reflexões culturais em relação a qualquer ontologia essencialista. É a multiplicação de novos valores ou de *valores outros*, em nome de uma alteridade radical (*tout autre*) que vem e precisa vir o mais rápido possível, que subscrevo integralmente. Valores outros que só podem advir com a desmobilização radical de questões que a tradição dita metafísica deixou quase intactas, pelo fato de quase nunca tê-las privilegiado cabalmente como tema: o segredo, o dom e o perdão, a responsabilidade sem resposta diante de uma autoridade, a pena de morte como o impensado mais inacreditável da história da filosofia, o nacionalismo como fundamento geopolítico do dogmatismo planetário, o feminino através dos gêneros e do gênio, a hospitalidade, a vida e suas próteses, o perdão e, por fim, mas não o menor, o problema fundamental da animalidade ou dos animais. Acho profundamente tocante que uma obra tão vasta como a de Derrida se conclua com *um pensamento animal*.

Nisso, a literatura acompanha de perto as análises mais refinadas que se possa imaginar do ponto de vista da tradição filosófica. Como se Derrida, por um ato de fingir radical, mimetizasse ainda certa tradição filosófica francesa, acusada por Foucault de excesso imanentista,[10] para, com outras mãos, praticar o deslocamento dos conceitos tradicionais da filosofia, francesa, alemã, grega ou latina, estadunidense etc. E a desconstrução ou disseminação da conceitualidade dos conceitos metafísicos se dirige sempre, de um modo ou de outro, à tradição humanista, ao Homem, este "ser de pé", ereto, *vegetocarnofalocêntrico* por definição e natureza, firme em sua *"station debout"* (Derrida, 2007, p. 49).

Trata-se de uma leitura desconstrutora radical do que, em *Le toucher, Jean-Luc Nancy*, se nomeia o "humãonismo" (*humainisme* — palavra antiestética, quase um palavrão, Derrida, 2000), mas que vinha sendo questionado desde muito antes, em particular nos textos sobre "as mãos de Heidegger". Esse Derrida tem me ajudado a repensar constantemente dois fatores ou duas forças assimétricas, porém, fortemente relacionadas: *certa animalidade dos humanos* (e não mais do Homem, nem mesmo da Humanidade como um todo homogêneo), mas uma animalidade singular, relativamente específica, porém, não ontológica. E *certa racionalidade dos animais*; ou antes, para evitar o dogmatismo implicado na palavra *razão*, no *logos* que nomeia, entre outras coisas, a racionalidade humana,

---

10. Abordei o debate Foucault/Derrida numa intervenção em mesa-redonda em 1º de dezembro de 2011, no seminário "Michel Foucault e os 50 anos de *História da loucura*: inflexões, ressonâncias", realizado no Museu de Arte Contemporânea (MAC) de Niterói, sob curadoria de André Queiroz, numa parceria entre a Universidade Federal Fluminense (UFF) e o Sesc. O texto foi publicado com o título "O debate Foucault e Derrida: razões e desrazões do pensamento" (cf. Nascimento, 2021b).

o cálculo e a linguagem dita verbal — para evitar, portanto, o logocentrismo, nomearia simplesmente a *alógica dos animais*, quer dizer, suas *estranhas* formas de vida; *estranheza* fundada na singularidade de suas múltiplas linguagens, seus cálculos infinitos para viverem e sobreviverem num planeta cada vez mais invadido por uma das espécies viventes. Uma espécie que se arroga o direito de imperar sobre todas as demais, porém antes de mais nada sobre si mesma, invadindo e colonizando territórios, escravizando povos, explorando abusivamente riquezas e bens coletivos.

O Derrida dos anos 1990 acelera a análise de tudo isso com uma espécie de urgência, como se soubesse de antemão (o que não é verdade) que lhe restava pouco mais de uma década para concluir o trabalho de uma vida. Os seminários e livros que se inscreveram, portanto, sob a rubrica "Questões de responsabilidade", tal como comparece no programa de cursos da EHESS, têm o signo e o sinete de certa *iminência*. Uma iminência que marca também, talvez com a mesma intensidade, o último livro que Clarice Lispector publicou em vida, o referido *A hora da estrela*: "É visão da iminência de, de quê? Quem sabe se mais tarde saberei", e "Escrevo portanto não por causa da nordestina mas por motivo grave de 'força maior', como se diz nos requerimentos oficiais, por 'força de lei'" (Lispector, 1978, p. 16 e 23). Comentário afim já comparecia, com ênfase, em *Água viva*: "O instante é este. O instante é de uma iminência que me tira o fôlego. O instante é em si mesmo iminente" (Lispector, 2019, p. 79). E esse é o tema de abertura do diálogo na Sorbonne de Derrida com Alain Minc, "*Penser ce qui vient*" (2007): a iminência do que chega, sem mais delongas, como outro, estrangeiro, intempestivo, transformador. Tal é o *dom* do pensamento: subtrair-se aos preconceitos metafísicos da tradição filosófica, ao mesmo tempo que lhe é profundamente fiel, evitando também os lugares-comuns da *doxa* midiática, da opinião corrente, muitas vezes (mas nem sempre) irrefletida.

Para mim, o maior legado hoje, mais do que nunca, são os seminários que Derrida deixou *escritos* e vêm sendo editados por uma equipe de especialistas competentes (os colegas e amigos Ginette Michaud e Michel Lisse, entre eles). Nos seminários, estão as *sementes* de um pensamento outro, que continuam a vir à luz, depois de terem sido proferidos durante quatro décadas nas instituições de ensino da França e de outros países. A disseminação se reintensifica com a publicação desses cursos, em sentido inverso, dos últimos aos do início, com exceção do primeiro, *Heidegger: la question de l'Être et de l'Histoire* (2013), que Marguerite Derrida, junto com o pesquisador Thomas Dutoit, teve a paciência de transcrever e tornar legível para publicação.[11] E o que *germina* de tudo isso são as transvalorações em curso do humanismo de extração ontoteológica, não em nome de um anti-humanismo, mas de uma humanidade repensada na perspectiva de seus outros: antes de todos, os animais e as plantas, essa vasta comunidade dos viventes, que deveria ser de fato e incansavelmente solidária. Tal solidariedade somente é e será sempre possível como relação com o outro, com os outros diferentes de nós, tal como se inscreve na e mais além da filosofia de Levinas. Sabendo-se, contudo, que em toda *promessa* há sempre embutida uma ameaça, um temor e um risco. Mas sem esse *risco*, *traço* ou *rastro*, sem essa abertura ao diferente, ao outro (penso nas belíssimas telas de Lucio Fontana), ao que vem e a quem vem, a vida se vê de antemão paralisada, incapaz de sair de si mesma, transformando-se e ampliando sua vivência, sua sobrevivência, sua sobrevida e mesmo sua *supervivência*. O viver mais do que o simples sobreviver. É assim que traduzo a *sur-vie* de Derrida, como sobre-vivência e super--vivência (cruzando-a com o *Überleben* e o *Fortleben*, de Benjamin), algo que compreende e vai além da oposição entre vida e morte, vida presente e fantasma futuro. Na supervivência, há um pouco de morte na vida, de artifício na natureza, de irracional na lógica, de loucura na reflexão etc. Nunca a vida em estado puro, daí não haver vitalismo idealizante.

A *obra* de Derrida, sua operação magna, sua obra de pensamento, é sem dúvida uma reflexão sobre a destruição que nos aguarda a todos, viventes e não viventes, inclusive com a possibilidade virtual de apagamento do rastro do rastro, sem deixar vestígio algum. No entanto, ela é também

---

11.   Sobretudo desde que passaram a ser editados na "Bibliothèque Derrida" da editora Seuil, outros seminários foram publicados fora da ordem cronológica inversa.

uma exuberante afirmação da vida e do que existe, e de sua máxima sobrevivência. Trata-se de uma obra que sobrevive ela mesma em função de sua comunidade de leitores. Uma comunidade não gregária nem homogênea, mas feita de singularidades. Uma comunidade que se sustenta em função do *dom*, termo que concerne o evento de solidariedade. Um movimento solidário que se revela sororal e fraterno, dadivoso, juntando de forma não coercitiva irmãs e irmãos, muito além das leis tradicionais do gênero, e sem a figura opressora de um pai fundador. Algo próximo do niilismo ativo de Nietzsche, mas sem enfatizar o aspecto destrutivo, longe disso. *Disseminar* é repropor a ordem vigente sem destruí-la, mas tornando impossível o retorno ao estado anterior e intensificando a abertura e a reversão de valores. Isso possibilita um diagnóstico da precarização geral da vida, ao lado de sua potencialização máxima, junto com e mais além do que se chama de "novas tecnologias". Estas somente são de fato *novas* se contribuem para repensar o lugar do humano na perspectiva de todas as outras formas de vida, sem antropocentrismo e sem ontoteologismo. *Différance* é a abertura para o pensamento diferencial não binário, como marca e rastro da alteridade, em nós e em toda parte.

Transformar a ruína em potência, a cinza em chama, é o que se deseja hoje, com toda urgência, no momento mesmo em que uma das mais sólidas universidades do país se vê arruinada em suas bases administrativas e educacionais.[12] Quando isso acontece, na Alemanha nazista, na ditadura brasileira ou no governo golpista de um despresidente, são os próprios lastros da universidade, enquanto fonte de um saber efetivamente universal, que se veem abalados. Converter a ruína e a precariedade em potência vital e arruinar ou precarizar o poder violento — eis a tarefa sem fim do pensamento disseminador.[13]

---

12. Referência a uma pesada crise econômico-administrativa por que passou a Universidade do Estado do Rio de Janeiro (UERJ) em 2017. Depois disso, e com a ascensão do neofascismo ao poder, foi a vez de as universidades federais sofrerem rudes golpes e entrarem em permanente crise.
13. Próximo da realização do colóquio em torno de meu trabalho com o pensamento de Derrida, em 2017, que deu origem a este ensaio, publiquei o artigo "Derrida na UERJ: um encontro solidário", no *Suplemento Pernambuco* (Nascimento, 2021d).

Para isso, há que se resgatar plenamente o Estado de direito. E o direito à literatura, à filosofia, às ciências e ao saber em geral é, sem dúvida, um dos mais decisivos, a serem defendidos sempre *em mais de uma língua*. Enfatizo que a universidade tem uma vocação plurilíngue, constituindo o espaço mesmo do derridiano *mais de uma língua (plus d'une langue)*. Não só porque se ensinam línguas estrangeiras nos institutos e faculdades de Letras, mas também porque cada vez mais estudantes e professores estrangeiros vêm visitar os espaços universitários do mundo inteiro, tornando a coabitação interuniversitária um fato.

O chamado golpe desferido contra uma presidente eleita marcará por muitos anos a nossa frágil democracia, tanto mais que a substituição foi para colocar no poder algo de muito pior, com a bênção de parte da mídia impressa, televisada e digital. No rastro desse "golpe branco" (sem sangue), foi eleito um político neofascista. Está por surgir uma nova tendência à esquerda que reafirme o verdadeiro compromisso social, sem demagogia e sem ceder a combinações escusas a fim de se eternizar no poder. A precariedade social de nosso país exige de fato a reinvenção de uma ética e de uma prática política, as quais nada mais devam à tradição escravagista que vem se perpetuando ao longo das décadas e que em princípio o Partido dos Trabalhadores parecia destinado, se não a romper, pelo menos a evitar.

AS PLANTAS E O PERDÃO INCONDICIONAL

É preciso, pois, que o animal humano peça perdão à vida urgentemente, sabendo, todavia, que somente o perdão incondicional pode dar conta do abismo construído ontologicamente entre "nós" e os "outros" e as "outras". Há tempos, perdemos a noção do que é dispor de um habitat, habitá-lo e ser por ele habitado, no sentido indecidivelmente empírico e transcendental. Pois a *convivência*, essa palavra tão portuguesa, tão latina, é uma via de mão dupla e com vários sentidos. Ou aprendemos que as plantas, os animais e todas as *estranhas* formas de vida têm seu próprio modo de sensibilidade e sua maneira de pensar e experienciar o mundo, ou continuaremos saga destrutiva, achando que tudo depende somente de nossa suposta racionalidade. Não há mundo habitável sem uma flora realmente florescente e sem uma fauna ativa, livre de ameaças, a não ser a própria predação que lhe é conatural. Agora empresas e governos intencionam colonizar Marte; com que finalidade e com que proveito para a vida, não se sabe bem. Os bilhões de dólares a serem investidos nesses projetos insanos poderiam ser legitimamente aplicados na preservação da vida na Terra, em nome de uma coabitação solidária dos humanos entre si e com as demais espécies.

Sem essa coabitação solidária entre humanos e não humanos, plantas e animais, descobrindo o que temos deles e o que eles têm de nós, continuaremos habitando mônadas isoladas, dificultando uma *sobrevivência* e uma *sobrevida* a mais longa possível.

Derrida abordou o tema das plantas já nos anos 1960. Categorias reflexivas como enxerto (*greffe*), deiscência, semente e sobretudo *disseminação* remetem para processos orgânicos, que se relacionam com o mundo vegetal, embora não exclusivamente.[14] Além disso, o pequeno livro sobre Francis Ponge, *Signéponge* (Derrida, 1988), traz em seu bojo a metáfora vegetal, constituindo na verdade bem mais do que uma metáfora segundo o senso comum. Igualmente, em *Glas* (1974), toda uma genealogia das flores se vincula ao sobrenome de Jean Genet. Porém, antes de expor sucintamente esses lugares de florescência do pensamento disseminador, referirei aquele que foi o texto de seu último seminário, o já citado segundo volume de *La bête et le souverain*. Os dois anos desse seminário giraram em torno da relação entre a besta ou a fera, de um lado, e o soberano, o humano, do outro. Embora esses papéis sejam reversíveis, e o humano possa se revelar mais "fera" do que a suposta *fera* (os animais não domesticados), tanto quanto a fera pode se comportar mais soberanamente humana do que o humano, dentro

---

14. Para compreender a força dessa primeira terminologia derridiana no contexto em que aparece, cf. *Derrida e a literatura* (Nascimento, 2015).

da tradição humanista ocidental cada um permanece em seu âmbito. E a grande preocupação de Derrida, em diálogo cerrado sobretudo com dois textos de Heidegger, *Identidade e diferença* e *Os conceitos fundamentais da metafísica*, é ver até que ponto se sustenta a linha de separação entre esses dois mundos, do animal e do humano, começando por verificar em que medida eles são, separadamente, idênticos e homogêneos em relação a si mesmos, ou se, ao contrário, essa linha divisória, esse limite e esse limiar tendem sempre à divisão e à impossibilidade de separação entre as esferas, implicando a mistura e a contaminação. Seria inviável deslindar aqui a trama dos conceitos e noções tanto literários quanto filosóficos que Derrida levanta, mas é possível indicar dois traços relevantes desse seminário. Por um lado, Derrida acusa em mais de um momento Heidegger de dois equívocos graves: 1) tratar os animais no singular, como se formassem um grupo homogêneo, cuja característica é ser pobre de mundo (*weltarm*), ou seja, ter bem menos mundo do que o *Dasein* humano; 2) "esquecer-se" sistematicamente das plantas, como se estas não atingissem ao menos a necessidade de uma reflexão a seu respeito (Derrida, 2010).[15] No que diz respeito ao primeiro aspecto, Derrida está coberto de razão, e as reflexões heideggerianas sobre os bichos necessitam de inúmeros questionamentos, por repetirem alguns dos piores dogmas da tradição metafísica, que o

---

15. Na p. 33 desse segundo volume do seminário *La bête et le souverain*, Derrida fala dos *viventes*, referindo-se sobretudo, dentro do senso comum, aos homens e aos animais, mas faz a seguinte ressalva: "seja lá o que queira dizer a palavra vida, *bios* ou *zoé, e supondo-se que se tenha o direito de excluir os vegetais, as plantas e as flores*" (grifos meus). Na p. 73, aparecem "as plantas e os animais", com referência a Heidegger. Na p. 120, sempre com referência aos *Conceitos fundamentais da metafísica*, de Heidegger: "Aí mais uma vez, seria sintomático o fato de Heidegger não falar da planta, não direta ou ativamente, pois me parece que, se ele a menciona, é claro, nunca a terá levado tão a sério, como vida, quanto a animalidade. Penso sempre no ranúnculo (*clonos*, em latim), flor dos pântanos, flor aquática, cujo nome vem de *ranunculus*, a pequena rã ou rãzinha", uma flor--animal, portanto. Na p. 171, mais uma crítica ao fato de Heidegger mencionar as plantas sem lhes atribuir um estatuto ontológico particular, não lhes dando a mesma atenção que ao animal. Na p. 276, comentário de igual teor.

próprio Heidegger tanto desejou *destruir*.[16] Todavia, e por outro lado, em nenhum momento o próprio Derrida reflete detidamente sobre as plantas, nem sequer promete que o fará nos seminários vindouros, ao contrário de uma prometida análise por realizar do *Walten* heideggeriano, que encerra o seminário de 2003, concluindo também a série histórica dos seminários iniciada nos anos 1960. Tampouco se refere ao trabalho que ele próprio desenvolveu de maneira dispersa tanto em *Glas* como em *Signéponge*. No fundo, ele age *como se* (categoria kantiana por ele comentada no segundo ano do seminário) a questão das plantas fosse da mesma ordem da dos animais e não merecesse uma reflexão à parte. Em certa medida, isso é verdade: toda a discriminação que Heidegger impõe ao animal como pobre de mundo (*weltarm*) poderia se aplicar às plantas. Poderia, mas não esclareceria de todo a questão. Se Heidegger considera que os animais são pobres de mundo porque não se relacionam de forma autêntica com a diferença ontológica, ou seja, são entes incapazes de dar conta da questão do Ser no horizonte temporal, como somente o *Dasein* humano consegue, pode-se dizer que o mesmo acontece com as plantas. Apesar disso, seria indispensável tratar da "especificidade" relativa da diferença vegetal, ao menos como um capítulo à parte da história da metafísica, pois tudo indica que as plantas têm de fato um diferencial agravante: se à maior parte dos bichos se pode atribuir qualidades humanas, tais como alguma forma de consciência, mesmo precária, certa mobilidade e meios de comunicação, às plantas isso sempre foi sistematicamente negado. Bem mais do que os animais, as plantas não parecem pensar, nem sentir, nem nada, só *vegetam*, e o significado usual desse verbo diz tudo: vegetar não é viver, é nascer e crescer como um "vegetal", mas sem a consciência de estar vivo, sem qualquer consciência simplesmente. E disso Derrida não fala, decerto porque lhe faltou tempo, ele que tantas vezes repetiu que "a vida terá sido curta", quando ainda estava muito vivo. No esquema da reflexão heideggeriana, pode-se dizer que as plantas estão em

---

16. Cf. o capítulo 1, "A questão vegetal", neste volume.

pior situação do que as pedras: se o homem é quem forma ou constrói mundo (*weltbildend*), o animal é pobre de mundo (*weltarm*) e a pedra desprovida de mundo (*weltlos*), aos vegetais é negada qualquer particularidade existencial, a não ser como anexas à questão animal — um derivado desta, sem nenhuma autonomia.[17]

Em *L'Animal que donc je suis* [O animal que logo sou ou O animal que logo sigo], texto das conferências pronunciadas no colóquio de Cerisy, *L'Animal autobiographique*, em 1997, e editado postumamente por Marie-Louise Mallet, Derrida propõe o neologismo *animot* para marcar a diferença quanto ao tratamento tradicional dado pelos filósofos aos animais. Trata-se de palavra composta por *animal* e *mot* (palavra), que, embora esteja no singular, "soa" como o plural do termo corrente: "*animaux*" (animais). Ou seja, é um singular plural. Em meu primeiro livro de ficção, *retrato desnatural*, traduzi esse termo (sem dar a referência) como *aniverbal*, juntando obviamente "animal" e o adjetivo relativo ao "verbo" (Nascimento, 2008, p. 13). O pecado dessa tradução é que ela não "soa" por si só como singular plural, e para denotar multiplicidade é preciso escrever e pronunciar *aniverbais*. Como diz Derrida:

> Gostaria de fazer ouvir [*donner à entendre*] o plural de animais no singular: não há o Animal no singular geral, separado do homem por um único limite indivisível. É preciso encarar que há "viventes" cuja pluralidade não se deixa reunir na figura única da animalidade simplesmente oposta à humanidade. [...] Há, de imediato, animais e, digamos, o *animot*. A confusão de todos os viventes não humanos, sob a categoria comum e geral do animal, não é apenas

---

17. Para todas as referências a essa temática, cf. Heidegger (2003). Como visto no capítulo 1, "A questão vegetal", as plantas são aí apenas lembradas como uma espécie de "anexo" dos animais, sem estatuto ontológico próprio. Cito um dos poucos momentos em que os vegetais são nomeados, para logo em seguida serem subsumidos pela zoologia, como se o verdadeiro vivente não humano fossem somente os animais: "De que maneira devemos tornar acessível para nós a vida, a animalidade do animal e a essência vegetal das plantas?" (p. 208).

uma falta contra a exigência de pensamento, a vigilância ou a lucidez, a autoridade da experiência, é também um crime: não um crime contra a animalidade, justamente, mas um primeiro crime contra os animais, contra *animais* (Derrida, 2006, p. 73).

Num momento anterior da mesma conferência, ele já anuncia o *animot* como uma "palavra singular, a um só tempo próxima e radicalmente estrangeira, uma palavra quimérica, em contravenção com a lei da língua francesa". E mais precisamente: "Nem uma espécie, nem um gênero, nem um indivíduo, é uma irredutível multiplicidade viva de mortais e, em vez de um duplo clone ou de uma palavra-valise, uma espécie de *híbrido monstruoso*, uma *quimera* que aguarda ser morta por seu Belerofonte" (Derrida, 2006, p. 65, grifos meus). Note-se que, a despeito do ineditismo e da potência dessa reflexão, as plantas não são sequer nomeadas no grupo distinto (mas não oposto) da humanidade, mas que também a inclui inevitavelmente. Isso acontece em todo o volume: os assim nomeados *viventes* são sempre animais, nunca vegetais. Não por acaso, a planta é sempre o elemento recalcado da equação vivente, e por isso hoje mais do que nunca retorna assombrando nossas vidas, sinalizando o Outro inominado e inominável (Samuel Beckett) — o radicalmente outro ou o *tout autre* da desconstrução derridiana.

DISSEMINAÇÕES

Aprender
com certas flores
para quem ser
é espalhar-se
e que num sopro
se soltam
Ana Martins Marques, "dente-de-leão"

O recurso a uma palavra me parece decisivo para refletir acerca do lugar das plantas no pensamento de Derrida e para deslocar a própria ideia de desconstrução como herdada do vocabulário de Heidegger, por um ato de tradução. Tal é a já referida *dissémination*, que dá título a um importante livro (1972a). À diferença de desconstrução, que tem como fator problemático estar excessivamente vinculada ao pensamento fundamentalista de Heidegger (*Destruktion*, *Abbau*), disseminação é uma palavra latina sem contaminação ideológica totalitária. Ao contrário, a força do termo vem do fato de nomear a dispersão em vez da reunião totalizante (*Versammlung*, *rassemblement*) que perpassa as reflexões de Heidegger. Antes de referir mais a potência desse termo, como é retomada no último seminário, cito um trecho de *Glas* em que, comentando Hegel, Derrida expõe a força totalizante e totalitária do pensamento metafísico:

> A idealidade, produção da *Aufhebung*, é, portanto, um "conceito" onto-econômico. O *eidos*, forma geral da filosofia, é propriamente familial, produzindo-se como *oikos*: casa, habitação, apartamento, quarto, residência, templo, túmulo, colmeia, família, raça etc. Se há nisso um sema comum, é a guarda do próprio: ela retém, inibe, consigna a perda absoluta ou apenas a consome para melhor vê-la voltar a si [*la regarder revenir à soi*], ainda que seja na repetição da morte. O espírito é o outro nome dessa repetição (1974, p. 152).

Ora, se a idealidade visa a reter, economicamente, a perda, a impedir que o *eidos* se perca, extraviando-se na precariedade do mundo sensível, segundo a dicotomia platônica entre o sensível e o inteligível, algo muito diferente ocorre com a *disseminação*, que as plantas e a vida em geral sinalizam. No trecho do segundo volume de *La bête et le souverain* que cito a seguir, Derrida começa expondo a necessidade de, a despeito de tudo, se falar num único mundo possível, onde todos habitamos; tal seria nossa casa, nosso lar, nosso *oikos*, o lugar mais *pró-*

prio da habitação. No entanto, a sequência da mesma longuíssima frase indica justamente o contrário, sob o traço da disseminação:

> Porém, num sentido mais corrente [...], é de fato necessária certa unidade *presumida, antecipada*, do mundo, ainda que para com isso sustentar, num discurso, a multiplicidade, intraduzível e não passível de reunião, a **disseminação** dos mundos possíveis. Não apenas uma multiplicidade e uma equivocidade do mundo, da palavra "mundo" (cosmos, *mundus*, *Welt*, *World*, *monde*), a qual guardaria um horizonte comum de univocidade, mas também uma disseminação sem horizonte semântico comum, o substantivo "mundo", como palavra vazia de sentido, ou o sentido sem emprego da palavra "mundo", não sendo senão um efeito artificial, uma construção verbal e terminológica remendada, destinada a mascarar nossa afobação de bebê, que nasceria sem vir ao mundo, destinada, portanto, a nos proteger contra a angústia infantil, mas infinita, pelo fato de *não haver o mundo*, de nada ser menos seguro do que o próprio mundo, de talvez não mais haver e de provavelmente jamais ter havido mundo como totalidade do que quer seja, mundo habitável e coabitável, e de a **disseminação radical**, quer dizer, a ausência de mundo comum, a solidão irremediável e sem salvação do vivente, se dever primeiramente à ausência sem recurso de qualquer mundo, quer dizer, de todo sentido comum da palavra "mundo", de todo sentido comum em suma (Derrida, 2010, p. 366, grifos do autor e negritos meus).

Nessa *disseminação radical*, que rege o(s) mundo(s) como multiplicidade, é como se cada "ente" vivesse em sua própria esfera, sem relação com as outras existentes; todavia, mesmo assim, a inter-relação hipotética dos mundos precisa ser sustentada, de outro modo seria o caos. É nesse mundo quase inabitável, porém cada vez mais habitado e coabitado, que os viventes compartilham suas existências: humanos, animais em geral, plantas em geral, e todas as formas intermediárias entre o orgânico e o inorgânico: "Inabitável, o mundo é cada vez mais habitado" (Andrade, 1979d, p. 90). E infelizmente, no momento atual, quase todas as formas de vida no planeta de algum modo estão submetidas à soberania, para não dizer à tirania, dos humanos. E é aí que as plantas encontram seu lugar de permanência *e* instabilidade, a um só tempo. É nessa coabitação impossível (pois não existe um único mundo onde todas as formas de vida se reúnam consensualmente, sem atritos) e possível (apesar disso, as formas de vida convivem entre si, participando de um legado comum ao vivente, em suas relações complexas com a morte e o inorgânico) que a palavra *disseminação* pode, com muita eficácia, deslocar o desgastado termo "desconstrução". E mesmo que este último vocábulo não estivesse desgastado, é preciso sempre lembrar que, para Derrida, nunca há termo definitivo, pois o processo vital e letal, empírico e transcendental, se existe, não pode jamais ter termo definitivo ou único, a não ser dentro da lógica da tradição metafísica.

No capítulo que encerra o livro *Dissémination*, com título homônimo, Derrida promove a abertura da escrita (*écriture*) à dispersão. Ali se estabelece a diferença entre polissemia (que tende a reunir os vários sentidos ou semas num único feixe) e a disseminação textual. "O semântico [relativo à polissemia] significa, como momento do desejo, a reapropriação da semente na presença, a retenção do seminal junto a si, em sua re-presentação. A semente então se contém para se guardar, se ver, se resguardar [*se regarder*]". Já o seminal "se dissemina, sem nunca ter sido ele mesmo e sem retorno a si" (1972a, p. 390-391). Outro texto importante para compreender a diferença do pensamento disseminador, de Derrida, em relação ao pensamento do ser, de Heidegger, é "Envoi" (1998, p. 109-143).[18]

---

18. O termo disseminação vem do latim *disseminatio*, "ação de espalhar". Em 1883, ganha a definição botânica de "dispersão natural de sementes ou esporos, na época da maturação; seminação". Já o antepositivo *seme-* provém do latim *semen,ĭnis*, "'semente, germe, causa, princípio', de um [verbo latino] *sero, is, sevi, satum, serĕre* 'semear, plantar' só representado em romance por seus [derivados]: *seminālis,e* 'que tem que ser semeado', *seminarĭum,ĭi* 'viveiro (de plantas), [*figurado*] escola, seminário', *semĭno,as,āvi,ātum,āre* 'semear'".

"E se coabita o mundo", diz então Derrida (2006, p. 366). Como a ciência já demonstrou, o planeta não é um suporte neutro, que receberia a vida como um conteúdo externo, algo como um *extraterrestre* (a não ser na referida hipótese, entre outras, da vida como originária do espaço e não da atmosfera terrestre primitiva). Longe disso, a Terra foi profundamente modificada pela existência da vida na biosfera, essa multicamada de organicidade que impregna tudo.[19] No curso de milhões de anos, a vida se afeiçoou à Terra, tanto quanto esta se deixou moldar pelas *estranhas* formas de vida que a habitam. *Habitar* significa, para cada espécie, encontrar seu habitat, onde bem desenvolver seus hábitos. Habitar não é simplesmente estar por acaso neste ou naquele lugar, mas existir de fato *apenas por estar* em determinado lugar, afeiçoar-se, moldar-se com e pelo entorno, e não a despeito dele ou contra ele. *Viver é, portanto, uma questão de afeição e de afeto.* Esse é o sentido profundamente ético da existência humana e outra: a coabitação, o com-viver, para viver mais e melhor, com bons hábitos, não se excluindo a necessidade de predação como forma de sobrevivência. Como indica o radical *hav-*, habitar tem a mesma raiz do verbo haver: mas é um possuir que não se apossa de nada, ao contrário, se nos apossa, nos habitando. O entorno, o mundo em volta (*Umwelt*) se nos habita, dentro e fora de nós.

Em síntese, a coabitação ou a convivência pode e deve ser pensada não como um *a priori* ideal, mas exatamente como o lugar de uma aporia: os mundos estão isolados e são a rigor irredutíveis; apesar disso, *há* (*il y a, es gibt*) relação. Mas essa relação não se faz pela ilusão romântica de uma unidade essencial, onde as diferenças se dissolvessem harmoniosamente. É como se vigesse *a relação na dispersão*, e não no recolhimento e na reunião homogênea dos diferentes mundos. O que relaciona é a diferença, a singularidade de cada espécie, e não apenas a

---

19. Cf., mais uma vez, o capítulo 1, "A questão vegetal", no qual discuto a questão do "meio ambiente". Recentemente, cientistas identificaram formas de vida bacteriana muito abaixo da superfície do planeta (cf. Resonance Life Foundation, 2021).

semelhança ou a comunidade de hábitos idênticos. Não há, por assim dizer, um único *lugar comum* onde todas as espécies vivam, mas há lugares e tempos compartilhados. Noutras palavras: todo o tempo ocorre intensa partilha do sensível e do inteligível entre as espécies de viventes e entre os indivíduos, sem que jamais se atinja uma única identidade.

O deslocamento de desconstrução por disseminação se impõe na medida em que, como dito, desconstrução foi uma tentativa de tradução de dois vocábulos de Heidegger (*Destruktion* e *Abbau*, esse último sendo dotado também do sentido de redução ou anulação).[20] Assinalo que o próprio Derrida fez uma recensão dos usos dessa palavra em sua obra, numa correspondência com um de seus tradutores, o renomado islamólogo Toshihiko Izutsu. No texto "Lettre à un ami japonais" (Carta a um amigo japonês), ele diz, entre outras coisas: "Para mim, para o que tentei ou tento ainda escrever, [desconstrução] só tem interesse num determinado contexto, em que substitui e se deixa determinar por tantas outras palavras, por exemplo, 'escritura', 'rastro', *'différance'*, 'suplemento', 'hímen/himeneu (*hymen*)', '*phármakon*', 'margem', 'encetamento', *'párergon'* etc.". Logo adiante, acrescenta que não acredita

---

20. Encontra-se em *Ser e tempo* uma síntese da proposta de Heidegger enquanto pensador do ser, ou antes, pensador do esquecimento do ser ou da diferença entre ser e ente (nomeada como diferença ôntico-ontológica): "Se se deve obter para a questão-do-ser ela mesma a transparência de sua própria história, então é preciso dar fluidez à tradição empedernida e remover os encobrimentos que dela resultaram. Essa tarefa nós a entendemos como a *destruição* [*Destruktion*] do conteúdo transmitido pela ontologia antiga, tarefa a ser levada a cabo pelo *fio-condutor da questão-do-ser* [*Leitfaden der Seinsfrage*] até chegar às experiências originárias em que se conquistaram as primeiras determinações do ser, as determinações diretoras a partir de então" (Heidegger, 2012, p. 86-87). Essa temática do retorno fundamental a um pensamento originário do ser, em função do esquecimento por parte da metafísica, jamais será abandonada por Heidegger, a despeito das inúmeras reformulações que veio a propor nos anos seguintes, inclusive com uma célebre reviravolta (*Kehre*). Desenvolvi amplamente essas questões no primeiro capítulo da terceira parte de *Derrida e a literatura*, intitulado "Fechamento e época" (Nascimento, 2015, p. 219-297).

que "seja uma *boa palavra*. Não é sobretudo bela" (Derrida, 1987b, p. 392). Concordo, não é uma bela palavra, mas isso não impediu que se tornasse praticamente uma palavra-chave, endossada em grande medida pelo pensador, embora este em mais de um momento tenha ressaltado que a preferia no plural — *desconstruções*.

Nessa altura, pode-se confrontar dois momentos da trajetória de Derrida, no que diz respeito à *déconstruction* como tentativa de traduzir os dois termos alemães utilizados por Heidegger. Quase ao final do segundo volume de *La bête et le souverain*, há uma defesa da *língua*, da *escrita* ou da *linguagem* de Heidegger, o qual supostamente leitores despreparados não saberiam reconhecer. O trecho se refere ao texto *Identität und Differenz*:

> *Devemos aqui estar mais atentos do que nunca* à *letra alemã da linguagem de Heidegger*. Aos olhos das pessoas apressadas e impacientes para se sentirem em casa com uma língua que elas imaginam conhecer, e das obviedades letárgicas (e isso pode ser o alemão de muitos alemães ou o francês de vários franceses), aos olhos dessa gente, *a escrita de Heidegger pode parecer* às *vezes um jogo abusivo ou fatigante*. Mas ele carrega aqui todo o peso dos contextos mais graves, no momento em que as diferenças mais sutis são também as mais decisivas, por vezes no interior mesmo do mesmo, em que alguns gostariam de se autorizar a misturar tudo (Derrida, 2010, p. 350, grifos meus).

No entanto, o jovem Derrida, do primeiro seminário de 1964/1965, não economiza críticas a esse mesmo *estilo*, que a "letra alemã da linguagem de Heidegger" configura. Antes de propor uma citação, duas observações se fazem necessárias: em primeiro lugar, como para toda a transcrição dos seminários de Derrida atualmente em curso, é preciso ter em mente que seu autor escreveu, mas não revisou o texto para publicação. Em segundo lugar, é importante entender que, naquele momento dos anos 1960, o texto completo de *Sein und Zeit*, bem como de outros livros de Heidegger, ainda não tinha sido traduzido; daí Derrida traduzir e comentar, ou *comentar traduzindo*, diversas passagens da obra heideggeriana. O comentário que transcrevo em seguida vem logo após uma longa citação da famosa *Carta sobre o humanismo*, referindo-se tanto ao conteúdo quanto e sobretudo ao *estilo* desta:

> E então aparece aqui o que se assemelha *mais uma vez* a uma pura e simples metáfora de estilo expressionístico-romântico-nazista [à *une pure et simple métaphore de style expressionnistico-romantico-nazi*] (que talvez, provavelmente mesmo, também seja romântico-nazista, mas o problema, nosso problema, é saber *se ela é apenas uma metáfora* e se o estilo romântico-nazista a esgota; e se, *ao se deixar fascinar por esse estilo*, não se perde — por uma violência filológica — o essencial) (Derrida, 2013, p. 98, grifos meus).

O exemplo que ele dá é o trecho provavelmente mais famoso da *Carta sobre o humanismo*, e também um dos mais conhecidos da obra de Heidegger:

> De acordo com essa essência, a linguagem é a casa do ser, apropriada pelo ser em meio ao acontecimento e estabelecida pelo ser. Por isso há que se pensar a essência da linguagem a partir de sua correspondência com o ser, ou seja, como morada da essência do homem.
>
> Mas o homem não é apenas um ser vivo que, ao lado de outras faculdades, possui também a linguagem. Ao contrário, a linguagem é a casa do ser; e, nela morando, o homem ek-siste, na medida em que, guardando a verdade do ser, a esta pertence (Heidegger, 2008, p. 346).

O que há de semelhante a uma metáfora romântico-nazista é a analogia entre Ser e linguagem (entenda-se linguagem verbal), esta sendo a "morada" ou a "residência" (*sic*) daquele, implicando um antropocentrismo por exclusão de tudo o que não é da ordem do *Dasein* humano nessa relação essencial. Logo depois de traduzir e citar, Derrida trata de "justificar" (o termo é dele) esse estilo, parafraseando o trecho sem metáfora ou abstração, ou seja, numa linguagem por assim dizer anti-heideggeriana, enxuta de qualquer romantismo expressionista e nazista...

Mais adiante, Derrida vai enfatizar a necessidade de se afastar do *estilo heideggeriano*, por ele explicitamente caricaturado no que se refere à metáfora do "habitar", remetendo a uma função de unidade e reunião. Propõe então novo comentário nos seguintes termos: "Vou tentar fazê-lo de forma bastante esquemática do ponto de vista que aqui nos interessa, mas também de forma bastante voluntária, *numa linguagem não heideggeriana, numa linguagem despojada de filologia alemã e do* páthos *que corre o risco de chocar*" (Derrida, 2013, p. 100, grifos meus); o exemplo dado em seguida se refere a um dos textos de Heidegger sobre Hölderlin, e o verbo *choquer* nesse contexto é demasiado significativo. Depois de sugerir a seus ouvintes (os alunos do seminário) que leiam, se desejarem, o texto de Heidegger que ele comenta, arremata: "Vamos falar num outro estilo" (2013, p. 100). Sem dúvida, o estilo de Derrida se fez ao longo dos anos por meio de um afastamento do estilo expressionista-romântico-nazista de Heidegger, sem confusão estilística possível entre os dois. Mas por que então essa qualificação do "estilo expressionístico-romântico-nazista" desaparece da obra publicada em vida, a ponto de o último seminário fazer uma defesa cheia de *páthos* desse mesmo *estilo*, negativamente avaliado pelo jovem Derrida? (Um jovem que, no entanto, já havia publicado alguns de seus ensaios mais importantes, a serem reunidos em livros lançados nos anos seguintes; um intelectual, portanto, já em seu pleno vigor reflexivo.)

O que teria acontecido nesse meio-tempo? Por que, a despeito das inúmeras denúncias e comprovações sobre as relações com o nazismo, e de ele mesmo ter constatado isso muito cedo, por assim dizer no início da obra, Derrida defende o indefensável estilo de Heidegger, que é essencialmente inseparável do pensamento deste último? Pois o *estilo* não é um mero ornato que se acrescenta a uma escrita, independentemente de seu conteúdo. Longe disso, como bem demonstra *Esporas*, livro de Derrida sobre Nietzsche (1978), o estilo é a escrita mesma, o modo de incisão e, portanto, de inscrição no texto do mundo, num processo que é tanto empírico quanto transcendental. Cito uma definição bastante comum de estilo, que ele a seu modo subscreve em *Signéponge*: "*o estilo, o idioma inimitável* de um escritor, de um escultor, de um pintor ou de um orador" (Derrida, 1988, p. 47, grifos meus). (Sublinho, mais uma vez entre parênteses, que, como já visto, em si a metáfora do habitar não é romântico-nazista, mas sim o modo de interpretá-la, dentro de uma ontologia fundamental, da linguagem como "morada do Ser", que nada tem a ver com o pensamento disseminador proposto por Derrida.)

A hipótese seria a de que, apesar das inúmeras críticas desconstrutoras que o próprio Derrida desenvolveu em torno do pensamento e das "mãos" de Heidegger, em certa medida a herança desse pensamento acabou pesando mais do que o afastamento dispersivo dessa origem nefasta. Daí o diálogo até o último minuto com o espectro de Heidegger, no que diz respeito à espinhosa questão do *Walten*. Essa hipótese necessita ser analisada em todo o corpus da obra, no qual referências heideggerianas compareçem — tarefa ingente a ser desenvolvida por mais de um ou uma intérprete nos próximos anos. Se *Do espírito* (Derrida, 1987a) foi uma tentativa de responder às acusações contra Heidegger, deflagradas nos anos 1980, sobretudo nos Estados Unidos, esse opúsculo fica muito aquém da importância do tema. Foi por esse motivo que, em 2014, após a publicação dos *Cadernos negros* de Heidegger, a editora Galilée decidiu reunir dois textos de Derrida sobre a temática judaica em *Le dernier des juifs* (Derrida, 2014). O "Avertissement" [Advertência], escrito por Jean-Luc Nancy, sinaliza as dificuldades do problema, apontando o não desenvolvimento temático, por parte de Derrida, das relações de Heidegger com a questão judaica e o antissemitismo, com uma única exceção, na referência a Sartre. Indaga Nancy: "como ele nada tinha suspeitado do antissemitismo de Heidegger? Que cara faria diante dos *Cadernos negros*, onde isso se revela de maneira infame?" (Nancy, 2014, p. 9).

É interessante, portanto, que um seminário não editado por seu autor, *Heidegger: l'Être et l'Histoire*, antecipe em cinco décadas a avaliação (em sentido nietzschiano) que o Derrida sênior jamais chegou a fazer, ao menos publicamente. Essa diferença entre a obra canônica publicada em vida e a obra de juventude publicada postumamente coloca uma questão crucial: que teria feito Derrida se fosse ele mesmo o revisor e editor de seu seminário de 1964-1965? Teria corrigido o jovem e brilhante pensador, suprimindo a qualificação das metáforas de Heidegger como expressionístico-romântico-nazista? Ou teria se mantido fiel a seu primeiro *impulso*, a sua *pulsão* reflexiva, apesar de talvez não subscrever mais as antigas frases sobre o estilo heideggeriano? Ainda que suprimisse e destruísse o manuscrito de sua letra cursiva, certamente um rastro da inscrição primeira sempre poderia *restar*, inapelavelmente... O que estou querendo apontar é: faltou a Derrida desconstruir ou, antes, disseminar cabalmente a *Destruktion* de Heidegger. Se o tivesse feito, provavelmente a própria palavra desconstrução pudesse ser, não "sacrificada" — termo que não endosso, evidentemente —, mas deslocada pela palavra disseminação, esta, sim, da lavra de Derrida, sem tradução do alemão. Nesse caso, e mais do que nunca, o pensamento derridiano se faria longe de qualquer *Versammlung* ou reunião romântica e nacional-socialista, com uma visada efetivamente disseminadora. Ficaria confirmado o que sempre pensei: Derrida é um herdeiro inautêntico de Heidegger, na medida em que deslocou em definitivo a questão do ser e toda ou qualquer ontologia fundamental, para não dizer fundamentalista. Essa traição ao que de mais fundamental há em Heidegger — a questão do Ser que atravessa toda sua obra, a despeito e por causa das inúmeras reproposições conceituais — infirmaria completamente seu lugar de discípulo do pensador alemão, de que tantas vezes foi acusado.

Em que consistiria o traço mínimo para se reconhecer o *nazismo do estilo* e, portanto, simplesmente o *nazismo* de Heidegger? Por certo não o biologismo antissemita, que ele explicitamente recusou, mas que os *Cadernos negros* revelam travestidos em preconceito etnocêntrico (no que diz respeito à questão judaica, mas não apenas a ela, a diferença entre o biológico e o cultural é, por muitas razões, difícil de ser estabelecida).

Aqui enfatizarei a univocidade relacionada à questão do Ser, como envio inicial dos gregos, na interpretação heideggeriana. É a essa univocidade fundamental que a *Versammlung* de Heidegger se refere, e que foi refutada por Derrida em mais de um momento. Não penso que o nazismo se defina apenas pelo antissemitismo. Esse foi sem dúvida um de seus traços essenciais no século XX; todavia, o movimento nazista consiste num tipo de totalitarismo voltado para o fundamento da origem pura e unívoca (por exemplo, de um povo), razão pela qual é uma interpretação totalizadora e, portanto, totalitária. A exclusão antissemita é uma das derivas lógicas desse movimento totalizante, unicista e fundamental; a questão heideggeriana do Ser não deixou de pagar tributo a isso, inclusive publicamente. Entre outros lugares, no "Discurso da Reitoria", quando associa o destino nacional do povo alemão ao dos primeiros gregos. Eis como ele resume a condição para o advento da verdadeira ciência no seio da universidade alemã, sob os auspícios do nazismo, no ano de 1933, quando assume o cargo de reitor na Universidade de Friburgo:

> Só se novamente nos colocarmos sob o poder do *início* [*Anfang*] da nossa existência espiritual-histórica. Este início é a irrupção da filosofia grega. Aí, o homem ocidental levanta-se pela primeira vez, por força da sua linguagem, a partir de uma nacionalidade [*Volkstum*], *diante do ente no seu todo* [*Seiendes im Ganzen*], perguntando e concebendo-o enquanto o ente que ele é (Heidegger, 2009, p. 5).

Ainda que a passagem pelo cargo de reitor tenha sido curta, nada tem de episódica, pois envolveu a própria filosofia de Heidegger, ou o seu "pensar" (*Denken*).

Não por outro motivo, Derrida reconhece muito cedo, numa entrevista reproduzida em *Posições*, que talvez o que ele propunha fosse algo muito distinto do pensamento de Heidegger: "tenho por vezes a impressão de que a problemática heideggeriana é a defesa mais 'profunda' e mais 'potente' do que tento pôr em questão, com o título de *pensamento da presença*" (Derrida, 1972d, p. 75). Faltou levar essa "traição" tradutória às últimas consequências, rasurando e deslocando a dupla tradução de *Destruktion* e *Abbau* como desconstrução, em proveito da metáfora conceitual da disseminação. Ele nunca publicou um livro chamado *La déconstruction*, mas, como dito, publicou um belíssimo livro intitulado *La dissémination* (1972a).[21]

Doravante, portanto, disseminação poderá deslocar o lugar privilegiado de desconstrução, tal é minha proposta. E nisso, as plantas desempenham um papel decisivo, elas que, talvez mais do que os humanos e os

---

21. O texto em que Derrida aborda mais detidamente a questão do "nazismo de Heidegger" é "L'oreille de Heidegger: philopolémologie (Geschlecht IV)", uma conferência pronunciada em 1989, na Universidade Loyola de Chicago, e reproduzida em *Politiques de l'amitié* (1994). O grande problema desse texto é diluir a força da problemática nazista numa análise filológica de textos de Heidegger. Mesmo o tenebroso *Discurso do reitorado* recebe um tratamento filosófico bastante tradicional, que não destaca tudo o que envolve a problemática histórica, sem a qual ele não pode ser compreendido em toda sua extensão. Chocam duas inconsequências dessa reflexão derridiana: primeiro, a ausência de qualquer conceituação sobre o nazismo, do ponto de vista histórico e ideológico; segundo, igualmente a inexistência de qualquer menção à solução final, e o silêncio de Heidegger a esse respeito. O mesmo pensador que no derradeiro ensaio de *Força de lei* não hesita em associar um texto de Benjamin à solução final dá um tratamento quase "neutro" à potência destrutiva (e não apenas desconstrutora) da textualidade heideggeriana. Certa valorização conceitual do *pólemos* grego e do *Walten* alemão pode servir como ponto de partida para amplas discussões sobre a insuficiência do questionamento derridiano no que diz respeito aos aspectos ideológicos e partidários não só de Heidegger, como também de Carl Schmitt, amplamente citado em *Polítiques de l'amitié*. É, acima de tudo, nesse aspecto que a palavra disseminação pode ajudar a deslocar em definitivo a desconstrução. E isso se fará evitando toda polêmica, e *por amor de Derrida*, não em guerra contra ele. Nesse sentido, cf. o interessante ensaio de Rabaté (2016).

animais, tenham sido inteiramente sacrificadas *no discurso metafísico*. Sacrificadas: cultivadas de qualquer maneira (inclusive com muitos agrotóxicos), abatidas e devoradas de modo sistemático e irrefletido, com toda crueldade. Mas sobretudo desqualificadas ontologicamente, como desprovidas de qualquer essência própria; e nem mesmo Derrida chegou a lhes dar o mesmo tratamento e preocupação reservados aos animais. Sem dúvida, é preciso comer bem e de fato. Todavia, há modos e modos de devorar o outro ou a outra; e a necessidade de nutrição para a humanidade e para as outras espécies ainda é matéria para muita investigação por vir, sobretudo se se levar em conta a injunção maior e mais justa do "dar de comer", em vez de simplesmente devorar o outro.²²

Se Derrida, em *Força de lei*, afirma que "*A desconstrução é a justiça*" (1994, p. 35), seria preciso trair e rasurar essa sentença, repropondo sem temor nem tremor: "*A disseminação é a justiça*". Pois faltou na arquitetura em aberto dessa obra colossal *desconstruir a própria desconstrução*, levando-a por fim rumo à alteridade disseminadora e rompendo em definitivo com o pensamento heideggeriano de fundo nazista. Com isso, mata-se igualmente o Derrida "Pai da Desconstrução", para que ele renasça por meio de muitos outros, em nome do pensamento disseminador. Também desse modo cumpre-se outra sentença, que se encontra lá no princípio da escrita: "Lapidarmente: a disseminação figura o que *não retorna* ao pai" (Derrida, 1972d, p. 120). Pois o pai desde sempre já morreu, para que a escrita-órfã siga outro caminho, longe da firma patriarcal.

PONGE, GENET E O VEGETAL QUE LOGO SOMOS

Diante do curto espaço restante, eu sintetizaria mais alguns aspectos da problemática das plantas em momentos distintos da obra de Derrida.

---

22. É muito esclarecedora a entrevista "On the Limits of Digestion", concedida por Derrida (2021) a Daniel Birnbaum e Anders Olsso.

Em todos os trechos do segundo volume de *La bête et le souverain* já sinalizados,[23] é como se Derrida marcasse a necessidade de *também* pensar a planta, mas sem chegar a esboçar qual seria exatamente a *diferença vegetal* (se há). A questão seria: as plantas seriam um vivente *como* os animais e *como* os homens, ou deveriam receber um tratamento à parte? A dúvida recai sobre o estatuto e o alcance dessa analogia, que constitui grande parte da problemática deste livro. Assinalo que, mesmo sem desenvolver uma reflexão extensa sobre o vegetal ou os vegetais, para Derrida aquilo que os relacionaria em princípio aos animais seria sem dúvida o tema do *sacrifício*. Tal como os animais, as plantas se deixam *sacrificar* porque não gozam do mesmo estatuto ontológico do humano: elas estão por assim dizer a nossa disposição, ou à disposição do sujeito masculino, viril, que tem precedência sobre as mulheres, as crianças, as etnias não ocidentais e também as demais espécies viventes (cf. Derrida, 1992).

O ensaio "A mitologia branca", publicado em *Margens* (1972c), intenta abalar a oposição metafísica entre sentido figurado e sentido próprio da linguagem por meio da metáfora do *heliotrópio*, palavra que significa ao menos quatro coisas: 1) um tipo de planta de origem tropical e temperada, utilizada com função ornamental; 2) planta cuja flor se orienta na direção do sol, como o girassol; 3) tipo de pedra esverdeada, marchetada de vermelho; 4) instrumento utilizado para enviar raios solares em grandes distâncias. Todas essas imagens são instrumentalizadas para reler a oposição metafísica entre sol inteligível e sol sensível, que organiza a teoria aristotélica da metáfora. O heliotrópio é, assim, a figura de linguagem que serve para pôr em perspectiva a noção de metáfora: linguagem sobre linguagem, sem que haja referência primeira ou sentido *próprio* (cf. Derrida, 1972c, p. 247-324).[24] E se o pensamento disseminador de Derrida se afasta de todo humanismo tradicional, bem

---

23. Cf. anteriormente a nota 14 deste capítulo.
24. Cf. também Nascimento, 2015, em especial o segundo capítulo da terceira parte: "Literatura e pensamento".

como de todo vitalismo, é porque ele intenta pensar o vivente a partir de categorias que, desde o início da obra, remetem a processos que vão além do humano. Como ele resume em *L'Animal que donc je suis* — e é uma das epígrafes deste capítulo —, inserindo a questão da linguagem verbal (humana) no funcionamento de uma gramatologia geral: "A marca, o grama, o rastro, a *différance* dizem respeito, de maneira diferencial, a todos os viventes, todas as relações entre o vivente e o não vivente" (Derrida, 2006, p. 144). Sem negar a heterogeneidade das formas de vida, ao contrário, apontando para a singularidade de cada uma, ele enfatiza também noutro contexto: "Penso em particular na marca em geral, no rastro, na iterabilidade, na *différance*, tantas possibilidades ou necessidades sem as quais não haveria linguagem, *mas que não são somente humanas*" (cf. Derrida, 1992, p. 299).

O pequeno livro escrito a partir de Ponge, originalmente uma conferência pronunciada em Cerisy diante do próprio poeta, *Signéponge* fala sobretudo da mimosa,[25] relacionando-a por sua etimologia à *mímesis*. Pinhos, árvores em geral, pereira, mas sobretudo a mimosa (termo masculino em francês e feminino em português) deixam seu rastro vegetal, por assim dizer clorofílico, nas páginas do livro que Derrida contra-assina (cf. 1988, p. 29). Mas ele aborda também os animais (vespa, andorinha, camarão...) e os minerais, em particular a pedra, bem como a coisa ou as coisas. Toda a reflexão sobre a assinatura *Francis Ponge* se realiza em torno do nome do autor e da coisa assim nomeada, enfatizando a relação com a *pierre ponce*, a nossa pedra-pomes.

A assinatura de Jacques Derrida se faz como contra-assinatura da de Francis Ponge, por um gesto mimético que consiste em dar um tratamento nominal às coisas, sem, no entanto, convertê-las em puro signo. São antes *metáforas conceituais* para pensar a relação do humano, por exemplo com as plantas, com os viventes em geral e até mesmo com os minerais, os objetos, as coisas. Entre todos esses aspectos abordados como performance mimética, destaca-se também a esponja (*l'éponge*,

---

25. Cf. o capítulo 2, "Vidas precárias", em que abordo o tema da mimosa.

que contém, em francês, o nome do autor), a qual é uma zoófita, nem propriamente animal, nem vegetal, indecidível: "uma planta animal", que Derrida também identifica à escrita.[26] Nesse sentido, por ser informe, "a esponja constitui não apenas o termo de uma analogia (alegoria ou metáfora), mas também, além disso, o *meio* [*milieu*] de todas as figuras, a própria metaforicidade" (Derrida,1988, p. 60), que por si mesma não é nem linguagem figurada, nem própria ou referencial. Tal como o heliotrópio, a esponja se torna aqui um quase-conceito, numa linguagem que não é nem própria nem figurada, mas serve para repensar o funcionamento da linguagem em geral, e da linguagem filosófica em particular, como impossível de se definir por um único sentido ou função. Por assim dizer, a escrita ou a linguagem-esponja absorve tudo e tudo refaz metaforicamente, como deslocamento incessante do sentido. Com isso, ela abala a metafísica do *próprio*, que constitui o fundamento de uma teoria tradicional da linguagem, baseada numa oposição binária entre sentido próprio (ou referencial) e figurado: "a esponja é sobretudo a escrita [*l'écriture*]" (Derrida, 1988, p. 59). Trata-se de um recurso de *antonomásia*, figura que consiste em tomar um nome comum como nome próprio ou o inverso, como no caso de *Te chamarei Pedro porque és pedra...* Francis Ponge se torna então, pela escrita, *Francis Éponge*. Daí o título do livro de Derrida *Signéponge* poder ser traduzido tanto como *Assinado Ponge* (*Signé Ponge*), quanto como *Signo-Esponja* (*Signe-éponge*).

Igualmente, em *Glas*, livro diagramado em duas colunas, a primeira como leitura de textos de Hegel, a segunda como leitura de textos de Jean Genet, as plantas comparecem sobretudo como instrumento para repensar uma teoria clássica da linguagem e da literatura. A partir do

---

26. Na verdade, as esponjas (nome científico *Porifera*, por terem muitos poros) são classificadas como animais. Sua assimilação hipotética aos vegetais se deve ao fato de serem animais muito simples, que não têm propriamente tecidos, nem órgãos; mas sobretudo são *sésseis*, quer dizer, imóveis, tal como imaginamos as plantas, embora algumas espécies poríferas sejam dotadas de mobilidade.

sobrenome do autor de *Nossa Senhora das Flores*, Genet, se compõe toda uma florescência para testar os limites do nomear. A palavra francesa *genêt*, com acento circunflexo, equivale ao que se chama em português de giesta: "[designação] comum a vários arbustos da [família] das leguminosas, [subfamília] papilionoídea, [especialmente] aos do [gênero] *Cytisus*, [frequentemente usado] por propriedades medicinais e para o fabrico de vassouras". Sem o acento, *genet* nomeia o ginete da Espanha. Sobrenome, portanto, indeciso entre planta e animal. Trata-se, mais uma vez, de antonomásia: "Portanto, é verdade que a flor significa, simboliza, figura, retoriciza, e também que *Genet anagramatiza seu próprio sobrenome, semeando mais do que qualquer outro e respigando-o de qualquer coisa onde caia. Respigar igual a ler* [Glaner égale lire]" (Derrida,1974, p. 55-56, grifos meus). É assim que com o nome ou sobrenome Genet, o autor de *Nossa Senhora das Flores* colhe flores reais e artificiais em toda parte, flores por sua vez acolhidas por Derrida em seu discurso disseminador: mimosas, rosas, resedás, gladíolos, orquídeas, lilases, lírios... a flora se expande por toda a textualidade do *estilo*, termo que também designa uma parte da flor: "Quando uma flor se abre, 'eclode', as pétalas se afastam e então se ergue o que se chama de *estilo*. O estigma designa a parte mais alta, o ápice do estilo" (Derrida,1974, p. 29). Em morfologia botânica, segundo o *Houaiss*, o estigma é a "parte terminal do gineceu, de forma e aspecto variados, [geralmente] provida de células produtoras de substância açucarada e pegajosa, com a função de captar os grãos de pólen, que nele germinam". A *anthologia* floral[27] proposta por Derrida a partir de Genet se separa de qualquer ontologia metafísica, seja ela a mais fundamental de todas, ou por isso mesmo. Estou jogando com o sentido etimológico da palavra *antologia*, que vem do grego, com o sentido de "ação de colher flores, coleção de trechos literários". O radical grego é *"ánthos"*, significando "rebento, broto; flor", donde "erupção". Diz Derrida: "A flor não é nada, nunca tem lugar porque jamais é natural,

---

27. Cf. adiante, no capítulo 7, "Clarice e as plantas: a poética e a estética das sensitivas", neste volume, os comentários sobre *Água viva*, de Clarice Lispector (2019).

nem artificial. Ela não tem nenhuma borda sinalizável, nenhum perianto fixo, nenhum ser/estar-cingido" (1974, p. 99). Por natureza, a flor *não é*. Não é propriamente uma essência, nem uma aparência, escapando às classificações ontológicas.

O estilo das flores se desdobra e eclode no outro estilo da reflexão derridiana, que não é nem filosófica *stricto sensu* nem propriamente literária, mas *pensante*. Tal seria o "estigma" de *Jacques Derrida*, seu estilete, que traça o sinete, a rubrica e a assinatura, a partir da floração do outro, *Jean Genet*. *Glas* é esse livro rizomático, feito de raízes, ramas e ramificações, sem um único tronco originário — descentrado, portanto. Tal como dispõe uma belíssima explanação em torno do estilema disseminador: "O enxerto que se cose, a substituição do sinete suplementar 'constitui' o texto. Sua necessária heterogeneidade, sua interminável rede de ramificações de escuta *en allo*" (Derrida, 1974, p. 136). Corte, costura, enxertia, eis o método do pensador-botânico-jardineiro, cuja escrita faz aquilo de que fala, *anthologizando* o Ser, reconduzindo-o a esse quase nada, que é a flor — disseminando-o radicalmente, pela raiz. Próximo ao final do livro, mimetizando expressamente o discurso científico da botânica, que assume ares de *anthologia* poética, Derrida diz o seguinte:

> É a respeito do grão, óvulo fecundado, que se acredita falar propriamente de *disseminação (nos angiospermas ou nos gimnospermas)*. *Às vezes, quando o fruto rebenta, os grãos são projetados em todos os sentidos. Com maior frequência, eles escapolem por fendas ou buracos abertos no revestimento; o vento ou os animais os dispersam. A germinação apenas é imediata se a luz e a humidade permitirem*. De outro modo, os grãos maduros ficam em estado de dormência, num meio exterior, durante semanas ou meses (Derrida, 1974, p. 279, grifos e negritos meus).

Com isso, a assinatura *Jacques Derrida* não se monumentaliza numa impossível Desconstrução, mas se dissemina em vários outros nomes comuns e próprios, prenomes e sobrenomes, que por sua vez podem contra-assinar a obra; por exemplo, *Francis Ponge* e *Jean Genet*, mas há diversos outros. Tal como nós que nos exercitamos em aulas e seminários, que são estufas de saberes plurais. Sempre digo que a maior homenagem que se pode fazer a um grande pensador é lê-lo criteriosamente, sem a veneração do discípulo, disseminando-o por nossa vez.

Tanto o valor de enxerto quanto o de *différance* — mas também todos os inúmeros quase-conceitos espalhados na vasta obra *assinada Derrida*, como os citados encetamento, *phármakon*, *párergon*, suplemento, hímen/himeneu, rastro — ajudam a pensar que a questão da vida jamais deve ser privilegiada com relação ao humano, nem tampouco com relação ao binarismo vivente/não vivente. Enxerto, por exemplo, é algo que se aplica tanto aos vegetais quanto ao que chamamos de carne (animal): enxerto de plantas, enxerto de pele humana ou animal, e quiçá enxerto mineral... Metáforas são tropos, indicando direção, voltas, que podem se deslocar do reino vegetal para o animal e até para o mineral — o heliotropismo metafórico não se interrompe em "reino" algum, sempre se deslocando para mais além.

OUTRAS SEMEADURAS

O perdão jamais pode ser uma desculpa para o esquecimento, ao contrário, como aprendemos com Derrida, o perdão se faz por meio de uma ativa memória do mal praticado. Em razão de tudo isso, mais uma vez, mil perdões, e que a palavra perdão não seja mesmo uma desculpa para se reincidir no mal da destruição pela destruição, da extinção em massa dessas outras estranhas *e* familiares formas de vida, as plantas, os animais e os híbridos. Quem sabe consigamos um dia *sacrificar os sacrifícios* de tantas existências, sacrifícios estes sempre praticados em nome da superioridade do Homem. Um perdão incondicional é aquele que se oferece por meio de uma aporia, como defesa também incondicional da vida nas relações complexas e quase impossíveis com seus duplos, as máscaras da morte. Impulsionados pela força da *disseminação pensante*, podemos imaginar novos colóquios e seminários, aulas, dissertações, ensaios, teses, poemas, peças e romances, sustentando essa coabitação infinita no espaço da universidade, em nome de Jacques Derrida, e lançando sua semente mais além. Mais do que desconstruir, disseminar com urgência *e* calma é o que importa.[28]

---

28. O ensaio-conferência que deu origem a este capítulo era datado e assinado: "Rio de Janeiro, abril de 2017/janeiro de 2018". Motivo pelo qual se colocou o seguinte P.S.: "assinar, literalmente, um ensaio pareceria um gesto mimético em relação ao que fez Derrida em 'Signature Événement Contexte', texto de *Marges: de la philosophie* (1972e). E seria, se somente ele tivesse praticado tal ação, mas diversos autores espalharam seus nomes próprios, assinaturas, rubricas, firmas, sinetes, selos, senhas, cifras e outras inscrições onomásticas nos livros que publicaram. O traço germinativo não é privilégio de nenhum pensador, mas a singularidade do estilo resta inimitável".

Capítulo 7
Clarice e as plantas:
a poética e a estética das sensitivas

Não ter nascido bicho parece ser uma de minhas secretas nostalgias. Eles às vezes clamam do longe de muitas gerações e eu não posso responder senão ficando desassossegada. É o chamado.
Clarice Lispector, A descoberta do mundo

O instante é semente viva.
Clarice Lispector, Água viva

CLARICE, OS ANIMAIS E AS PLANTAS

O intertítulo acima alinha três formas de existência na obra de Clarice Lispector: a humana, a animal e a vegetal. Poderia ser acrescentada uma quarta forma: as coisas. Aqui, todavia, me limitarei aos viventes. Ou melhor, interessa sobremodo a relação do humano com os outros viventes, os assim nomeados não humanos na obra da autora, em particular os vegetais. Não se trata de descrever exaustivamente, como faria a crítica tradicional, o modo como as imagens de bichos e plantas comparecem na literatura clariciana, relacionando-os ao universo humano. O importante é, por meio de recortes interpretativos, perceber como essa *ficção* só acontece exatamente por dar corpo ("encarnar", como veremos) às outras formas de vida em sua escrita. Mais do que símbolos, analogias, figuras, alegorias, símiles, imagens e fábulas, há um modo de *pensamento* singular que se articula na reinterpretação dos diversos viventes, os quais compareçem em todos os livros publicados sob essa assinatura. E é dessa maneira justamente que se perfaz o que chamo de *literatura ou escrita pensante* de Clarice Lispector,[1] ou seja, aquela que permite pensar o impensado e até mesmo o impensável nas culturas ocidentais, indo muito além do pensamento humano em sentido corriqueiro: "Estou atrás do que fica *atrás do pensamento*" (2019, p. 30, grifos meus).[2] E o que fica *atrás do pensamento* são as sensações ("é uma sensação atrás do pensamento", AV, p. 57), que não se opõem simplesmente ao raciocínio humano relacionado à linguagem verbal, mas o antecedem, com ele estabelecendo mais de uma relação. Daí a necessidade de desdobrar uma poética e uma estética das sensitivas.

Porém não intentarei propor *uma* poética e *uma* estética das sensitivas acabadas, como se se tratasse de um compêndio de botânica ou então de um volume de história da arte. Diante da ficção *assinada Lispector*, todo saber competente precisa ceder, a fim de que outro modo de investigar e descobrir o mundo se instale e germine. Serei guiado por duas hipóteses interpretativas. Por um lado, é impossível abordar a ficção clariciana somente do ponto de vista de sua produção. Claro que há uma *poética clariciana*, cujas marcas podem ser reconhecidas como funções de estilo, embora se deva advertir que não há como repertoriar o conjunto de tais marcas, pois são por definição inexauríveis e mutantes. Cada crítico que se acerca da obra de algum modo procura fazer esse levantamento estilístico, segundo seus critérios de leitor ou leitora.

O maior risco em relação à textualidade nomeada C.L. seria o de fixá-la numa imagem, ainda que fosse a mais refinada de todas. Esse texto, esse tecido, se elabora por meio de múltiplos enxertos e combinações, fazendo com que o território da escrita seja, por natureza, instável, sedicioso, como descobrirá uma famosa personagem de que falarei adiante. E o território da leitura é, por outro lado, a contraface

---

1. Este capítulo retoma e desenvolve alguns temas do livro *Clarice Lispector: uma literatura pensante* (Nascimento, 2012).
2. Para as outras referências a *Água viva*, no corpo do texto e entre parênteses, utilizarei AV, seguido do número da página.

da poética clariciana, o lugar onde nós leitoras e leitores nos instalamos a fim de passar por uma experiência singular. Sem essa singularidade estética, não há poética que se sustente, perdendo-se numa floresta de signos, sem deixar sinais. Detectar essa *outra estética*, que é sem dúvida uma *estética da outra e do outro*, equivale a expor como, na ficção pensante de Clarice Lispector, uma *erótica da leitura* corresponde a uma erótica da própria vida, envolvendo humanos, animais e plantas numa mesma relação de amor.

Esse seria o movimento mais geral da invenção clariciana: o encontro entre as alteridades humanas e não humanas, que ocorre como verdadeira forma de *acontecimento* ou *crise*, palavra que comparece em "Amor", história que faz parte da coletânea *Laços de família* (Lispector, 1982).[3] Alguns críticos nomearam esse acontecimento como "epifania". Embora a questão do divino sem dúvida faça parte do funcionamento da escrita, prefiro renomear isso como "a descoberta dos outros viventes", que nada mais é do que *a descoberta do mundo* (1984), como está no título da coletânea de crônicas organizada pelo filho Paulo Gurgel Valente.[4] Descoberta não como se entendeu a descoberta do chamado Novo Mundo, que deu origem à violência colonial. Ao contrário, o pensamento que se elabora por meio de Clarice é fortemente *descolonizador*, visando a desnaturalizar as relações entre masculino e feminino, por exemplo; bem como entre humanos, de um lado, plantas, animais e coisas, do outro. É, sobretudo, uma experiência de *arrebatamento*, que se inicia por meio da feitura da obra, sua poética, para atingir e mobilizar os diversos leitores e leitoras, numa realização de sua estética.

Se os grandes intérpretes da obra perceberam e descreveram, cada um em sua perspectiva, a importância do animal, praticamente ninguém se deu conta da igual relevância dos vegetais na ficção clariciana.

---

3. Para as referências a *Laços de família*, no corpo do texto e entre parênteses, utilizarei LF, seguido do número da página.
4. Para as referências a *A descoberta do mundo*, no corpo do texto e entre parênteses, utilizarei DM, seguido do número da página.

É claro que textos como o citado "Amor" e "A imitação da rosa" foram objetos de análise, não se ignorando a força vegetal dessas histórias. No entanto, nenhum discurso, pelo que saiba, apontou integralmente a potência das plantas nessa literatura. Um de meus objetivos é justamente colocar no mesmo patamar por assim dizer existencial todos os viventes humanos e animais, não para reduzi-los a uma homogeneidade anódina, mas para vê-los em sua *rutilante diferença* não opositiva. Não cabe tampouco, num espaço reduzido, analisar e descrever todas as formas de vida que compareçam nas sucessivas publicações da autora, mas sim escolher alguns desses momentos para interpretar como se dá a relação entre os humanos e as espécies viventes, em especial as plantas. Essa opção pelos vegetais, embora comece com os bichos, se deve justamente ao fato de as plantas sempre terem ocupado o segundo plano em termos de crítica literária e de reflexão filosófica. Elas só vieram para o primeiro plano quando consideradas em sua função simbólica (numa perspectiva místico-religiosa, por exemplo) e/ou decorativa (como um elemento de cenário).

Os exemplos abordados funcionarão de forma metonímica, mas não exaustiva. A parte valerá pelo todo, sem esgotá-lo todavia, pois o Todo fechado da Obra completa inexiste. As histórias escolhidas ajudam a expor como se conectam as potências vitais que sustentam o tecido textual. Os animais fornecerão alguns elementos para compreender o universo amplo dos vegetais, e estes, por sua vez, ajudarão a redimensionar toda a questão dos viventes em Clarice e de um modo geral.

DOS ANIMAIS

Não recorrerei ao termo "bestiário" para falar dos bichos de Clarice Lispector. Bestiário é um gênero que remonta às origens das culturas ocidentais, mas também às origens de diversas outras culturas. E, como diz *Água viva*, "gênero não me pega mais" (AV, p. 30). Prefiro utilizar a palavra *fauna*, a qual reúne em si inúmeras espécies que povoam essas páginas: cães, galinhas, cavalos e baratas, entre as mais conhecidas. Mas há também galos, macacos, micos, ratos, esperanças, coelhos, búfalos, panteras, tigres, quatis e outros mais. Escolhi abordar mais de perto duas histórias, uma com rato, outra com macacos, as quais se conectam necessariamente com toda a ficção clariciana.

Em "Perdoando Deus", uma espécie de crônica de *Felicidade clandestina* (Lispector, 1998),[5] publicada originalmente no *Jornal do Brasil*, em 19 de setembro de 1970 (DM, p. 484-487), a narradora e protagonista conta sobre um dia em que passeava por Copacabana, sentindo-se totalmente livre. Esse raro estado de liberdade provinha da contemplação dos prédios, de nesgas do mar, das pessoas em torno. O êxtase do momento é substituído brutalmente por um rato morto em que ela inadvertidamente pisa. A narrativa se sustenta no conflito entre duas forças: o estado de graça em que se encontrava e o estado de pavor em que o roedor a lança, fazendo-a confessar seu "medo desmesurado de ratos" (FC, p. 42). Deflagra-se então a rejeição do próprio Deus, indiciado como culpado por aquele encontro brutal. Como se a divindade quisesse confrontá-la ao pior, depois de tê-la feito experimentar o sublime. Esse contato com o abjeto se assemelha ao ato de comer a barata em *A paixão segundo G. H.*, detendo a força trágica que faz acontecer o inexorável. "E a revolta de súbito me tomou: então não podia eu me entregar desprevenida ao amor?" (FC, p. 42). Todavia, tal como acontece em "O ovo e a galinha", também de *Felicidade clandestina*, e na história intitulada justamente "Amor", de *Laços de família*, a relação com a alteridade que o rato representa se dá por uma reavaliação intensa do significado de *amor*. Esta palavra perde sua conotação romântica para se referir à força que aproxima contrários, sem, no entanto, ocasionar uma identificação plena, mas sim um contato parcial, suficiente para engendrar mudança profunda nas percepções e sensações do indivíduo. Amor que, sem dúvida, representa "O erotismo próprio do que é vivo"

---

5. Para as outras referências a *Felicidade clandestina*, no corpo do texto e entre parênteses, utilizarei FC, seguido do número da página.

e "está espalhado no ar, no mar, nas plantas, em nós, está espalhado na veemência de minha voz, eu te escrevo com minha voz" (AV, p. 51).[6]

No caso de "Perdoando Deus", a narradora é obrigada a descobrir que "o mundo também é rato" (FC, p. 43). E sobretudo ela repensa o significado do amor: "Porque eu fazia do amor um cálculo matemático errado: pensava que, somando as compreensões, eu amava. Não sabia que, somando as incompreensões, é que se ama verdadeiramente. Porque eu, só por ter tido carinho, pensei que amar é fácil" (FC, p. 43-44). Se amar fosse simplesmente somar compreensões, à personagem bastaria reconhecer os viventes e as coisas do mundo para amá-las. O problema é que as coisas e os viventes resistem à fácil compreensão, nunca se deixando compreender nem apreender de todo, mesmo quando geram tal ilusão. As pessoas, as plantas, os animais e os objetos são sempre diferentes do que sentimos, percebemos ou imaginamos, vivendo em mundos à parte, porém interconectados. É essa *alteridade radical* que dá força e forma ao amor, e não a compreensão, a qual tende a domar e a domesticar tudo, pelo poder da soberania de quem supostamente compreende. Somente posso amar o outro ou a outra se puder aceitar sua fundamental diferença, mesmo na maior proximidade. Como diz "O ovo e galinha", "amor é a desilusão do que se pensava que era amor" (FC, p. 55).

Nesse sentido, "Deus" é o nome máximo da alteridade. Em vez de se confundir de forma simplista com o Deus ou os deuses da tradição religiosa e mística (embora isso não seja de todo descartado), a divindade clariciana é signo do Outro incompreensível e, portanto, irredutível ao Mesmo, ao conhecido ou familiar. Qualquer projeção de Deus como feito à imagem do homem falha, porque Deus não é nem superior ao humano (ou seja, a suprema bondade, tal como prega o cristianismo),

---

6. Ficará como semente deste estudo, a germinar num porvir não muito distante, a abordagem de uma erótica clariciana do ponto de vista da vida. Não um erotismo apenas ligado à sexualidade, mas sobretudo como princípio vital da existência, que se encontra até mesmo nas coisas inanimadas. Eros como potência universal, ligando plantas, animais e minerais.

nem a sua identidade negativa (o Deus tirânico do Antigo Testamento): "Enquanto eu imaginar que 'Deus' é bom só porque eu sou ruim, não estarei amando a nada: será apenas o meu modo de me acusar" (FC, p. 45).

Se amar não é um ato narcísico, em que o eu se vê espelhado no outro, o que torna então possível, segundo C. L., o ato de amar? Como posso amar o outro ou a outra em sua mais radical diferença? A resposta se encontra num singelo termo de *A hora da estrela*: o verbo *intertrocar*: "Vejo a nordestina se olhando ao espelho e — um rufar de tambor — no espelho aparece meu rosto cansado e barbudo. *Tanto nós nos intertrocamos*" (Lispector, 1978, p. 28, grifos meus).[7] A intertroca entre o narrador-escritor Rodrigo S. M. e sua personagem Macabéa não é um simples intercâmbio, ou seja, não é dar algo de si à outra e receber algo de volta. Essa seria a troca normal das relações humanas, popularmente chamada de toma-lá-dá-cá. A intertroca é um mecanismo ficcional: é ser ou estar *como* outro ou outra momentaneamente. Quando no espelho aparece o rosto de Rodrigo em vez de Macabéa (e também podemos imaginar o contrário), isso não quer dizer que ela se metamorfoseou integralmente nele.

A metamorfose, se há, é apenas parcial e efêmera. O *devir* ou *tornar-se outro* (para recorrer mais uma vez a Gilles Deleuze) não é nem mera identificação nem transformação absoluta, mas provisória. Seria mais um colocar-se no lugar do outro, assumindo por instantes a persona alheia, sem jamais se converter de fato. É uma experiência da alteridade que somente os momentos mais fortes de uma ficção conseguem encenar, como verdadeiro *ato de fingir*. Como bem ilustra a seguinte micronarrativa encrustada em *Água viva*: "Uma vez olhei bem nos olhos de uma pantera e ela me olhou bem nos meus olhos. *Transmutamo-nos*" (AV, p. 82, grifo meu). Radicalizo essa hipótese: o *como se* que estrutura o ficcional em Clarice, por meio do recurso à sensibilidade e à imaginação, à imaginação sensível, funciona para tornar possível uma

---

7. Para as outras referências a *A hora da estrela*, no corpo do texto e entre parênteses, utilizarei HE, seguido do número da página.

experiência quase impossível: o sentir-se outro, ou melhor, o sentir-se *como* o outro ou a outra se sentiriam em tais ou quais circunstâncias. Um processo efêmero, porém intensivo, de *transmutação*, como no trecho citado. É essa passagem transitória pelo ser-e-estar do outro que a literatura clariciana em diversos momentos teatraliza, dando vez a uma vivência rara, que também é uma forma de liberdade: o outro ou a outra não me aprisionam em seu "ser" ou "estar", mas, ao contrário, me deixam livre para retornar a meu estado, porém *alterado*. Não se sai isento dessas experiências, por isso "amor é a grande desilusão de tudo o mais", como diz "O ovo e a galinha" (FC, p. 55).

Há em *Felicidade clandestina* mais uma história genial que dramatiza bem essa passagem instantânea pela alteridade como forma de amar, "Encarnação involuntária", publicada originalmente em 4 de julho de 1970, no *Jornal do Brasil* (DM, p. 457-459). Logo na abertura, explica-se como funciona o mecanismo de *encarnação*:

> Às vezes, quando vejo uma pessoa que nunca vi, e tenho algum tempo para observá-la, eu me encarno nela e assim dou um grande passo para conhecê-la. E essa intrusão numa pessoa, qualquer que seja ela, nunca termina pela sua própria autoacusação: *ao nela me encarnar, compreendo-lhe os motivos e perdoo. Preciso é prestar atenção para não me encarnar numa vida perigosa e atraente, e que por isso mesmo eu não queira o retorno a mim mesma* (FC, p. 151, grifos meus).

Sublinho, entre outros fatores, o ato de compreensão como motivo de perdão. A narradora passa então a descrever a *encarnação* que sofreu ao ver uma missionária no avião. No princípio, ela resiste, depois inelutavelmente se entrega ao processo com uma espécie de prazer involuntário, porém revestido de ironia. A questão subjacente no episódio seria: como encarnar a pureza da religiosa, quando se é tão impura?...

Encarnação, nesse contexto, é praticamente sinônimo de *intertroca*, ambos os procedimentos são *atos de fingir*, que sustentam a ficção clariciana. Como ficará bem claro ao final de "Encarnação involuntária", os corpos são habitados por "fantasmas". O problema é que essas "casas vazias" corporais não têm uma identidade própria. Cada fantasma lhe dá uma persona diferente. Claro, ao longo da vida humana, imaginamos que somos um único fantasma para cada casa-corpo. Isso para alguns pode até ser verdade, mas não é o caso da narradora que encarna à maravilha o papel de "ficcionista" — em sentido literal, ficcionista é aquela ou aquele que *finge* ser o que não é, colocando-se momentaneamente no lugar do outro ou da outra por meio do texto literário, oral ou escrito. É um *fingidor* nato, como Fernando Pessoa bem definiu o poeta, mas isso serve para qualquer escritor imaginativo.[8] Importa entender que, na origem, não há identidade. Daí o risco de não retornar "a si mesma", por parte dessa protagonista narradora que vive transgredindo limites entre si mesma e os outros ou as outras: "Já sei que só daí a dias conseguirei recomeçar enfim integralmente *a minha própria vida. Que, quem sabe, talvez nunca tenha sido própria, senão no momento de nascer, e o resto tenha sido encarnações*" (FC, p. 152, grifos meus). Na maior parte da existência, encarnamos e desencarnamos papéis, que constituem personas existenciais. No fundo, nada temos de "próprio", pois carecemos de essência metafísica; interagimos uns com os outros por meio de *máscaras* fictícias, bons *fingidores* que somos.

O que há de jocoso nessa curtíssima história é o fato de ela começar falando da encarnação numa santa (a missionária) e no final acabar lembrando do dia em que quis encarnar uma prostituta, sem êxito. O amor da intertroca e da encarnação confunde contrários, sem gerar identidade definitiva. Chamo a atenção para o fato de que as metáforas implicadas em *intertrocar* e em *encanar* não são a mesma, porém os modos como Clarice agencia os dois verbos em sua textualidade são inteiramente convergentes. Quem intertroca lugares acaba encarnando provisoriamente o papel da outra ou do outro.

---

8. Para as questões de *fingimento* poético em Fernando Pessoa, cf. capítulo 3, "Alberto Caeiro/Fernando Pessoa: a irmandade das plantas".

Em *A hora da estrela*, Macabéa diz a Olímpico que ouviu uma palavra muito "esquisita" na Rádio Relógio: *mimetismo*, fazendo involuntariamente uma referência oblíqua a um dos procedimentos ficcionais da escrita clariciana (cf. HE, p. 67). Segundo o *Houaiss*, mimetismo é a capacidade que têm "certas espécies animais, com fins de proteção, de adotarem semelhança de cor e/ou forma com o meio circundante ou com um ser desse meio, ou parte dele, ou com um indivíduo de determinada espécie menos (ou mais) vulnerável". O termo vem do grego *mimētéos*, "imitador", "poeta", "ator". Assim, a narradora-autora-ficcionista Clarice Lispector é uma *mimetizadora* em sentido pleno, capaz de imitar tão perfeitamente o outro ou a outra que acaba por encarná-lo/a, intertrocando os respectivos papéis: eu é outro/a, o/a outro/a sou eu.

MACAQUICES

Publicado na coletânea *Felicidade clandestina*, "Macacos" é mais um daqueles textos de Clarice de difícil classificação. Da crônica, detém o traço de uma narradora que nos transmite uma história com grandes afinidades em relação ao cotidiano da autora empírica Clarice Lispector: uma mãe de família (sem referência ao marido) e seus filhos pequenos. No entanto, ao mesmo tempo nada vincula diretamente a história a uma data e a um local preciso (a não ser o bairro de Copacabana, que é um vasto universo em si mesmo), em que se possa identificar de todo um fato verdadeiramente ocorrido. Pela ausência desses elementos indubitavelmente verazes, que em geral caracterizam a crônica, a narrativa pode ser também lida como resultado da simples imaginação, como num conto. Porém, independentemente de qualquer veracidade ou delírio imaginativo, nesse tipo de história, o dia a dia da autora se mistura com seus viventes ficcionais — sem que fique claro o limite entre vida e literatura, entre crônica e conto. Diria que a obra clariciana ficcionaliza a vida, tanto quanto vivifica a ficção, por força de intertroca e encarnação amorosa. As narrativas formam *híbridos*, indecidíveis entre relatos do cotidiano e pura imaginação, constituindo testemunhos eloquentes de uma existência que se faz obra e de uma obra que reinventa todo o tempo a existência. Daí a noção de conto-crônica, que justifica a migração de muitas dessas histórias da efêmera coluna de jornal para o espaço mais definitivo do livro de contos.

A história desde o título evoca a temática que a sustenta: "Macacos". O título, como refere Jacques Derrida (2003), nunca é anódino. Trata-se de uma inscrição, com efeito, *titular*, fundamental, anunciando em geral o tema (ou um dos temas) capital para o texto que se vai ler. A complexidade desse conto-crônica já está na designação, uma vez que dois dos personagens centrais não são macacos em sentido genérico, mas sim o que no Brasil chamamos de "micos" ou "saguis", pequenos primatas, com cauda longa não preênsil, típicos das Américas Central e do Sul. Já a designação "macaco" se aplica aos primatas em geral, com exceção do homem e dos prossímios (como os lêmures de Madagascar).

O enredo de "Macacos" é muito simples: primeiro a narradora-personagem recebe de presente, perto do Ano-Novo, um mico, que ela logo redimensiona: "Mais parecia um macacão ainda não crescido, suas potencialidades eram tremendas" (FC, p. 95). Em seguida, diante do vigor fora do comum do animal, ela não hesita em chamá-lo de "homem alegre", para então caracterizá-lo como "gorila". Nenhuma dessas designações parece vir ao caso: em se tratando de um mico, ele jamais se tornaria um macacão, menos ainda um homem ou gorila. Desse modo, a escrita estabelece desde o início um contraste entre a saúde vigorosa (e viril) do primeiro símio e a enfermidade do segundo ou da segunda, já que se trata de uma figura feminina, como logo veremos.

O primeiro mico incomoda por seu excesso de saúde, interferindo na rotina da casa e se revelando inapto a viver em família: "A inconsciência feliz e imunda do macacão-pequeno tornava-me responsável pelo seu destino, já que ele próprio não aceitava culpas" (FC, p. 95). Em razão do transtorno que causa, ele é entregue a "meninos de morro". É por parecer um "macacão", "homem" ou "gorila" que não se pode mantê-lo no recinto restrito do lar, habitado por uma mulher e seus filhos pequenos.

Já o segundo mico é uma macaquinha de nome Lisette. Numa época em que o Ibama ainda não tinha proibido a venda de animais silvestres, podia-se comprar bichinhos no campo ou nas ruas de nossas cidades e levar para casa. Foi justamente o que a narradora fez, adquirindo um dos "macaquinhos" que um homem vendia em Copacabana. De tamanho diminuto, e fantasiada de baiana, Lisette era puro encanto. A notar que essa caracterização "exótica" faz com que seja comparada a uma *imigrante*, que de fato ela é, pois foi forçada a migrar da mata para o espaço urbano, vendida como mercadoria. O arredondado dos olhos ressalta esse aspecto *estrangeiro*, mas também é o sinal antecipador do diagnóstico de doença. E seu gênero é contrastado com o do macacão-homem em tamanho reduzido: "Quanto a essa, era mulher em miniatura" (FC, p. 96).

Nessa altura, fica claro que a tensão narrativa é sustentada por dois contrastes principais: por um lado, a diferença entre as espécies — humanos (a família) e não humanos (os miquinhos). Por outro, a diferença de gênero: a narradora e a macaquinha, num grupo, e o mico e os filhos homens, no outro. O universo humano e o animal, bem como as diferenças de gênero, se definem por contrastes opositivos. Nessa história, o binarismo dos gêneros é enfocado, mas não chega a ser questionado como noutras de Clarice; todavia, o binarismo das espécies, sim, é abalado. Há ainda uma terceira oposição, já assinalada, entre saúde e doença, que também compõe o tecido narrativo.

Se o outro mico portava excesso de vigor físico, Lisette traz consigo a enfermidade e a iminência da morte. A narradora logo descobre que a mansidão e a doçura desse segundo animal são índices de debilidade física e acaba por levá-lo ao veterinário. Na clínica, a macaquinha recebe oxigênio, o que a reanima, dando-lhe "uma vontade de falar que ela mal aguentava ser macaca; era, e muito teria a contar" (FC, p. 97). Há nisso um curioso paradoxo: se Lisette dissesse alguma coisa, se tornaria humana, dotada de linguagem verbal; mas, ao mesmo tempo, ela só teria para narrar sua vivência de macaquinha... Porém nada disso se torna possível: a narrativa não é uma fábula, e a miquinha se mantém até o fim em seu papel de bicho não amestrado, sem emitir, portanto, qualquer palavra. É deixada aos cuidados de um enfermeiro, que se tornaria seu proprietário caso fosse salva.

Entretanto, no dia seguinte o grupo familiar recebe por telefone a notícia de que Lisette tinha morrido. A história é concluída com uma declaração do filho mais velho: "Você parece tanto com Lisette!". Ao que a narradora-personagem responde: "Eu também gosto de você" (FC, p. 97). Há nessa cena singela uma espécie de mensagem cifrada, em que humanos e não humanos *intertrocam* papéis: ao assinalar a semelhança (imaginária ou real) da própria mãe com a graciosa macaquinha, o filho expressa de forma velada sua afeição pela figura materna. E esta entende perfeitamente a mensagem, desvelando para as leitoras e os leitores seu conteúdo e declarando a reciprocidade do afeto.

O que está em jogo em "Macacos" são os afetos (negativos e positivos) que os animais despertam nos humanos, bem como o modo como os próprios bichos se deixam ou não afetar por nossas atitudes, inclusive quando tentamos domesticá-los. Nesse duplo diapasão, algo da espécie humana se revela em sua pulsão domadora, tanto quanto algo da animalidade irredutível dos bichos emerge. Dois universos distintos, porém aproximados momentaneamente pela força do *amor*. A despeito da distância abissal que os humanos ergueram entre si e os viventes animais, amá-los verdadeiramente é uma forma de preservar a irredutibilidade deles e não de torná-los nossos semelhantes, "humanizando-os".

Lisette avulta, assim, como uma das duas *protagonistas* da história, no mesmo patamar de sua suposta "dona", pelo fato de questionar os limites das relações humanas com outras espécies e com a sua própria. Mantendo-se fiel a sua espécie símia, ela interroga os limites imponderáveis da nossa, animais humanos que logo somos. Lembro que o *protagonistés* (*prótos*, "primeiro", e *agonistés*, "lutador, atleta") era o guerreiro que combatia na primeira fila, mas já em grego a palavra assumiu o sentido de "papel principal numa peça teatral".

Em 2012, Mayara Guimarães e Luis Maffei organizaram a coletânea *Clarice Lispector: personagens reescritos*, de que participaram Conceição Evaristo, Godofredo de Oliveira Neto, Pedro Eiras e Silviano Santiago, entre outros. Apresentado por Yudith Rosenbaum, o volume tinha como proposta que cada participante reescrevesse a história de um personagem clariciano sob nova perspectiva. Escolhi abordar justamente "Macacos". Com o título invertido de "Humanos" (Nascimento, 2012), procurei deslocar o foco narrativo da mulher para o animalzinho, contando a história do ponto de vista de Lisette, que nos indaga severamente por causa de nossa humanidade muitas vezes desumana.

ROSAS E PITANGAS

Não por acaso, a crítica literária ignorou, em grande medida, o papel fundamental dos vegetais na literatura clariciana. Esse fato não é aleatório, mas estrutural. Como visto em capítulos anteriores, na história das culturas ocidentais, à diferença das culturas ameríndias e africanas, as plantas seriam viventes inferiores em relação aos animais, e sobretudo em relação ao animal humano. Há, portanto, todo um mundo a ser redescoberto via Clarice Lispector, por exemplo, numa travessia ficcional oferecida como *fitoliteratura*. Mais um pequeno conto-crônica de *Felicidade clandestina* — bem como *Água viva* e outros textos de *A descoberta do mundo* — dará uma ideia dessa riqueza temática.

O título da narrativa é "Cem anos de perdão", publicado originalmente em 25 de julho de 1970, no *Jornal do Brasil* (DM, p. 462-464). A história reproduz as lembranças de uma mulher que, quando pequena, criou o hábito de roubar rosas. De maneira similar ao que ocorre noutras histórias com temática infantil (mas escritas para público adulto) de Clarice, como "Os desastres de Sofia", "A legião estrangeira" e "Felicidade clandestina", a vivência da criança é marcada pela sexualidade. De modo que os limites entre vida adulta e vida infantil se veem problematizados. É como se a adulta, revendo sua própria história anos depois, percebesse os gérmens da mulher que ela se tornaria. E o que move a infante tanto quanto sua outra, a mais velha, não é nada menos do que a *paixão*. Esta, como se sabe, é um grau a mais de afeto, por vezes desmesurado. A paixão é sustentada por forças que a psicanálise nomeia como *pulsões*.

A primeira vez que a personagem cometeu um roubo foi ao se deparar com uma linda rosa atrás dos portões de uma mansão em Recife, o que evidencia o aspecto autobiográfico da narrativa: "Bem, mas isolada no seu canteiro estava *uma rosa apenas entreaberta cor-de-rosa-vivo*. Fiquei feito boba, olhando com admiração aquela rosa altaneira *que nem mulher feita ainda não era*. E então aconteceu: do fundo de meu coração, eu queria aquela rosa para mim. Eu queria, ah como eu queria. E não havia jeito de obtê-la" (FC, p. 60, grifos meus).

A descrição do furto é minuciosa, "O plano se formou em mim instantaneamente, *cheio de paixão*" (FC, p. 61, grifos meus). Com a cumplicidade de uma amiguinha, que ficou de vigia, ela entreabriu o portão e penetrou no jardim proibido com o coração batendo de pura excitação. Viu-se então diante do objeto de seu fascínio, qualificado como "perigoso", e quebrou-lhe o talo, arranhando-se nos espinhos e chupando o sangue dos dedos. Depois levou a rosa para casa e a pôs num copo d'água. A descrição da flor é plena de sensualidade, tecendo analogias evidentes com o sexo feminino: *"pétalas grossas e aveludadas, com vários entretons de rosa-chá. No centro dela a cor se concentrava mais e seu coração quase parecia vermelho"* (FC, p. 61-62, grifos meus). Em seguida, ela conta que se tornou uma verdadeira ladra de rosas, mas que também costumava roubar pitangas: "eu esmagava uma pitanga madura demais com *os dedos que ficavam como ensanguentados*" (FC, p. 62, grifos meus).

A relação entre rosa/pitanga/sexo feminino (com uma forte homologia entre a forma-cor da flor e a cor da fruta, a vulva e a vagina, a perda do hímen e a menstruação) é magistralmente resumida na última linha da história: "As pitangas, por exemplo, *são elas mesmas que pedem para ser colhidas, em vez de amadurecer e morrer no galho, virgens*" (FC, p. 62, grifos meus). A equação analógica se expressa tanto no papel da mulher que a menina se tornou quanto no do homem que pôde tê-la sexualmente pela primeira vez, tal como se colhem flores e frutos. A narradora-autora mescla em si mesma todos os papéis, rompendo com o binarismo opositivo entre masculino e feminino, bem como entre menina e adulta, e mostrando como a sexualidade brota já na infância, para mais tarde amadurecer e frutificar, tal como acontece com os vegetais. É a mesma menina que *quebra o talo* da rosa e que *colhe e come* sensualmente as pitangas, situando-se mais além de qualquer barreira sexista, que normativamente opõe a atividade masculina (expressa nos verbos "quebrar" e "colher") e a passividade feminina (objeto normalizado das ações de "quebra" e de "colheita").

A paixão pelas rosas comparece em mais duas histórias curtas. Em "Rosas silvestres", de *A descoberta do mundo*, a declaração de amor é enfática, com o detalhe de que depois de fenecerem é que as florezinhas, recebidas de presente, oferecidas por uma amiga como um *dom*, se revelam mais apaixonantes: "quando estão mortas, mortas — aí então, como uma flor renascida no berço da terra, é que o perfume que se exala delas me embriaga" (DM, p. 142). Disso advém a identificação floral, anunciada para os próprios filhos: "Era assim que eu queria morrer: *perfumando de amor*. Morta e exalando a alma viva" (DM, p. 142, grifos meus). Já "A rosa branca", publicado na mesma coletânea, é um delicado poema em prosa, que torna o objeto do desejo quase inatingível, embora ao alcance da mão: "Alço-me, alço-me em direção de tua superfície que já é perfume" (DM, p. 674). As rosas silvestres aparecem também, de forma fulcral, no conto "A imitação da rosa", que comentarei sucintamente mais adiante.

Com essas narrativas vegetais, evidencia-se a arte de "roubar" flores e frutos ficcionalmente, que Clarice desenvolveu à perfeição, *mimetizando-os* e *encarnando-se* nelas e neles furtivamente; tal como no final de outra história, em que o desejo sustenta o gesto de apanhar a maçã: "Porque eu, meu filho, eu só tenho fome. E esse modo instável de pegar no escuro uma maçã — sem que ela caia" (Lispector, 1998, p. 334).

O fruto máximo do desejo, em nossas culturas judaico-cristãs, o sexo simbolizado pela maçã, gera culpa, pois é considerado pecado. Todavia, parodiando o dito popular, a narradora-menina-mulher se autoatribui cem anos de perdão por não resistir à tentação de roubar rosas e pitangas, afirmando seu apaixonado desejo. Uma ladra de vegetais, sem culpa, se encontra mais além de bem e mal, perdoando-se de antemão.

Um dos textos mais delicados de Clarice é o conto-crônica "Restos do carnaval", de 16 de março de 1968 (DM, p. 105-108; republicado em FC, p. 25-28), em que narra mais um episódio de sua infância. Ela conta que, devido à pobreza de sua família, a única coisa que recebia, durante os três dias de folia momesca em Recife, era um lança-perfume e um saco de confete. Mas houve um carnaval especial, em que a mãe de uma amiguinha sua resolveu fantasiar a filha como uma *rosa*, termo que a narradora sublinha diversas vezes, para enfatizar a relação entre a fantasia, a flor e a menina-mulher.

Como o papel crepom cor-de-rosa utilizado para fazer a vestimenta carnavalesca era abundante, sobrou material para que fosse feito um traje semelhante para a narradora menina. Só que, no momento de desfrutar da festa com o inédito paramento feito de restos, sua mãe, que estava enferma, piorou, e lhe pediram que buscasse um remédio na farmácia. O estado de graça em que a menina-rosa se encontrava se desfez diante da brutalidade da dor: "Fui correndo vestida de *rosa* — mas o rosto ainda nu não tinha a máscara de moça que cobriria minha tão exposta vida infantil —, fui correndo, correndo, perplexa, atônita, entre serpentinas, confetes e gritos de carnaval. A alegria dos outros me espantava." (FC, p. 28). O tornar-se ou devir-*rosa* da garotinha vira na narrativa a sinédoque da mascarada social que encenamos ao longo da existência. Ao se ver frustrada em sua *fantasia* pessoal, ela não dispõe ainda da outra máscara (a persona social) que os adultos portam e que a protegeria do pior.

No entanto, como acontece noutras histórias envolvendo a infância de Clarice personagem, narradora e autora empírica, o componente erótico, já implícito na metáfora da *rosa* (um dos símbolos do sexo feminino), não tarda a se manifestar. Para seu consolo, um garoto mais velho do que ela, "numa mistura de carinho, grossura, brincadeira e sensualidade" (FC, p. 28), cobriu seus cabelos de confete. Ela se converte então na "mulherzinha de oito anos", confirmando-se afinal em sua *rósea fantasia* (ambiguamente carnavalesca e sexual): "eu era, sim, uma rosa" (FC, p. 28); dessa vez o termo floral não está sublinhado, indicando o precoce desabrochar da menina em moça-flor.

É o mesmo tipo de conversão ou *encarnação* da criança em mulher, por um acontecimento súbito e inesperado, que acontece no final do conto-crônica "Felicidade clandestina", no qual se diz: "Não era mais uma menina com um livro: era uma mulher com o seu amante" (FC, p. 12). A própria imagem que utiliza, no início do relato de "Restos do carnaval", para descrever o período momesco na cidade de sua infância remete para a ambiguidade da flor como um dos avatares da sexualidade feminina: "Como se enfim o mundo se abrisse de botão que era em grande rosa escarlate" (FC, p. 25). A palavra "restos" do título remete tanto para o papel que sobrou para fazer a fantasia de *rosa* quanto para os destroços daquela festa para ela a um só tempo feliz e infeliz, destroços que voltam como *resíduos* de memória. O tornar-se ou devir-mulher da menina se faz então por mais uma metáfora bastante física colhida no universo floral.

ANA E O AMOR NO JARDIM BOTÂNICO

Ana, protagonista do conto "Amor", de *Laços de família*, é uma dona de casa típica, como tantas que ainda hoje existem, embora sejam cada vez mais raras (sobretudo nos países ditos ocidentais). Sua vida é cuidar da casa, dos filhos e do marido, eventualmente também de algum bicho de estimação, tal como aparece noutras histórias. Todavia, há um instante da jornada em que esse mundo familiar não depende mais dela, e se torna uma hora perigosa, na qual a personagem cai no vácuo de sua própria existência.

Um belo dia, quando regressa a casa com as compras, Ana vê no ponto do bonde um cego mascando chicles, o que fisga sua atenção. Eis o evento. Em seguida, o veículo dá uma arrancada, suas compras vão ao chão, ela fica desnorteada e acaba por perder o ponto onde deveria saltar (que provavelmente ficava no bairro do Humaitá), indo parar no Jardim Botânico. Lá, obviamente, se encontra todo um universo vegetal. No entanto, as plantas já tinham brotado muito antes em "Amor". Logo no segundo parágrafo, a *vegetação* rebenta, embora ainda de modo organizado, ao contrário do descontrole que se instalará no Jardim Botânico.

> Os filhos de Ana eram bons, uma coisa verdadeira e *sumarenta*. *Cresciam*, tomavam banho, exigiam para si, malcriados, instantes cada vez mais completos. A cozinha era enfim espaçosa, o fogão enguiçado dava estouros. O calor era forte no apartamento que estavam aos poucos pagando. *Mas o vento batendo nas cortinas que ela mesma cortara lembrava-lhe que se quisesse podia parar e enxugar a testa, olhando o calmo horizonte. Como um lavrador. Ela plantara as sementes que tinha na mão, não outras, mas essas apenas. E cresciam* árvores. *Crescia* sua rápida conversa com o cobrador de luz, *crescia* a água enchendo o tanque, *cresciam seus filhos*, *crescia* a mesa com comidas, o marido chegando com os jornais e sorrindo de fome, o canto importuno das empregadas do edifício. Ana dava a tudo, tranquilamente, sua mão pequena e forte, *sua corrente de vida* (LF, p. 17-18, grifos meus).

Seu amor. E é a oscilação entre a *metáfora vegetal* (ou seja, a linguagem figurada que *mimetiza* o mundo real das plantas, como nesse trecho que acabei de citar) e a *descrição vívida* do que seria o próprio reino vegetal (configurando aquilo que os gregos chamavam de écfrase), no Jardim Botânico, por exemplo, que caracteriza a força amorosa da ficção de Ana e de Clarice em geral. É algo da ordem do indecidível: ora parece uma simples metáfora (se é que uma metáfora jamais é "simples", coisa de que duvido a respeito de qualquer tropo), ora parece uma descrição da realidade, embora seja uma realidade por assim dizer ficcional, a qual se relaciona com a realidade dita concreta de forma complexa. Diria, segundo a hipótese de minha leitura, que em Clarice a *linguagem das plantas*, ou seja, a poética e a estética das sensitivas, como interessa cada vez mais abordar, oscila entre *metáfora* e *descrição*, linguagem figurada e sentido próprio, sem decisão possível por um dos polos (e por isso é, com efeito, uma *ficção*, e não um tratado de botânica).

Voltemos a nossa protagonista. O perigo de certa hora da tarde vem justamente do fato de que então "as árvores que plantara riam dela" (LF, p. 18). Noutras palavras, seu próprio universo familiar se afigura autônomo e independente, de certo modo desprezando seu esforço de "lavradora". (Como, aliás, muitas vezes ocorre no final da vida de uma simples dona de casa, quando poucos reconhecem sua dedicação, a grande lavra de toda uma existência.) Apesar disso, segundo a *voz narrativa*, para Ana, sua missão é uma arte, a arte de lavrar o campo, como resume: "a vida podia ser feita pela mão do *homem*" (LF, p. 18). Sublinho o recurso ao masculino, como se lavrar fosse antes de mais nada atividade viril, e só por metáfora fosse adequado relacioná-la às tarefas tradicionalmente realizadas por mulheres. Mas é justamente a força e a fragilidade da tradição subalterna feminil, tão bem corporificada por Ana, o que a narrativa pretende abalar. Logo em seguida à última citação, a metáfora vegetal se consolida. "No fundo, Ana sempre tivera a necessidade de sentir *a raiz firme das coisas*" (LF, p. 18, grifos meus). Lavrar, semear, crescer, enraizar e verbos afins configuram o que, em discurso estruturalista, se chamava de *campo semântico*, no caso, um campo da *lavoura* de Clarice, ainda no âmbito da vegetação que se cultiva.

O vazio é, portanto, o momento da ausência de "lides": o vácuo que ela procura preencher, indo às compras ou levando objetos para conserto. E é justamente nessa hora perigosa que se dá o evento desencadeador da *crise* (termo do conto), com a visão do cego mascando chicles no ponto do bonde. Antes disso, advém mais uma licença poética para consolidar aquilo que ela *"quisera e escolhera"*, fechando seu campo de visão: "Quanto a ela mesma, *fazia obscuramente parte das raízes negras e suaves do mundo. E alimentava anonimamente a vida*" (LF, p. 19, grifos meus).

Há no conto um contraste muito forte entre essa *lavoura arcaica*, bem laborada, e a luxúria um tanto desordenada do Jardim Botânico, que está mais para um inferno sensual (e sensitivo) do que para um éden, como veremos. Trata-se do inferno do desejo, pois em certa mitologia bíblica, inferno e desejo coincidem. Não por acaso, popularmente se diz que ambos "ardem" ou "fazem arder": arder de desejo e arder no inferno são, em certos contextos, expressões sinônimas. Leiamos também uma frase que para mim sintetiza o que outrora se chamava de *"condição feminina"*, uma atmosfera que mesclava subserviência, melancolia, resignação e denodo: "Ana respirou profundamente e uma grande aceitação *deu a seu rosto um ar de mulher*" (LF, p. 19, grifos meus). Como se o tornar-se ou devir-mulher, dentro do código da lavoura patriarcal, só fosse possível por uma aceitação "submissa". (O adjetivo é meu, enxertado no tecido clariciano, a propósito da "crise" por que passa a personagem. *Ler é enxertar, não esqueçamos, leitura é cultivo — escrita é colheita. Não existe verdadeira leitura sem alguma forma de interpretação-enxerto, que vá mais além da análise literal.*)

O disparador do evento ficcional é, portanto, um homem cego parado no ponto, mascando chicles. Talvez a cegueira do homem revele a Ana sua própria cegueira existencial, e o ato mecânico de abrir e fechar a boca reforçaria o automatismo diário que é sua vida. Talvez. Mas parece também que o cego sinaliza e antecipa um universo distinto daquele que ela "quisera e escolhera", o da família e seus laços, suas armadilhas. A cegueira aponta para uma escuridão dita e repetida pela voz narrativa, que vai culminar na sentença, "Mas o mal estava feito" (LF, p. 21), como se fosse o veredicto de uma pena capital. Na hora vazia da tarde, o cego mascando chicles, e em seguida o solavanco do bonde, que leva ao chão as compras salvadoras em relação ao perigo — tudo isso resume o *incidente* que a lançará mais adiante no espaço abissal do Jardim. "O mal estava feito", como os ovos que se partiram, e cujas gemas "amarelas e viscosas" escorriam por entre os fios da rede de compras. *Rede* que significa ao mesmo tempo amparo e prisão, conforto e armadilha, segurança e vacuidade. Agora ela se torna uma mulher desamparada, sem anteparos, sem nada que a socorra, pois seu universo subitamente ruiu. De repente, as coisas antes familiares ganham um aspecto "hostil, perecível". Isso obviamente tem a ver com o forte sentimento de ódio que ela experimenta pelo homem cego, "E quem a visse teria a impressão de uma mulher com ódio" (LF, p. 20). Um ódio semelhante à mulher que contempla o olhar do búfalo no zoo, noutra história animal que encerra essa mesma coletânea dos *Laços de família*: "'Mas isso é amor, é amor de novo', revoltou-se a mulher tentando encontrar-se com o próprio ódio mas era primavera e dois leões se tinham amado" (LF, p. 149).

Cabe a nós, leitores e leitoras, entender de que lado realmente está o *ódio* e, portanto, também o *amor*: no aconchego do lar de onde ela saiu na hora perigosa da tarde ou no tormentoso jardim onde ela vai parar depois de descer completamente perturbada do bonde? De qualquer modo, o mal estava feito, e ela percebia agora as pessoas à beira da escuridão, imersas numa repentina "ausência de lei". Mundo familiar e universo estranho, obscuro, caótico parecem se opor. Mas diria que, diferentemente, a confusão da personagem agora vem de que as duas esferas se mostram entrelaçadas, quase inseparáveis. Como as trevas que reforçam a intensidade da luz, por contraste, ambas levando ao enceguecimento e simultaneamente ao descortínio de outra realidade, antes imperceptível. Como se fosse preciso fechar os olhos, cegar-se momentaneamente, colocar-se no lugar do cego mascador de chicles, para ver e sentir de outra forma, redescobrindo o mundo em intensidade — um tornar-se ou devir-cego a fim de, paradoxalmente, ver melhor. Lembro que, mesmo em casa, ela sentia que, como já citei, "fazia obscuramente parte das raízes negras e suaves do mundo". O risco já existe dentro do lar, só que não é percebido, a não ser justamente na hora vazia, quando não resta tarefa doméstica a fazer. Como não há oposição simples entre o familiar (a casa) e o estranho (o fora de casa, a rua), a inquietude da personagem vem desse *estranho familiar* que se insinua por entre os móveis do lar ou dentro do bonde.

O forno enguiçado que dava estouros indica por antecipação a imbricação de ambas as perspectivas supostamente polares. Senão vejamos: "O que chamava de crise viera afinal", e "Um cego mascando chicles mergulhara o mundo em escura sofreguidão", e assim emergiu a "náusea doce" (LF, p. 22). Ela então perde o ponto e salta do bonde desorientada: "Parecia ter saltado no meio da noite", "a vida que descobrira continuava a pulsar" (LF, p. 23). Até que inadvertidamente atravessa os portões do Jardim Botânico. Quem conhece minimamente a geografia urbana do Rio de Janeiro percebe que a desorientação de Ana é enorme, pois ela deixa de saltar no ponto do Humaitá, atravessa o bairro do Jardim Botânico inteiro e só vai descer do bonde no final deste último, num ponto próximo ou talvez defronte ao Jardim Botânico (não mais apenas o bairro, mas a instituição pública homônima).

Lá dentro, a personagem mergulha num mundo ao mesmo tempo real e muito onírico, que vai se concluir como um pesadelo, quando a lembrança dos filhos a trará de volta a sua apatia cotidiana. Curiosamente, quando ela penetra no Jardim ainda brilha a luz da tarde, mas logo se vê tomada pelas sombras e penumbras. Como se a vivência que experimenta fosse de outra natureza, não coincidente nem com o tempo nem com o espaço habituais. A vida rotineira se encontra suspensa, a partir de um evento banal: ver um cego mastigando numa via pública. Chamaria isso de *experiência do emaranhamento*, lançando-a para o desconhecido. No entanto, aí ela reconhece suas raízes, como uma planta que fora desenraizada do local onde estava arraigada para ser replantada noutro solo, quiçá *enxertada* noutro tronco, onde paradoxalmente se reencontra e se desconhece. Daí que a vivência no Jardim, esse éden às avessas, vai ser multissensorial, fazendo eclodir de vez a poética das sensitivas: uma composição de plantas selvagens e de feras, mundo vegetal e animal, como também mundo mineral, inelutavelmente entrelaçados. Tudo isso a leva a outra percepção da existência, mais radical, encipoada, sumarenta, vertiginosa. O ideal para dar conta dessa écfrase clariciana, dessa *descrição vívida*, é citar todo o trecho no Jardim, que em muitos aspectos lembra a travessia no deserto, por que passa Martim, personagem de A *maçã no escuro*. Eis um longo recorte, a fim de expor aquilo diante do que todo discurso crítico fracassa, por impossibilidade de metalinguagem, razão pela qual não grifarei nada:

> Ao seu redor havia ruídos serenos, cheiro de árvores, pequenas surpresas entre os cipós. Todo o Jardim triturado pelos instantes já mais apressados da tarde. De onde vinha o meio sonho pelo qual estava rodeada? Como por um zunido de abelhas e aves. Tudo era estranho, suave demais, grande demais.
>
> Um movimento leve e íntimo a sobressaltou — voltou-se rápida. Nada parecia se ter movido. Mas na aleia central estava imóvel um poderoso gato. Seus pelos eram macios. Em novo andar silencioso, desapareceu.
>
> Inquieta, olhou em torno. Os ramos se balançavam, as sombras vacilavam no chão. Um pardal ciscava na terra. E de repente, com mal-estar, pareceu-lhe ter caído numa emboscada. Fazia-se no Jardim um trabalho secreto do qual ela começava a se aperceber.
>
> Nas árvores as frutas eram pretas, doces como mel. Havia no chão caroços secos cheios de circunvoluções, como pequenos cérebros apodrecidos. O banco estava manchado de sucos roxos. Com suavidade intensa rumorejavam as águas. No tronco da árvore pregavam-se as luxuosas patas de uma aranha. A crueza do mundo era tranquila. O assassinato era profundo. E a morte não era o que pensávamos.
>
> Ao mesmo tempo que imaginário — era um mundo de se comer com os dentes, um mundo de volumosas dálias e tulipas. Os troncos eram percorridos por parasitas folhudas, o abraço era macio, colado. Como a repulsa que precedesse uma entrega — era fascinante, a mulher tinha nojo, e era fascinante.

As árvores estavam carregadas, o mundo era tão rico que apodrecia. Quando Ana pensou que havia crianças e homens grandes com fome, a náusea subiu-lhe à garganta, como se ela estivesse grávida e abandonada. A moral do Jardim era outra. Agora que o cego a guiara até ele, estremecia nos primeiros passos de um mundo faiscante, sombrio, onde vitórias-régias boiavam monstruosas. As pequenas flores espalhadas na relva não lhe pareciam amarelas ou rosadas, mas cor de mau ouro e escarlates. A decomposição era profunda, perfumada... Mas todas as pesadas coisas, ela via com a cabeça rodeada por um enxame de insetos enviados pela vida mais fina do mundo. A brisa se insinuava entre as flores. Ana mais adivinhava que sentia o seu cheiro adocicado... O Jardim era tão bonito que ela teve medo do Inferno.

Era quase noite agora e tudo parecia cheio, pesado, um esquilo voou na sombra. Sob os pés a terra estava fofa, Ana aspirava-a com delícia. Era fascinante, e ela sentia nojo (LF, p. 23-25).[9]

Não se sai isento dessas experiências. E é exatamente o que acontece com Ana: ao retornar ao lar, onde reencontra marido e filhos, sua existência já não será a mesma. Embora o conto não se estenda sobre esse momento posterior à passagem pelo Jardim Botânico, a visão do cego mascando chicles e a *imersão* no universo botânico trazem inevitavelmente uma fissura em sua vida cotidiana. Ao menos tal é o *efeito* que se depreende com a leitura dessa fascinante história.

São em dois lugares nos quais a natureza se encontra institucionalizada que duas personagens de Clarice passam por experiências de *crise arrebatadora*. O jardim zoológico, no conto "O búfalo", e o jardim botânico, em "Amor". Como se, apesar de estarem aprisionadas, ou por

---

9. Li todo esse trecho do livro numa conferência realizada em 2017 na Academia de Letras da Bahia (em parceria com o Instituto de Letras da Universidade Federal da Bahia) e na Pontifícia Universidade Católica de Valparaíso, Chile, campus de Viña del Mar: "O dom da literatura: traços da écfrase na contemporaneidade" (texto inédito).

isso mesmo, a natureza animal e a vegetal aí concentrassem suas forças a fim de liberar a mulher de sua prisão doméstica, de seu *ódio* habitual, mal disfarçado, pelos homens e por si mesma, desse modo confuso com que se vivencia a *diferença sexual* como "guerra dos sexos", desde a Antiguidade grega, mas também em outros tempos e espaços. Por assim dizer, detrás das grades, animais e plantas provocam o feminino a sair de sua própria e arcaica condição aprisionada, de sua gaiola ancestral, lançando-se como a menina de "Os desastres de Sofia" (FC), no vasto vão do parque. O parque, que é outro mundo da domesticidade, cheio de árvores, gramas e canteiros *podados*, se converte em terreno sedicioso e abissal — por assim dizer perigoso. Como declara a adulta Sofia, narrando sua experiência infantil também de amor e ódio em relação ao professor de escola primária, numa provocação contínua que resultou em corrida sôfrega e desabalada pelo parque: "Eu ainda tinha muito mais corrida dentro de mim, forcei a garganta seca a recuperar o fôlego, e *empurrando com raiva* o tronco da árvore recomecei a correr *em direção ao fim do mundo*" (FC, p. 114, grifos meus).[10] Parques, zoos e jardins botânicos se convertem em zonas de alto risco, onde o pior pode acontecer, uma vez que o mal está feito, qual seja, o abalo do lugar-comum da "rainha do lar".

AS ROSAS NÃO FALAM, RESPLANDECEM

"A imitação da rosa" se conecta perfeitamente a "Amor", como um duplo narrativo dentro da mesma coletânea, *Laços de família*, compondo e decompondo um verdadeiro "álbum de família", junto com as outras narrativas. É igualmente a história de uma dona de casa, sobre a qual se depreende que passou por uma "crise", termo que dessa vez não aparece no plano da enunciação, embora esteja sugerido todo o

---

10. Um ensaio sobre esse conto foi publicado como posfácio a uma tradução argentina da coletânea. Cf. Nascimento, 2011.

tempo. O momento atual é narrado em terceira pessoa e fala acerca da personagem Laura, a qual aguarda o retorno do marido Armando, que se encontra no trabalho, para poderem ir à casa de Carlota e João, um casal de amigos.

A banalidade de um ritual de classe média é, todavia, posta em suspenso por referências inequívocas a perturbações mentais da personagem. Aparentemente, ela tinha passado por uma crise mental, sido internada e depois liberada por um médico. Este lhe recomendara um autêntico *double bind*, ou seja, o dilema entre duas ordens contraditórias: primeira, ela deveria prestar muita atenção e evitar situações que a levassem a nova crise. Tomar um copo de leite entre as refeições, para não deixar o estômago vazio e assim eliminar a ansiedade, a qual desencadearia novamente o mal-estar, é uma prescrição que ela segue à risca. Segunda ordem, ela deveria relaxar e não dar muita atenção às coisas. "'Abandone-se, tente tudo suavemente, não se esforce por conseguir'" (LF, p. 38), lhe recomendou o doutor. Ocorre, assim, uma dupla e contraditória injunção praticamente impossível de atender: ela precisava ficar muito atenta a situações de risco e, ao mesmo tempo, relaxar, evitando um excesso de atenção preocupada. E é esse delicado equilíbrio que Laura precisa buscar para poder continuar levando uma vida normal, "como antigamente" (LF, p. 35), ou seja, antes da crise.

Há inúmeras referências à vida conjugal pré-revolução sexual, informando uma espécie de manual irônico de como a mulher deveria se comportar para ser uma dona de casa perfeita. A cor marrom da roupa e os olhos e cabelos castanhos da protagonista sinalizam uma mediania pela qual sua vida deve sempre se balizar. Ora, toda essa atenção para evitar o vazio (a hora vazia da tarde de Ana) dentro e fora de si, vindo a cair numa nova crise, será atrapalhada pelas *rosas silvestres*, que ela comprara na feira e que, subitamente, resplandecem lindas, perfeitas, a seus olhos antes desatentos. Pressentindo o risco daquele excesso de beleza selvagem, que poderia lançá-la para fora da mediania "saudável", tão difícil de conquistar, ela resolve se desfazer o mais rápido possível das rosas.

A solução encontrada é dá-las à amiga Carlota por antecipação. Pressentindo o grande perigo, em vez de entregá-las pessoalmente na hora do jantar, decide enviá-las por meio da empregada. O problema é que, nesse meio-tempo, a beleza das rosas de algum modo arrebatara sua atenção. Como no caso de Ana, o mal estava feito e se tornara irreversível. O excesso que o médico recomendara que evitasse veio por meio da perfeição das rosas que, de tão belas, pareciam *artificiais*: "Parecem até artificiais! disse em surpresa" (LF, p. 46); o mesmo será declarado em *Água viva* sobre as orquídeas, como logo veremos.

A força dessas pequenas rosas está sem dúvida no fato de serem *silvestres* e não "domésticas", cultivadas em estufa. Como não estavam ainda inteiramente desabrochadas, a cor branca das pétalas continha no centro um rubor circular (contraste entre a alvura das pétalas e o avermelhado que se insinua), índice de um componente sexual. E toda a aflição dilemática de Laura consiste em não conseguir decidir se deve ou não dar as rosas a sua amiga. Chega mesmo a pensar em "roubar" (palavra do conto) uma para si, mas finalmente acaba cedendo e entregando todas as rosas à impaciente Maria, para que as leve à outra (Carlota é uma personagem em tudo contrastante com Laura, a imagem da mulher decidida e, a sua maneira, "moderna"). Sobra então o *vazio* dentro dela, como quando se retira um vaso de uma mesa e se percebe que ao redor havia poeira, numa analogia bem concreta fornecida pelo conto. E esse vazio tende a crescer até a chegada de Armando. Então ocorre o que ela fez tudo para impedir: em vez de se manter em sua mediania de mulher "normal", ela acabou por *imitar* o excesso das rosas, tornando-se "super-humana", quer dizer, fora da ordem dos humanos ditos normais (referência sem dúvida irônica ao *Übermensch* de Nietzsche). Imitar as rosas silvestres significou misturar-se com elas, transmutando-se nelas e *intertrocando* os papéis. O verbo *fingir* aparece em dois momentos da narrativa. E todo o seu esforço era para não se transfigurar na beleza: "Sobretudo nunca se deveria ser a coisa bonita" (LF, p. 51). Ela faz tudo para resistir à "perfeição tentadora" das rosas, porém não consegue deixar de admirá-las, acabando por *encarná-las*, num mimetismo incoercível e por isso fatal: "Olhou-as tão mudas na sua mão. Impessoais na sua extrema beleza. Na sua extrema tranquilidade perfeita de rosas. Aquela última instância: a flor. Aquele último aperfeiçoamento: a luminosa tranquilidade" (LF, p. 52). Assim, o mal estava feito, e só lhe restou entregar-se resignadamente à tentação: "com os lábios secos, procurou um instante *imitar por dentro de si as rosas*" (LF, p. 55, grifos meus). Ao (se) encarnar as ou nas rosas, Laura, "desabrochada e serena" (LF, p. 58), deixou de ser a esposa perfeita, como tão bem ensaiara depois da crise, para atingir a bela perfeição do vivente silvestre, fazendo malograr seu projeto de felicidade familiar. Lembro que o adjetivo "silvestre" se conecta com o "selvagem" no título do primeiro livro de Clarice, ambos remetendo ao campo do não familiar ou infamiliar, do estranho, do não domesticado e não pertencente à casa, nem à família (o *Unheimliche* freudiano).

No entanto, dentro de uma reviravolta interpretativa, que a própria história sugere, esse "descarrilamento" — a metáfora do trem "Que já partira" (LF, p. 58), inelutavelmente, encerra o conto — da personagem feminina não deixa de sinalizar uma saída para as mulheres em relação à "normalidade" patriarcal. Se todo o sofrimento de Laura está na paixão das rosas como tentação e imitação do próprio Cristo, vista de fora e a distância, essa queda no vazio e essa entrada numa "anormalidade" fora dos padrões tradicionais da dona de casa feliz aponta para uma saída da ordem heteronormativa. O que para Laura representou a recaída no mal, para a maioria das mulheres significou a libertação. Afinal, não se descobriu ainda forma mais imediata de se experimentar a liberdade e a emancipação social do que com a "impostura da beleza", impostura ainda nomeada nas culturas ocidentais como "Arte", a qual não se opõe de forma simplista à Natureza. Assinalo que, desde o título, a história estabelece uma intertextualidade com o livro *A imitação de Cristo*, de Thomás de Kempis (2015). O fato de Laura ter estudado no colégio Sacré Cœur reforça o diálogo irônico com o cristianismo, que muitas vezes oscila entre o paródico e o parafrástico. Isso ocorre também noutros textos, como "A legião estrangeira" e *A paixão segundo G. H.*

Não se deve esquecer que "Amor" e "A imitação da rosa" foram escritos nos anos 1950 e publicados na coletânea definitiva *Laços de família*, em 1960. Algumas das melhores histórias da autora são tributárias desse universo pré-revolução feminina, embora sempre numa visada desconstrutora, ou antes, *disseminadora*. Desde aqueles agora longínquos anos 1950 e 1960, as mulheres, e muitos homens também, puseram o mundo patriarcal de ponta-cabeça. Enfatizo, pois, certa impiedade clariciana em relação ao sexismo tradicional, com a divisão clássica dos papéis entre mulher e homem, de esposa e de marido. Desfazer esses laços amargos hoje é uma tarefa de todos os matizes sexuais: masculino, feminino e muito mais além.

Em síntese, jardim zoológico, jardim botânico, parque, e até mesmo um buquê de rosas silvestres, são componentes de domesticação da fauna e da flora, como também, por tabela, do próprio humano, mas que na ficção clariciana, paradoxalmente, despertam sentimentos "primitivos", "selvagens", não estritamente humanos, sendo instrumentalizados para lançar as personagens fora de si mesmas e fazê-las reencarnar e intertrocar seus lugares com as alteridades. Longe da *prisão domiciliar*, que as encarcera cotidianamente. Dissemina-se, desse modo, uma *natureza desnatural* (em parques, jardins, zoos e vasos de flor), nem puramente natural, nem artificial, tal como se definem as orquídeas, que "Já nascem artificiais, já nascem arte" (AV, p. 65). Cito novamente, neste outro contexto, o modo como Derrida in-define a flor, a partir da ficção de Jean Genet: "*A flor não é nada, nunca tem lugar porque jamais é natural, nem artificial*. Ela não tem nenhuma borda sinalizável, nenhum perianto fixo, nenhum ser/estar-cingido" (2014, p. 99, grifos meus). O fato de ser indecidível entre civilização e natureza libera a flor de qualquer ontologia, podendo assumir qualquer forma de *cultura*. As flores são simplesmente desnaturais.

Tudo isso propicia uma experiência da *alteridade radical*, desarraigada, muito além do cosmos doméstico, caindo no abismo do caos exterior refletido no interior, e vice-versa. O "cosmético caótico", de que fala Caetano Veloso. Ao final de "Amor", a pequenina Ana retorna ao lar, mas a experiência vital do Jardim imprimiu de forma indelével sua marca de desconforto e dúvida, seu impulso em direção ao *pensamento*, no sentido que intentarei cada vez mais expor. Já Laura descarrilou de vez, escapando também, a seu modo, da ordem patriarcal, assumindo quiçá de vez a desordem super-humana da saudável loucura...

ÁGUA VIVA E A FLORESTA ESCRITA

É em *Água viva* que os planos humanos, animais e vegetais se misturam inapelavelmente. Essa obra configura *um não livro*, um livro que se assemelha mais a plantas, bichos e coisas sensitivas do que ao objeto-livro tradicional: "Este não é um livro porque não é assim que se escreve" (AV, p. 29). Vale lembrar que esse (não) livro conheceu dois títulos antes de se tornar *Água viva*: "Atrás do pensamento: monólogo com a vida" e "Objeto gritante", que correspondem a textos ainda mais experimentais do que o finalmente publicado (cf. Roncador, 2019; Severino, 1989). Trata-se de um volume transbordante, cheio de múltiplas ramificações, um pouco como a própria forma da *água-viva* dá a perceber. Cheio de filamentos, o corpo da água-viva é feito de 95% de água; deve ser o animal mais aquoso na face da terra; é um cnidário, pertencente à classe dos cifozoários.

Esse não livro não tem propriamente história, transcrevendo apenas as impressões e reflexões de uma artista que escreve, sem que se configure um enredo. É um volume sem dúvida experimental, entre os mais potentes que se escreveram no século XX. Em suas páginas, plenas de devires e mutações parciais, brotam flores e animais de papel. Uma fauna e uma flora exuberantemente verbais, dentro de uma selva selvagemente luxuriante, pois "Todos os seres vivos, que não o homem, são um escândalo de maravilhamento: fomos modelados e sobrou muita matéria-prima — it — e formaram-se então os bichos" (AV, p. 63); e, acrescento, formaram-se também as "plantas, plantas" (AV, p. 33). A diferença floral é expressa desde logo como diferença sexual, mas sem oposição simples, antes como lugares móveis do discurso, muito além das dicotomias tradicionais:

Agora vou falar da dolência das flores para sentir mais a ordem do que existe. Antes te dou com prazer o néctar, suco doce que muitas flores contêm e que os insetos buscam com avidez. Pistilo é órgão feminino da flor que geralmente ocupa o centro e contém o rudimento da semente. Pólen é pó fecundante produzido nos estames e contido nas anteras. Estame é o órgão masculino da flor. É composto por estilete e pela antera na parte inferior contornando o pistilo. Fecundação é a união de dois elementos de geração — masculino e feminino — da qual resulta o fruto fértil (AV, 63-64).

Todo o trecho em que a personagem-narradora-escritora-pintora de *Água viva* explora de forma hipersensível o universo vegetal é um remanejamento estético do texto "De natura florum", publicado em 3 de abril de 1971, *no Jornal do Brasil* (DM, p. 525-528). Nesse éden, reinventado pelo "sexo vegetal", que é o texto ramificado de *Água viva*, *pintam-se* rosas, cravos, girassóis, violetas, sempre-vivas, margaridas, orquídeas, tulipas, flores do trigo, angélicas, jasmins, estrelícias, damas-da-noite, edelvais, gerânios, vitórias-régias, crisântemos, e por fim tajás, "uma planta que fala" (AV, p. 66), da Amazônia. Utilizei propositalmente o verbo "pintar" em vez de "descrever", pois a narradora-autora é de fato pintora, e o aspecto visual das imagens é fortemente explorado no texto. O leitor ou a leitora, "você", "tu" e até mesmo, ironicamente, "vós", é convidado/a explicitamente a "mudar-se para reino novo" (AV, p. 64), onde tudo vem ao modo de quadros: "Quero pintar uma rosa" (AV, p. 64). Será preciso um dia comparar essas duas pintoras: Clarice Lispector, pintora de palavras mas também de tintas e telas nas horas vagas, e a anônima de *Água viva*, que exclama (feito gente), ruge (feito bicho) e farfalha (feito planta), intertrocando as esferas do humano e do não humano.[11]

---

11. Essa relação é abordada, com grande maestria, por Sousa, 2013, p. 101-106. Outros desdobramentos interpretativos podem ainda ser explorados relativamente a esse tema na obra da autora.

A rosa e o cravo, as primeiras flores a serem nomeadas e pintadas, configuram as marcas do feminino e do masculino: "Rosa é a flor feminina que se dá toda e tanto que para ela só resta a alegria de se ter dado"; "Já o cravo tem uma agressividade que vem de certa irritação" (AV, p. 64). Enquanto o girassol suscita a dúvida: "Será o girassol flor feminina ou masculina? Acho que masculina" (AV, p. 64). A mesma indecisão de gênero comparece no "inexplicável da natureza" que o "mistério" da prímula sintetiza: "Aparentemente nada tem de singular. Mas no dia exato em que começa a primavera as folhas morrem e em lugar delas nascem flores fechadas que *têm um perfume feminino e masculino extremamente estonteador*" (AV, p. 69, grifos meus).

Ressalta a leveza da violeta, "Não grita nunca o seu perfume. Violeta diz levezas que não se podem dizer" (AV, p. 65). Seguem-se outras in-definições, que brincam com o nome próprio e comum das flores, num jogo de antonomásias: "A sempre-viva é sempre morta" (AV, p. 65). Já "A formosa orquídea é exquise e antipática. Não é espontânea. Requer redoma", significando o artifício da natureza: "Adoro orquídeas. Já nascem artificiais, já nascem arte" (AV, p. 65). "Uma única tulipa simplesmente não é. Precisa de campo aberto para ser" (AV, p. 65). "Flor dos trigais só dá no meio do trigo" (AV, p. 65). "Mas angélica é perigosa. Tem perfume de capela. Traz êxtase. Lembra a hóstia" (AV, p. 65). "O jasmim é dos namorados. Dá vontade de pôr reticências agora" (AV, p. 65)... "Estrelícia é masculina por excelência. Tem uma agressividade de amor e de sadio orgulho" (AV, p. 65). "Dama-da-noite tem perfume de lua cheia. É fantasmagórica e um pouco assustadora e é para quem ama o perigo" (AV, p. 66). "Estou com preguiça de falar de edelvais. É que se encontra à altura de três mil e quatrocentos metros de altitude. É branca e lanosa. Raramente alcançável: é a aspiração" (AV, p. 66). "Gerânio é flor de canteiro de janela"; cosmopolita, "Encontra-se em S. Paulo, no bairro de Grajaú e na Suíça" (AV, p. 68). "Vitória-régia está no Jardim Botânico do Rio de Janeiro. Enorme e até quase dois metros de diâmetro. Aquáticas, é de se morrer delas. Elas são o amazônico: o dinossauro das flores. Espalham grande tranquilidade. A um tempo majestosas e simples" (AV, p. 66). "O crisântemo é de alegria profunda. Fala através da cor e do despenteado. É flor que descabeladamente controla a própria selvageria" (AV, p. 66). Por fim, a personagem narra a história de um homem chamado João que lhe contou ter uma planta falante, originária da Amazônia, a mencionada tajá; certa noite, chegando em casa, a planta o chamou pelo nome. Eis uma forma inaudita de chamado... vegetal.

Numa crônica de 7 de abril de 1973, ela aborda também o jasmim: "Jasmim é de noite. E me mata lentamente. Luto contra, desisto porque sinto que o perfume é mais forte do que eu, e morro. Quando acordo, sou uma iniciada" (DM, p. 733). No conto "Mistério em São Cristóvão", de *Laços de família*, é a vez de os jacintos perfumarem uma residência familiar "numa noite fresca de maio" (LF, p. 131), dando gancho para que três jovens mascarados para uma festa resolvessem colhê-los. O acontecimento da história consiste em que a garota da família os vê e por eles é vista através da janela. O perfume dos jacintos no jardim fornece a "trilha odorante" para o encontro inusitado e assustador das quatro "máscaras": a dos rapazes e o rosto infantil convertido em persona. Os jovens saem correndo, assustados por terem sido flagrados no momento em que um deles quebrava o talo de um jacinto (ato-símbolo evidente de um desvirginamento); a menina fica em estado de choque e é acudida pelos familiares.

Essas foram algumas pinceladas da *natureza floral* que se pinta como paisagem a um só tempo natural e artificial em *Água viva*, como um suplemento interpretativo de *Laços de família*. Trata-se de quase paródia de um manual de botânica. Na verdade, é uma *anthologia* clariciana. Como visto, *anthologia* era a "ação de colher flores, coleção de trechos literários". Uma antologia poética como essa de *Água viva*, que acabei de coligir, é um buquê de poemas em prosa. Tudo é uma questão de colher e recolher: flores e textos, textos que se oferecem como um ramalhete de flores. *Água viva* afigura erupções florais, espargindo cores, aromas e texturas para todos os lados, num corpo a corpo com a natureza que se faz cultura, e vice-versa. Essa suspensão provisória dos limites entre universo natural e cultural é o efeito mais poderoso da poética e da estética das sensitivas, ofertando-se como um buquê de sensações.

Se a linguagem verbal é um dos traços fundamentais que nos constitui como espécie, dentro da tradição logocêntrica ocidental (como explica e dissemina Derrida), a literatura pensante de Clarice propõe outras formas de comunicação mais além da humana. Há um *comungar* com bichos, vegetais e coisas, remetendo ao sentido etimológico do *comunicar*, que é o "pôr em comum, partilhar, [compartilhar,] dividir, ter relações com", para viver junto. O conviver que interessa e apaixona enquanto um *viver-em-relação* com o que *há* (*il y a*, *es gibt*). Tal é a verdadeira força da *cultura*, em seu mais refinado sentido: viabilizar ao máximo a convivência e a solidariedade das espécies, em vez de fomentar o conflito destrutivo. Em português, como noutras línguas neolatinas, a palavra *cultura* remete a duas ordens distintas, porém complementares. Em um de seus sentidos correntes, o termo se refere ao cultivar a terra, ao lavrar; noutro de seus semas, liga-se às produções da chamada civilização. Em ambas as significações subjaz a ideia do *cuidado de si e do outro*, de si como outro, do outro como intimamente vinculado a si mesmo, de forma quase indeslindável, por causa da força do *amor*. E, como visto, a ficção clariciana enlaça o tempo todo as duas ordens (ou desordens) culturais.

É nessa perspectiva que, noutra de suas crônicas, publicada no *Jornal do Brasil*, em 11 de maio de 1968 (DM, p. 134-137), quer dizer, o mês histórico de grandes revoluções no mundo, Clarice declara seu amor desmesurado pelos outros. No segundo fragmento publicado nessa data, intitulado "As três experiências", ela começa falando das três coisas para as quais nasceu, suas três vocações ou "chamados", nesta ordem: amar os outros, escrever e criar os filhos. É curioso que, embora ela não estabeleça hierarquia, de fato é o "amor dos outros" que ocupa mais espaço na reflexão; certamente porque "amor" é o termo mais abrangente, que engloba o escrever e o criar os filhos. O primeiro fragmento da mesma crônica se chama "Declaração de amor", e se refere na verdade a seu quarto amor: o da língua portuguesa, que, para ela, ainda não foi suficientemente trabalhada e por isso demanda um esforço especial das escritoras e dos escritores. Eis o que ela diz em "As três experiências": "O 'amar os outros' é tão vasto que inclui até perdão para mim mesma, com o que sobra. [...] Amar os outros é a única salvação individual que conheço: *ninguém estará perdido se der amor e às vezes receber amor em troca*" (DM, p. 135, grifos meus).

Como ela mesma explica, as duas outras tarefas (chamemos assim) são exauríveis: um dia os filhos crescem e seguem seu próprio caminho, sem depender mais da mãe; a verdadeira herança é o nome a ser legado para a prole, como no caso dela realmente aconteceu: "e para eles no futuro eu preparo meu nome dia a dia" (DM, p. 136). Já a escrita pode também vir a se esgotar, por perda do vigor ou por não haver nada mais a dizer. Já o amor dos outros é inesgotável:

> Sempre me restará amar. [...] Em escrever eu não tenho nenhuma garantia.
> Ao passo que amar eu posso até a hora de morrer. *Amar não acaba. É como se o mundo estivesse à minha espera. E eu vou ao encontro do que me espera* (DM, p. 136, grifos meus).

Não por acaso, esse fragmento termina com uma especulação em torno do desejo de reencarnação, num sentido ficcional bem próximo do que referi anteriormente: "Se é verdade que existe uma reencarnação, a vida que levo agora não é propriamente minha: uma alma me foi dada ao corpo. Eu quero renascer sempre" (DM, p. 137). Sonha até com a possibilidade de, na próxima encarnação, ler os livros por ela mesma escritos...

Embora a vida e os viventes sejam um tema fundamental da obra clariciana, não há um vitalismo fantasioso, na medida em que qualquer idealização da vida é pontuada e limitada por algo bem diverso: *a morte*. Esta é vista como um verdadeiro *gran finale* para o teatro da existência (ademais, esse é um dos *Leitmotiven* de A hora da estrela): "*morrer *vai ser o final de alguma coisa fulgurante: morrer será um dos atos mais importantes da minha vida*" (DM, p. 136, grifos meus). E ela conclui, marcando como a vida em sua ficção jamais compareceu em estado puro, pois nunca ignorou seu contraponto: "*Quero morrer dando ênfase à vida e à morte*" (DM, p. 136, grifos meus). Grifei toda a frase para redobrar sua ênfase, sinalizando um pensamento ficcional dos viventes indissociável do inanimado. O orgânico e o inorgânico não se opõem de forma simplista no pensamento em ação da obra clariciana; são articulados de forma enfática em sua íntima relação. Em dois fragmentos de uma crônica publicada em 22 de maio de 1971, essas duas potências são dispostas sucessivamente. No primeiro fragmento, a cronista alinha uma série de mortes mais ou menos recentes, entre elas a do grande Guimarães Rosa, ocorrida em 1967; e conclui com a frase que dá título à evocação: "Desculpem, mas se morre". Logo em seguida, o outro fragmento faz um contraponto explícito já no título, "Mas há vida". E não há dúvida quanto à aposta existencial e literária: "Mas há a vida que é para ser intensamente vivida, há o amor. Há o amor. Que tem que ser vivido até a última gota. Sem nenhum medo. Não mata" (DM, p. 539). Amor não mata, ao contrário, vivifica, tal como a convivência com vegetais e bichos — essa é a potência do comungar e do viver-com e do ser/estar-em-relação. Amor *vegeta*, no sentido mais positivo do verbo. Mas não se deve esquecer que o poder mortífero atua subliminarmente em meio ao teatro da vida.

A escrita, a um só tempo, delirante e lúcida — bem próxima do selvagem coração da vida — do não livro *Água viva* se revela uma floresta de signos e sinais, ou uma *floresta escrita*, levando a convergir num mesmo espaço letras, folhas, raízes e seivas. Isso se relaciona ao que nomeei como a poética e a estética das sensitivas: "Entro lentamente na escrita como já entrei na pintura. É um mundo emaranhado de cipós, sílabas, madressilvas, cores e palavras" (AV, p. 31). Um mundo hipersensorial, no qual pululam inúmeras formas de vida, sobretudo a das "Plantas, plantas" (AV, p. 33). Num lampejo, se esclarece a dificuldade de entender esse mundo novo, que de pronto se subtrai à própria linguagem verbal: "estou entrando sorrateiramente em contato com uma realidade nova para mim que ainda não tem pensamentos correspondentes e muito menos ainda alguma palavra que a signifique: *é uma sensação atrás do pensamento*" (AV, p. 57, grifos meus). Esse atrás do pensamento é nomeado em *Um sopro de vida* como *pré-pensamento*: "O pré-pensamento é o pré-instante. O pré-pensamento é o passado imediato do instante. Pensar é a concretização, materialização do que se pré-pensou. Na verdade o pré-pensar é o que nos guia, pois está intimamente ligado à minha muda inconsciência. O pré-pensar não é racional. É quase virgem" (Lispector, 1978, p. 17).[12]

É nessa *experiência do emaranhamento* que o corpo feminino da pintora-escritora e a vegetação formam um híbrido, "e para me enfeitar nascem entre os meus cabelos folhas e ramagens" (AV, p. 38). A *performance* da *obra*, esse trabalho ficcional que se oferece como um teatro verbal e corporal, se faz por meio da hibridação com os outros viventes, em particular as normalmente subestimadas plantas. Daí que nesse "âmago" advém "a estranha impressão de que não pertenço ao gênero humano" (AV, p. 42), fazendo-se diversas vezes o registro da encarnação, da transmutação ou da intertroca com o reino vegetal: "Sou uma árvore que arde com duro prazer" (AV, p. 50) e "Meu impulso se liga ao das raízes das árvores" (AV, p. 53). Finalmente, para não esquecer, como já testemunhava *A cidade sitiada*, é também no escuro e em segredo que as plantas vicejam: "Na fria escuridão entrelaçavam-se gerânios, alcachofras, girassóis, melancias, zínias duras, ananases, rosas" (Lispector, 1982, p. 81).

Água viva encena a saga selvática de uma frondosa *mulher-árvore*, toda dispersa em raízes, tronco, galhos, folhas, flores e inúmeros frutos.

---

12. Para as referências a *Um sopro de vida*, no corpo do texto e entre parênteses, utilizarei SV, seguido do número da página.

A ESTÉTICA DAS SENSITIVAS E A LEITURA PENSANTE

A ficção clariciana emaranha então plasticamente tudo: bichos, plantas, humanos e coisas, numa corrente vital em que se mesclam amor e ódio como forças primitivas, mas também civilizadas, todas muito *cultas*. Como visto, cultura remete a plantio e, ao mesmo tempo, a civilização. Abre-se, com isso, o campo minado dos afetos no selvagem coração da vida — da "vida oblíqua". Tal é o impensado ou o impensável das culturas ocidentais que a ficção de Clarice permite pensar: subjacente a esta nossa existência demasiado linear e hierarquizada, cheia de cercas, muros e grades (como no Rio de Janeiro e em várias cidades e campos planeta afora), há outros mundos e vidas, pulsando descontroladas, convidando ao vício, ao gozo e à alegria de viver. Sem álibi.

E por que então sensitiva(s)? Esse é um dos nomes que recebe aquela planta que se encolhe quando tem suas folhas tocadas pelo vento, por mão humana ou por outros animais. Um de seus nomes científicos é justamente *Mimosa pudica*,[13] cuja designação popular é *dormideira*, a qual comparece no conto "A legião estrangeira", no momento preciso em que a menina Ofélia inicia uma experiência de desejo, ou melhor, de voluptuosa cobiça, relacionada à enigmática alteridade que é um pequeno pinto na cozinha da narradora: "Do instante em que involuntariamente sua boca estremecendo quase pensara 'eu também quero', desse instante *a escuridão se adensara no fundo dos olhos num desejo retrátil que, se tocassem, mais se fecharia como folha de dormideira*. E que recuava *diante do impossível*, o impossível que se aproximara e, *em tentação*, fora quase dela: o escuro dos olhos vacilou como um ouro" (FC, p 73, grifos meus).

Gostaria então de aproveitar essa referência, que está em Clarice, sublinhando a etimologia da palavra *mimosa*, a qual, como visto, se refere ao fato de ela se encolher quando tocada, *mimetizando* um bi-

---

13. Sobre a mimosa, cf. o subcapítulo "A memória vegetal" do capítulo 3, "Vidas precárias", neste volume.

cho. Percebe-se, mais uma vez, como esses dois viventes se encontram entrelaçados, *as plantas e os bichos*, ambos os grupos se relacionando de forma complexa conosco, os humanos. E o teatro sutil dessas relações sustenta grande parte das ficções *assinadas Lispector*. Não se deve esquecer, contudo, o reino das coisas, o inorgânico, que também faz parte dessa performance textual, em particular no livro publicado postumamente, sob a organização de Olga Borelli, *Um sopro de vida*, cuja protagonista Ângela Pralini planeja escrever um livro intitulado *História das coisas* (SV, p. 98-124).[14]

Estética e sensitivas — enfatizando o dado feminino das duas palavras, sem contudo fetichizá-lo — são dois termos de que me sirvo como instrumento para tratar das *folhas* em que os textos claricianos se escrevem, enviando *estranhas* mensagens, numa espécie de *código secreto das árvores*. A palavra *poética* se distingue da *estética* pelo fato de sinalizarem campos distintos porém convergentes de atuação. O primeiro, a poética, diz respeito ao *fazer* do escritor ou da escritora, do ou da artista. Em grego, a *poíēsis* era a "criação; fabricação, confecção; obra poética, poema, poesia", e o *poiētḗs*, "autor, criador; compositor de versos, poeta"; o verbo *poiein* significava "fazer, criar, produzir, fabricar, executar, confeccionar; agir; compor um poema". Desse modo, o poeta e o artista eram, antes de mais nada, *fazedores*, fabricantes. Eles atuavam confeccionando algo; no caso, poemas ou histórias. Essa era a sua atuação, a sua performance, que correspondia à "metade da arte".

Ora, no século XVIII, surge um novo termo, forjado a partir do grego, que corresponde à outra metade da arte, a contraparte da fabricação poética: a *estética*. Esta se encontra relacionada ao termo grego *aisthētós*, que é por sua vez um cognato de *aísthēsis*, "percepção pelos sentidos", equivalente às nossas sensibilidade e sensorialidade modernas. Embora em sua origem o vocábulo *estética* esteja mais ligado à

---

14. Em meu livro clariciano, desenvolvo uma reflexão sobre "As coisas segundo Clarice", a qual pretendo retomar e ampliar num estudo por vir (cf. Nascimento, 2012, p. 52-78).

beleza e a sua racionalização metafísica por Baumgarten, Kant e Hegel, hoje é possível resgatar o sentido grego da *aísthēsis* como um fenômeno ligado à *sensorialidade*. E, como desenvolvi noutro ensaio, o elemento sensorial estaria ligado não apenas aos cinco órgãos de sentido, mas também a um "sexto sentido": o que chamamos de intelecto, que elabora *significação* (cf. Nascimento, 2021f).

Nesse sentido, *poética e estética* não se opõem, representando antes a face e a contraface do movimento inventivo, seja ele ficcional em sentido estrito, ou artístico em sentido amplo. A não oposição reside em que o poeta-ficcionista é antes de tudo um esteta-receptor, ou seja, um leitor; em contrapartida, todo leitor é potencialmente um poeta-artista, ou seja, um fazedor (cf. Nascimento, 2021e). No caso da literatura de Clarice Lispector, isso é tanto mais relevante porque o leitor ou a leitora é convidado/a a participar da obra em se fazendo. Porque uma *obra* é, por definição etimológica, um *trabalho*, e no caso de *Água viva* e de outros textos claricianos, uma obra em andamento, um verdadeiro *work in progress*.[15] A verdadeira obra está sempre inacabada, pois somente se completará com a ação do leitor ou da leitora como participantes ativos do processo escritural. Motivo pelo qual a uma *poética das sensitivas* como os textos claricianos se apresentam é indispensável corresponder uma *estética das sensitivas*. Se *Água viva*, bem como *Perto do coração selvagem* e *Um sopro de vida*, entre outros, é um (não) livro hipersensorial, que faz conectar as plantas, os animais e as coisas ao humano, o vivo ao não vivo, tal ação de intertroca e de encarnação só se efetiva se de algum modo quem recebe seja capaz também de se sensibilizar.

A partir de tudo o que vim dizendo, pode-se depreender que é indispensável que *o amor dos outros* investido na poética sensorial seja transferido para quem lê. Noutras palavras, à erótica da produção textual deve corresponder uma erótica da recepção, qual seja, um *erotismo*

---

15. Para um redimensionamento da noção de obra (literária e/ou artística), cf. Nascimento, 2017.

da estética. Esse é o tema do belíssimo e já referido "Felicidade clandestina", que se encontra no livro homônimo, sinalizando a força motriz da escrita clariciana em geral. É preciso tocar e erotizar os leitores e as leitoras para que a experiência sensorial via ficção se dê por meio de um vivenciar essa pletora de sensações como parte da vida em suas relações fronteiriças com a morte.

"Felicidade clandestina" foi publicado primeiramente como o título de "Tortura e glória", em 2 de setembro, no *Jornal do Brasil* (DM, p. 16-19), e retomado no livro homônimo. A história é bastante singela e tocante: uma garota torturava a outra (a narradora protagonista) na escola, prometendo retirar da livraria de seu pai e lhe emprestar *As reinações de Narizinho*, de Monteiro Lobato, sem nunca chegar a fazê-lo. Até que um dia a mãe da "torturadora" descobriu o jogo sádico e cedeu o livro à outra menina pelo tempo que quisesse, o que equivalia a um gozo sem limites: "Entendem? [Ela se dirige a seus possíveis leitores do jornal e agora do livro.] Valia mais do que me dar o livro: 'pelo tempo que eu quisesse'. *É tudo que uma pessoa, grande ou pequena, pode ter a ousadia de querer*" (FC, p. 11, grifos meus).

Os últimos parágrafos da narrativa são a descrição de um puro êxtase. O corpo da garota feliz se sente inteiramente seduzido por aquele obscuro objeto do desejo: "*Sei que segurava o livro grosso com as duas mãos, comprimindo-o contra o peito*. Quanto tempo levei até chegar em casa, também pouco importa. *Meu peito estava quente, meu coração pensativo*" (FC, p. 12, grifos meus). Uma erótica da leitura equivale plenamente a uma *felicidade clandestina*: aquela que se desfruta com o prazer do texto, ao ter um livro no colo, dentro de uma rede-útero, com o corpo inteiramente erotizado. Como bem conclui mais essa história extraordinária sobre a infância passada em Recife: "Às vezes sentava-me na rede, balançando-me com o livro aberto no colo, sem tocá-lo, em êxtase puríssimo.// *Não era mais uma menina com um livro: era uma mulher com o seu amante*" (FC, p. 12, grifos meus). Qualquer pessoa, grande ou pequena, que tenha tido essa experiência compreende a felicidade extática da personagem narradora, sendo, portanto, capaz de vivenciá-la esteticamente como sua e quiçá transformá-la num novo ato de invenção, numa nova poética.

O circuito nunca se fecha, pois, ao buscar erotizar suas leitoras e seus leitores, a ficção clariciana propõe uma experiência que vai muito além de uma leitura de consumo, aquela que lê e interpreta o conteúdo de um livro, descartando-o em seguida. Com *Água viva*, *A hora da estrela* e *A paixão segundo G. H.*, entre outros textos seminais, esse descarte é impossível: ou se é capaz de reexperimentar a vivência alocada na obra, a fim de que sua performance sensorial se realize, ou então a leitura não surte o efeito mais ambicioso. E tal efeito só pode consistir na experiência de intertroca e de encarnação que a ficção propõe. Não se trata do clássico mecanismo de identificação catártica consignado na *Poética* de Aristóteles. Nesse antigo tratado grego, à comoção por horror e piedade deveria seguir-se o expurgo das emoções. Em Clarice, a questão é de um sentir-com, mínimo que seja, sentir-com a proposta textual, a fim de levá-la à sua execução máxima, que é o amor dos outros enquanto outros. Sem esse amor desmedido e inesgotável, a literatura permanece letra morta, incapaz de sensibilizar quem quer que seja; "Mas sei de uma coisa: meu caminho não sou eu, é outro, é os outros. *Quando eu puder sentir plenamente o outro estarei salva e pensarei*: eis o meu porto de chegada" (DM, p. 166, grifos meus). Sentir o outro é amá-lo, podendo tocá-lo com as palavras, por exemplo, para que esse outro amorosamente também se sensibilize em resposta. Num curtíssimo fragmento de *Para não esquecer*, "A experiência maior", o "eu" se torna um resultado *oblíquo* (adjetivo caro a *Água viva*) da experiência de ser os outros: "Eu antes tinha querido ser os outros para conhecer o que não era eu. Entendi então que eu já tinha sido os outros e isso era fácil. Minha experiência maior seria ser o outro dos outros: e o outro dos outros era eu" (Lispector, 1999, p. 23).

Todavia, é claro, o efeito amoroso e erótico jamais está garantido de antemão. Não existe programa ou cálculo que assegure sua concretização. É possível imaginar quantas leitoras e leitores desistiram da obra clariciana, sem conseguir avançar muito. Porque a proposta é radical, ou se aceita o jogo, ou fica-se alheio e a experiência textual se perde sem apelo. Provavelmente isso é válido para qualquer texto literário ou para qualquer obra artística, porém numa autora como Clarice a exigência é decisiva, sem meios-termos nem concessões gratuitas.

Pois se trata de uma experiência de *arrebatamento*, viabilizada pelo acontecimento de intertroca e de encarnação, que leva à transmutação momentânea do eu no outro, e da qual se retorna necessariamente alterada/o. De modo que *pensante* é a escrita ou a ficção que possibilita pensar o impensado e o impensável, bem como sentir o que normalmente não se sente, por meio da totalidade do corpo, e não somente através do olhar e da racionalidade intelectiva. Tal como ocorre com a *sensitiva* Joana de *Perto do coração selvagem*, e sobretudo com a pintora-escritora de *Água viva* em sua hibridização com plantas e bichos.

Aqui procurei mimetizar, tanto quanto possível, essa floresta de signos, sinais e rastros, a qual exige dos e das leitoras que sejam de fato *intérpretes*, no sentido teatral e musical, reinventando o texto ou a partitura da obra a cada experiência de leitura como forma de pensamento. *Uma literatura pensante exige uma leitura igualmente pensante*. Noutras palavras, intentei imitar a imitação da mimosa-pintora-escritora, comportando-me como uma planta que imita um animal. Uma *plantanimal*, o neologismo é meu. A planta ledora — o animal ledor: masculino, feminino, neutro, não binário e mais além. "A imitação é mais requintada que a autenticidade em estado bruto" (SV, p. 30). Assinalo que o adjetivo pensante já comparece num dos títulos infantis mais famosos de Clarice, o *Mistério do coelho pensante* (Lispector, 2010). Há também o mistério da *planta falante*, tajá, que já referi. Tanto o coelho pensante quanto a planta falante são demasiado "humanos", sem, todavia, se reduzirem ao antropomorfismo das fábulas, que em geral têm um propósito moralizante.

O leitor e a leitora se tornam então uma planta e animal humano nas fronteiras do inumano, do não humano e do familiarmente estranho. *Infamiliar* foi uma das traduções que propus para o termo freudiano *unheimlich* (cf. Nascimento, 2012). "O crime do professor de matemática" é a história de um professor de matemática que, arrependido por ter abandonado seu cão ao mudar de cidade, resolve enterrar o corpo de outro que achou morto. Nessa narrativa, o termo *infamiliar*, numa conotação bem próxima ao uso freudiano, comparece duas vezes (LF, p. 139 e 147).

Pensar com Clarice, em síntese, não se resume à atividade racional de refletir. Como diz o autor-narrador de *Um sopro de vida*, a propósito de sua personagem: "A sensação é a alma do mundo. A inteligência é uma sensação? Em Ângela é" (SV, p. 30). *Inteligência e sensação* ou *sensações* se acoplam numa relação de tudo o que vive com as alteridades, dentro de um processo de comunicação contínuo, que é essencialmente um ato de amor. É nesse sentido que se pode categoricamente afirmar que, tal como os animais, as plantas não somente sentem, mas também pensam.[16] Com seus próprios instrumentos e intuições, elas estabelecem estratégias de colaboração e algumas vezes de conflitos com outros viventes, de sua mesma ou de outras espécies. E a ficção clariciana reconfigura com seus próprios recursos esse pensar-sentir vegetal. Toda a narrativa de "Amor", por exemplo, é para transmutar a significação do "vegetar" automatizado de Ana para um sentido efetivamente sensitivo, ou seja, um *vegetar* por assim dizer vívido, intenso, como o de uma verdadeira planta.

Uma das narrativas curtas mais densas e belas de Clarice encontra-se numa crônica de 6 de maio de 1972. Desde o título, há referência a algo de estranhamente familiar (*Unheimliche*), "Flor mal-assombrada e viva demais". A experiência é toda narrada por frases separadas por travessões, como se fosse uma fala entrecortada por uma emoção excessiva. Conta-se como certa noite uma flor brilhou na escuridão, como um sorriso. O fascínio vem dessa beleza "clara" (adjetivo inserido no nome da autora e citado no texto), iluminando as trevas da sala de estar, ou seja, um espaço em princípio familiar: "— era como se eu nunca tivesse visto uma flor — era alguma coisa perfeita e cheia da graça que

---

16. Cf. capítulo 1, "A questão vegetal", e 2, "Vidas precárias", neste volume.

parece sobre-humana mas é vida" (DM, P. 656). Aquele centro iluminado estava tão vivo que parecia mover-se e deslocar-se, vibrando como se uma abelha a sobrevoasse rondando. E a voz narrativa acaba por se identificar à abelha, arrebatada por aquela sedução floral, que tanto mais alicia por iluminar as trevas, sem todavia deixar de ter um perfume de morte. Finalmente, revela-se que a flor temerária era uma rosa, mais uma na série vegetal clariciana. A narrativa se conclui lindamente com um *chamado vegetal*, como se a verdadeira vocação da escritora fosse tornar-se bicho ou planta, tal como está inscrito na epígrafe deste capítulo. Eis o apelo sedutor: "— e as flores e as abelhas já me chamam — o pior é que não sei como não ir — o apelo é para que eu vá — e na verdade profundamente eu quero ir — é o encontro meu com meu destino esse encontro temerário com a flor" (DM, p. 657). A destinação é completamente ambígua, e daí ela confessar ter medo, como já experimentara com delicadas violetas: se a rosa evoca acima de tudo a vida, no apelo vegetal se insinua a morte ("tinha cheiro de flor de cemitério", diz literalmente o texto). Quem sabe a *vocação definitiva* não seja mesmo esta: amorosamente morrer para reencarnar numa flor — tal como o Narciso mitológico que renasceu na flor que, por antonomásia, porta seu nome. Há que se refletir sobre o "narcisismo de vida", talvez mais potente do que o "narcisismo de morte", na ficção clariciana. Ou melhor, os dois narcisismos se suplementam, para engendrar essa tessitura floral, vital e mortal, indecidivelmente.

Todas essas histórias animais e sobretudo vegetais que expus carregam consigo a paixão da escrita segundo C. L. Uma paixão que se transfere para as leitoras e leitores no momento em que, movidos por *outra* sensibilidade, abrem esses formidáveis volumes, dando-lhes nova vida. A literatura pensante de Clarice nos faz redimensionar a relação entre nós humanos e esses outros tão estranhos quanto muito familiares: os bichos e os vegetais. Tal literatura só adquire sua real dimensão ao encontrar intérpretes igualmente pensantes, capazes de sentir o que normalmente não se sente nem se entende. O pensamento é também uma forma de sensação, não se reduzindo ao intelecto, que igualmente o engendra. Esse é o grande legado estético, político e ético da ficção clariciana, que nos últimos anos foi de fato descoberta pelo mundo, com traduções e retraduções para diversos idiomas.

    É assim que Clarice Lispector avulta como autêntica *pensadora da cultura*, em suas relações intrincadas com a natureza, abrindo um campo de sensações e reflexões muito distintas de nossos lugares-comuns. É decerto uma pensadora do *incomum*, daquilo que não se costuma pensar: o verdadeiro amor do animal humano, dos animais em geral, das plantas, dos minerais e mais além.

Capítulo 8
O "holocausto vegetal" e o suicídio coletivo da humanidade

> *Quando os povos originários se referem a um povo como "uma nação que fica de pé", estão fazendo uma analogia com árvores e florestas. Pensando as florestas como entidades, vastos organismos inteligentes. Nesses momentos, os genes que compartilhamos com as árvores falam conosco e podemos sentir a grandeza das florestas do planeta.*
>
> Ailton Krenak, *A vida não é útil*

TENTANDO RECOMEÇAR

Durante três meses de 2020, de julho a setembro, a pesquisa para este livro que estava escrevendo ficou paralisada. Isso se deveu tanto a problemas pessoais quanto, e sobretudo, à loucura em termos ambientais que tomou o Brasil nesse período, com as queimadas criminosas na Amazônia e no Pantanal. Não é a primeira vez que, durante a realização de um projeto, ocorre um incêndio em meu "objeto de estudo" (e as plantas são muito mais do que um mero "objeto", essa é a questão). Isso aconteceu em 2009, quando grande parte do acervo do artista plástico Hélio Oiticica, no Projeto HO, localizado no bairro do Jardim Botânico, no Rio de Janeiro, pegou fogo. Na época, eu desenvolvia uma pesquisa com bolsa do Conselho Nacional de Desenvolvimento Científico e Tecnológico (CNPq) que tinha como um dos temas a obra de Oiticica, e foi com grande dificuldade que levei o trabalho investigativo adiante.

Para piorar tudo, soube do sinistro por meio do hoje saudoso amigo Ricardo Oiticica, primo em segundo grau do artista, durante um evento de que participávamos na Universidade Estadual de Santa Cruz (UESC), em Ilhéus, na região do cacau, onde nasci. Foi um choque tremendo.

A seguir transcrevo a retomada da *escrita vegetal*, que continuou com muito sofrimento. Nessa altura, o ensaio ganhou forma de testemunho.

GENOCÍDIO, ETNOCÍDIO, FITOCÍDIO, ZOOCÍDIO: O SUICÍDIO COLETIVO DA HUMANIDADE

No momento em que retomo a escrita deste ensaio, em 22 de setembro de 2020, depois de uma longa pausa, o "despresidente" deste país acaba de fazer um discurso tenebroso na abertura da Assembleia da Organização das Nações Unidas, no qual, entre outros absurdos, declarou que o nosso é "um dos países que mais protegem o meio ambiente". Durante semanas, o Brasil e o mundo viram a Amazônia e o Pantanal arderem em chamas, no que nomeio como o *holocausto vegetal*. Diante do espetáculo infame de calcinação das plantas e dos animais silvestres, o desgoverno nada fez. Ou antes, fez: não utilizou as verbas previstas para proteção ao meio ambiente, não agiu para reforçar as brigadas anti-incêndio e sobretudo incentivou os fazendeiros a provocarem as chamas, que se espalharam rapidamente por áreas de preservação ambiental no território pantaneiro. Numa de suas viagens aos Estados Unidos, que tanto o inspiram em seus delírios destrutivos, Bolsonaro (em mais uma ação neofascista do seu desgoverno) explicitou seu desejo de explorar economicamente a Amazônia, o que se traduz como: desflorestamento, grilagem de terras e incentivo às atividades nocivas de pasto e de mineração. Esse discurso, aliado às políticas do antiministro do Meio Ambiente Ricardo Salles,[1] apoiado cada vez mais pelo

---

1. No momento em que reescrevo este texto para publicação, Ricardo Salles já foi forçado a pedir demissão do cargo, em 23 de junho de 2021, acusado por corrupção.

vice-presidente Hamilton Mourão, configura um verdadeiro *projeto de destruição ambiental*, que nada tem de aleatório, longe disso, é bastante regular e sistemático. De nada adianta a crítica internacional de países com os quais o Brasil tem ou pretende fazer acordos comerciais, como os da União Europeia, nem a dos empresários conscientizados quanto à gravidade do problema, ou a dos inúmeros ativistas e de outros grupos de pressão contra esse empreendimento destruidor, o qual inclui o *genocídio* e o *etnocídio* indígena: o *assassinato* dos povos que vivem na floresta amazônica, no Pantanal ou na Mata Atlântica, e a consequente *extinção* de suas culturas.

Todas as denúncias caem no vazio, porque o *cinismo oficial* adotado exime os desgovernantes de qualquer explicação pública. Quanto mais a mídia impressa, televisiva e digital denuncia, mais uma anestesia toma conta do país, fazendo com que aceitemos progressivamente o horror implantado desde 2019 e levado a plena execução este ano. A pandemia do coronavírus apenas agravou a passividade da maioria da população brasileira; contudo, há de se lembrar que uma grande parte não é nada passiva, alinhando-se ativamente à política oficial, não apenas por meio de discursos nas redes sociais, como também por meio de práticas deletérias que confirmam as palavras. Há um verdadeiro exército informal de "cidadãos do bem", que afronta as leis, fazendo declarações misóginas, homofóbicas, racistas e contra a preservação do meio ambiente, quando não parte diretamente para a agressão física, tendo a certeza da impunidade. Impunidade garantida por um sistema jurídico cada vez mais alinhado ao neofascismo bolsonarista, junto com as milícias do Rio de Janeiro e todo o contingente policial que aderiu à ideologia de extrema direita. Acrescente-se também uma parte bastante representativa do empresariado que ajudou a eleger o extremista e continua a apoiá-lo incondicionalmente. E, por fim, mas não o menor dos males, há o contingente inacreditável de militares, alguns deles ainda na ativa, que ocupam cargos no serviço público. Noutras palavras, tal como na Alemanha nazista, o governo de extrema direita nunca age sozinho, há sempre diversos segmentos da sociedade que juram fidelidade aos eleitos, confirmando na teoria e na prática a grande afinidade com a ideologia vigente.

Num livro bastante visionário já em seu subtítulo, publicado em 2009 e reeditado em 2013, *No tempo das catástrofes: resistir à barbárie que se aproxima*, Isabelle Stengers explica muito bem a associação do que ela nomeia como Empresário, Estado e Ciência, todos com maiúsculas, numa argumentação que corresponde perfeitamente ao caso brasileiro, bem como ao de diversos outros países:

> Talvez seja possível associar o momento em que se pode realmente falar de capitalismo com aquele em que o Empresário pode contar com um Estado que reconhece a legitimidade de sua exigência, *a de uma definição "sem risco" do risco da inovação*. Quando um industrial diz, com a voz hipocritamente chorosa, "O mercado julgará", ele está celebrando a conquista desse poder. Ele não tem que responder pelas consequências (eventualmente muito pouco desejáveis) do que é colocado no mercado, a não ser que elas violem uma proibição explícita formulada pelo Estado, uma proibição cientificamente explicada e que responde ao imperativo da proporcionalidade. Quanto à Ciência, que em todas as áreas recebeu uma autoridade geral sobre a definição dos "riscos" a serem levados em conta, ela não tem muito a ver com as ciências. Não é de surpreender que os especialistas que jogam esse jogo saibam que eles só serão plausíveis se suas opiniões forem as mais "ponderadas" possíveis, ou seja, que eles deem todo seu peso à legitimidade do inovador "que investiu" (Stengers, 2015, p. 59-60).

O que a filósofa chama de *Ciência* corresponde à pesquisa e aplicação de resultados a serviço da ideologia estatal e empresarial, bastante divergente das *práticas científicas* que preservam a autonomia investigativa, sem vícios ideológicos. Tem-se então, no Brasil, uma *biopolítica* estatal, científica e empresarial em sua versão mais acabada: o cinismo e a mentira se juntam para encobrir superficialmente o que toda a comunidade internacional está vendo — a destruição veloz do patrimônio natural e do patrimônio cultural (em diversos aspectos, são quase indissociáveis) da nação. O discurso do despresidente na ONU foi repleto de mentiras, mas de nada adianta denunciar porque o cinismo oficial neutraliza tudo. É como se os mandantes dissessem o tempo todo: *Nós sabemos que vocês sabem que mentimos, mas isso não tem nenhuma importância, porque estamos no poder e faremos o que quisermos, sem que vocês possam impedir.* Todas as declarações na Assembleia da ONU são falaciosas; cito outra frase, que sintetiza o despropósito mitomaníaco: "Nossa floresta é úmida e não permite a propagação do fogo em seu interior. Os incêndios acontecem praticamente nos mesmos lugares, no entorno leste da floresta, onde o caboclo e o índio queimam seus roçados em busca de sua sobrevivência, em áreas já desmatadas" (*apud* Andrade, H., 2021).

Diante da prepotência do Estado, que se arroga o direito de cuidar da sociedade, respaldado pela vertente cooptada da Ciência e apoiado pelos empresários neoliberais, Stengers defende uma nova *arte do cuidado*, que seria praticada por grupos não governamentais, os quais acabam sendo considerados como perigosos pelas autoridades, constituindo uma "perturbação da ordem pública" (Stengers, 2015, p. 71). Segundo penso, essas coletividades seriam formadas por associações antirracistas, anti-homofóbicas e antimisóginas, por exemplo, mas também por qualquer agrupamento ou instituição que defenda as múltiplas causas ambientais, a contrapelo da política de holocausto vegetal praticada pelo antiministro Salles, com apoio do neofascismo bolsonarista.

O grande problema é medir os efeitos sociais da contradição nas práticas genocidas, etnocidas e antiambientais do desgoverno brasileiro. Neste momento, o grau de satisfação com a desgovernança atingiu inacreditáveis 40%, a despeito da irresponsabilidade oficial no que diz respeito à condução das políticas ambientais e também à gestão da crise sanitária em função do coronavírus. Ainda que não chegue aos mil dólares alardeados pelo despresidente na Assembleia da ONU, o auxílio emergencial aos desempregados durante a pandemia explica em larga medida a avaliação positiva. As últimas pesquisas de opinião expõem igualmente uma extrema direita e uma direita bem consolidadas no contexto nacional (apesar das inúmeras críticas internacionais) e uma esquerda perdida em suas estratégias, sejam estas referentes à inserção social de seus projetos, sejam meramente eleitoreiras, como ainda privilegiam alguns políticos tradicionais.[2]

No que se refere a nosso assunto principal, as plantas, vale lembrar o destino trágico a que a vegetação florestal está sendo submetida desde o início do desgoverno, num verdadeiro *fitocídio*, o qual é a exterminação planejada do chamado reino vegetal, que assim perde qualquer direito à "soberania". Vale lembrar uma das frases-sínteses do despresidente, que sempre explicam o raciocínio por detrás do modo operatório altamente eficaz de destruição: "o interesse na Amazônia não é no índio, nem na porra da árvore, é no minério" (*apud Carta Capital*, 2021). O enunciado indecoroso e lapidar aconteceu no dia 1º de outubro de 2019, em frente ao Palácio do Planalto, para uma plateia composta de garimpeiros de Serra Pelada. O "índio" e "a porra da árvore" juntos são emblemas de dois dos maiores inimigos da "gente de bem" que nos desgoverna e seus apoiadores: os indígenas e as plantas, dois ilustres habitantes da Amazônia e do Pantanal, bem como da Mata Atlântica e de outros biomas relevantes. A política antiambiental decorre desse ódio ostensivo, que se manifestou já na campanha das eleições presidenciais de 2018, quando ele e o futuro vice Mourão deram declarações depreciativas em relação às comunidades negras de quilombolas, o outro grupo étnico visado pela campanha extremista de deslegitimação social, junto com os indígenas.

Pois é de legitimação e deslegitimação que se trata quando o assunto são as plantas e seus correlatos viventes, os quais constituem as chama-

---

2. Com o fim do auxílio emergencial no final de janeiro de 2020 e sua posterior retomada em abril de 2021, com valores reduzidos e também com menor abrangência, a popularidade do despresidente caiu vertiginosamente, favorecendo a ascensão do ex-presidente Luiz Inácio Lula da Silva nas pesquisas para as eleições presidenciais de 2022.

das "minorias" sociais (algumas delas na verdade majoritárias, como as mulheres e os negros e mestiços na sociedade brasileira), os animais, como também os minerais extraídos de forma descontrolada, sem ficar evidenciado o lucro que tais atividades trazem para o país.

Qual lição então tirar dessa violência, que é antes de tudo *fitofóbica*, como "a porra da árvore" bem expressa? Para entender isso, cabe pensar, junto com cientistas, filósofos, artistas e legisladores progressistas, qual seria a eficácia de um *pensamento vegetal* efetivo, principalmente agora em face de uma extrema direita legitimada por um regime democrático no Brasil e noutros países. Isso significa indagar os impasses proporcionados pelo capital em sua fase hipertecnológica, para se lutar em favor de uma política não economicista da vida, que se contraponha como *biopoder*. Este é radicalmente distinto da *biopolítica*, a qual é sempre empresarialmente destrutiva, enquanto os *biopoderes* (são múltiplos e heterogêneos) se qualificam como potência para defender a vida, a partir de uma conscientização ambiental. Biopoderes pensados na complexidade que relaciona viventes humanos e não humanos, sem deixar de lado o mundo inorgânico dos minerais e afins — biopoderes, portanto, capazes de agir contra a biopolítica hegemônica, a qual une Ciência e Empresário ao Estado neofascista ou direitista clássico. Ressalto que os limites entre direita e extrema direita são cada vez mais frágeis, na medida em que a direita, por razões econômicas, aceita a degradação de seus valores socioculturais por parte dos neofascistas. Pois qualquer aliança é boa, desde que o Capital saia fortalecido contra os grupos que não detêm os meios de produção. Isso ocorre a despeito de as plantas serem altamente produtoras de *mais-vida*, que nenhum "mais-valor" capitalista conseguiu até hoje açambarcar em seu todo. Até hoje, mas o empreendedorismo proposto pelo despresidente contra o indígena e "a porra da árvore" será implementado a qualquer custo, e isso envolve a exterminação avassaladora de vidas humanas e não humanas. É o que expõe todos os dias o teatro de horrores em cartaz, com os assassinatos de líderes, bem como a tentativa insana de impedir que o auxílio com víveres e água potável chegue a reservas indígenas; ao que parece a sugestão nesse sentido partiu da antiministra da Mulher, da Família e dos Direitos Humanos, Damares Alves. Isso tudo configura a *necropolítica* que nos rege, para utilizar a expressão consagrada por Achille Mbembe (2019): a política da morte, instalada contra as vidas precárias.

É preciso dar então outro passo, no sentido de iluminar mais ainda aspectos da vida vegetal, como antídoto para a *fitofobia*, o horror às plantas, bem como a *zoofobia* que lhe é correlata. Utilizo *holocausto* em seu sentido etimológico de "queimar o todo" ou "queimar-tudo", porque é justamente o que está acontecendo com as florestas brasileiras e de outros países, com os incêndios criminosos repetidos e a consequente degradação ambiental.[3] Com isso, desejo também enfatizar que a morte desses viventes antecipa nossa própria asfixia e extinção como espécie, aproximando a humanidade do estágio de vítima de si mesma, tal como os judeus, homossexuais, ciganos e deficientes físicos ou mentais foram perseguidos e executados pelos nazistas. Nenhuma vida por si mesma vale mais do que outra, e o extermínio vegetal completo acarretará a aniquilação de muitas coletividades humanas e não humanas, como já vem ocorrendo em diversas partes do globo.

Vale, nesse sentido, lembrar as palavras de Albert Einstein, em sua "Luta contra o nacional-socialismo: profissão de fé", no momento em que se autoexcluiu da Academia de Ciências da Prússia, no mais que simbólico ano de 1933:

> Recuso-me a permanecer num país onde a liberdade política, a tolerância e a igualdade não serão garantidas pela lei. Manterei essa atitude por tanto tempo quanto for necessário. Por liberdade política, compreendo a liberdade de expressar publicamente ou por escrito minha opinião política; e por tolerância, entendo o respeito a toda convicção individual.

---

3. Para o tema do holocausto vegetal, cf. o capítulo 5, "Frans Krajcberg e o arquivo natural", neste volume.

> Ora, a Alemanha atual não corresponde a tais condições. Os homens mais devotados à causa internacional, bem como alguns grandes artistas, são aqui perseguidos (Einstein, 1999, p. 91).

O mesmo se pode dizer da frágil democracia brasileira. Quando os elementos básicos de sustentação da vida, como as plantas e os animais silvestres, junto com os povos que habitam a Amazônia e o Pantanal, são desrespeitados por uma necropolítica, genocida, etnocida, zoocida e fitocida, com a cumplicidade de uma parte representativa da população, o país perdeu todos os sentidos e os valores básicos da existência. Ir embora, como precisou fazer Einstein naquele trágico momento, jamais seria, contudo, a solução, pois nenhuma forma de vida no planeta será poupada, se não se alterar a conjuntura ambiental deste instante medonho, sobretudo no Brasil, onde se situam alguns dos biomas mais importantes do planeta.

Dizem que apenas as populações mais carentes do globo serão fortemente atingidas pelas catástrofes climáticas provocadas pelos atuais humanos; todavia, é difícil crer que, após um século de intensiva degradação global, alguns países privilegiados continuarão ainda isentos do rebaixamento geral da qualidade de vida, provocado pelas crises sanitárias repetidas. A pandemia atual mostra que nenhuma nação rica ficou totalmente de fora; longe disso, a maior potência mundial, os Estados Unidos, foi afetada pela política negacionista desse outro despresidente, Donald Trump. Não há barreira que evite a invasão de um minúsculo agente como um poderoso vírus, o qual se hospeda em nossas células saudáveis para se reproduzir ao infinito. A continuar assim, estamos gestando agora o suicídio coletivo da humanidade, com a perspectiva de novas pandemias globais.

INCONCLUINDO

Em 10 de outubro de 2020, a ministra da Agricultura Tereza Cristina deu as seguintes declarações, a propósito dos incêndios criminosos no Pantanal: "Aconteceu o desastre porque nós tínhamos muita matéria orgânica seca que, talvez, se nós tivéssemos um pouco mais de gado no Pantanal, isso teria sido um desastre até menor do que nós tivemos este ano" e "O boi é o bombeiro do Pantanal" (cf. Calgaro e Resende, 2021). Em seu raciocínio torpe, ela quer dizer que os pastos não pegam fogo como as árvores do pantanal porque o gado come o capim ressecado — ou seja, é preciso destruir a vegetação nativa e plantar capim para evitar incêndios… Frases desse tipo são ditas quase todos os dias pelos representantes do desgoverno — o cinismo oficial não tem limites.

Capítulo 9
Hegel, as descolonizações e o pensamento indígena
(Ailton Krenak, Davi Kopenawa)

> *Porque quando a gente trata do espírito da natureza, a gente está tratando para todo mundo, não só para nós indígenas. Quando a gente fala do espaço da demarcação de terra, da garantia dos territórios, a gente não está falando apenas sobre morar, mas sobre a garantia dos seres humanos e não humanos. Estamos falando para todos. Eu estou falando como humana, como mulher Guarani.*
> Sandra Benites Guarani Nhandewa, entrevista concedida a Edma de Góis

> *Vamos falar da verdadeira história*
> *Que os colonizadores escondem*
> *Nas estátuas erguidas por todo Brasil*
> *A pátria que não nos pariu*
> Renata Machado Tupinambá, "Retomada originária"

A ANALOGIA BOTÂNICA NA DIALÉTICA DE HEGEL

Em sua *Introdução à história da filosofia*, Hegel recorre a uma analogia botânica para falar da evolução do pensamento filosófico através da História, num processo comandado pela Ideia e não pela contingência dos fatos. Não se trata em absoluto de uma valorização dos vegetais por si mesmos, mas sim de um recurso clássico à *analogia*, a fim de confirmar a certeza filosófica de que a História tem uma finalidade, um "fim final", e que esse *telos* é determinado pelo pensamento racional. Colocaria a analogia como uma das formas clássicas de *metáfora*, que tem a particularidade de pôr em paralelo dois elementos detentores de um traço em comum, sem que necessariamente mantenham uma relação intrínseca.

Como já tinha notado Aristóteles, uma das características das plantas é serem dotadas de *crescimento*, e é essa característica que leva Hegel a aproximá-las da evolução ideal do Espírito ao longo do tempo. O fundamento desse recurso analógico está em que o elemento comparante (no caso, as plantas) não passa de mero instrumento para elucidar o comparado (a evolução do Espírito). Uma vez que a analogia cumpriu seu papel, o termo comparante pode ser descartado, como utensílio sem uso. Todavia, cabe a nós, intérpretes do idealista alemão, justamente marcar que a instrumentalização das plantas não é anódina. Os vegetais comparecem quase como intrusos no banquete filosófico, ou então como convidados que deveriam permanecer no umbral do festim, a título "decorativo", mas que finalmente podem acabar por invadir o salão principal, como penetras desorganizadores da ordem metafísica da existência.

Antes mesmo de estabelecer sua analogia, Hegel já tinha depreciado religiões como a egípcia antiga e a indiana, que reverenciam animais como divindades, tais como íbis, gatos, cães, vacas e macacos (mal sabia ele que uma seita na Índia até hoje reverencia ratos, que circulam à vontade sem serem perturbados pelos humanos...). Nesse contexto, ele reafirma o paradigma do *Gênesis*, validando a soberania humana acima das demais espécies, exatamente por seu caráter de fato divino: "A prioridade do homem, imagem de Deus, sobre o animal e a planta admitir-se-á em si e por si" (Hegel, 2005, p. 37). Esse é o argumento *especista* de base, que fundamenta todos os preconceitos contra as demais espécies: ao contrário do que pregam algumas religiões não ocidentais, só o Homem foi feito à imagem do deus cristão, e por isso sua existência tem prioridade absoluta em relação aos demais viventes. Motivo pelo qual Hegel desqualifica as religiões ditas orientais enquanto "filosofias", como habitualmente comparecem nas histórias da filosofia, pois tais crenças valorizam animais e até mesmo plantas como divinas, enquanto para o fenomenólogo do Espírito apenas a racionalidade humana detém esse caráter transcendente.

Há mais de uma analogia botânica na *Introdução* de Hegel, sobretudo no que diz respeito à árvore. A mais significativa se aplica ao momento em que ele tenta expor como a Ideia se desdobra ou se desenvolve, tornando-se concreta e assumindo seu conteúdo como forma de Verdade. Ele divide então o processo em dois momentos. O primeiro momento corresponde ao *em-si*, e equivale ao que Aristóteles chamou de *dýnamis*, a potência, ou seja, o que potencialmente a Ideia já é, antes de se converter em conceito concreto, o ser-em-si. É a *energeia aristotélica*, o *actus* latino, a realidade efetiva, o ser-para-si. A fim de ilustrar o momento do em-si da Ideia ele recorre à metáfora do *germe*, o qual ainda não é a planta adulta, mas tem potencialmente seus componentes encapsulados (cf. Hegel, 2005, p. 77). Fica evidente a *contradição* (não dialética e, portanto, não controlada pelo filósofo): para tratar de algo que é da ordem do puro pensamento, enquanto forma-conteúdo do Absoluto, ele recorre a uma imagem inteiramente sensível: o germe como potencialidade da planta. Essa metafórica vegetal vai contra todo o discurso racionalista que a sustenta, pois se refere muito mais à intuição sensorial (por ele desprezada) do que aos dispositivos da razão. É como se o filósofo percebesse toda a *força pensante* (por ele atribuída somente à razão humana) das plantas, mas apenas lhes desse crédito por força de *analogia* e não como potência real delas mesmas: "o germe é o conceito da planta" (Hegel, 2005, p. 77).

O segundo momento da Ideia consigo mesma é o do *desdobramento*, ou seja, dentro da analogia com a planta, é quando o germe se abre em suas potencialidades. É a fase do ser (auto)determinado:

> Tudo o que se produziu, a planta inteira, reside já implicada na força do germe. A forma das partes singulares do todo, todas estas diferentes determinações, que residem na formação do ger-

me, só são proporcionadas pelo desdobramento, pelo ser determinado. Importa consolidar este (Hegel, 2005, p. 78).

O paradoxo, muito mais do que qualquer "contradição dialética" racionalista, é flagrante: o instrumento que serve como termo *comparante* (a planta e suas etapas) é *excepcional* para ilustrar justamente a excepcionalidade da Ideia, da razão, do Espírito racional do eu, da identidade europeia, que são os termos *comparados*. No entanto, esse mesmo instrumento (a planta) não tem valor filosófico em si — por não ser dotado da razão humana: não pensa, logo idealmente não existe... Vimos que Heidegger (2003, p. 242) profere sentença semelhante a respeito do cachorro, como paradigma dos animais: ele vive, mas não existe ou não ek-siste. E Hegel arremata:

> Existe igualmente na alma do homem, no espírito humano, um mundo inteiro de representações. Tais representações encontram-se envoltas no eu inteiramente simples. Designo assim somente o germe; mas todas estas representações se desdobram a partir dele e de novo retornam ao eu. Eis o movimento da Ideia, do racional. O nosso esforço por reter este grande número de representações novamente na unidade, nesta idealidade, é atividade do nosso espírito; tal como o racional em geral, segundo a sua determinação fundamental, se deve conceber assim: duplicar o conceito, recolhê-lo na sua simplicidade e nela o manter. O que chamamos ser determinado, existência, é, pois, uma exposição do conceito, do germe, do eu. Na natureza, ele é algo de exposto; cada determinação parece existir como separada, de modo particular. Ao ser determinado na consciência, no espírito, chamamos o saber, o conceito pensante (Hegel, 2005, p. 78-79).

Mais adiante, ele explicita seu eurocentrismo: "O europeu sabe de si, é para si objeto; a determinação, que ele conhece, é a liberdade; sabe-se como livre. O homem tem como sua substância a liberdade" (Hegel,

2005, p. 80). Conclusão: só o europeu é dotado de saber, livre e, portanto, verdadeiramente "humano". Não por acaso todos os outros povos são desqualificados como não evoluídos, primitivos, selvagens... Não verdadeiramente "humanos", em suma, e, portanto, passíveis de extermínio.

A terceira determinação hegeliana remete para a unidade do que parece múltiplo: ao se desdobrar, a Ideia se determina em (auto)representações, mas estas se encontram sempre na *unidade ideal*. Aqui a planta se torna a ilustração absoluta do movimento que vai do germe ao fruto, da semente a uma nova semente, isto é, da unidade primeira, passando aos desdobramentos que se contradizem, até retornar ao uno primordial: "devemos insistir também *na vitalidade única da planta*. Este uno, simples, persiste ao longo de todos os estados. Todas estas determinações, momentos, são pura e simplesmente necessários e têm como fito o fruto, o produto a partir de todos estes momentos, e o novo germe" (Hegel, 2005, p. 82, grifos meus).

É totalmente dentro dessa concepção vegetal que se expõe o processo histórico em que a própria Ideia como latência se autodetermina, contradizendo-se negativamente, mas reencontrando ao final sua unidade, que nunca se perdeu, mas sim conduziu todo o processo: "Resumindo, temos assim *uma* vitalidade que a princípio está encapsulada, em seguida, porém, avança para o ser determinado e se dispersa na multiplicidade das determinações, as quais, enquanto estágios diferentes, são necessárias e constituem, por outro lado, um sistema. *Esta representação é uma imagem da história da filosofia*" (Hegel, 2005, p. 82, grifos meus).

A existência é um encontro do Espírito consigo mesmo, que somente se torna livre em si e para si por meio do trabalho do negativo, até a depuração final. Nisso consiste a diferença para com a planta, impondo limites à analogia: o fruto e o novo germe nele contido são distintos do germe original, a despeito de toda semelhança, enquanto a Ideia é a mesma depois de sua determinação e do eterno retorno a si mesmo. "O estar-em-si, o chegar-a-si do espírito pode expressar-se como a sua meta suprema" (Hegel, 2005, p. 83). E isso só é possível por meio do *pensar*.

Já a *intuição* tem como objeto algo diferente, pois os sentimentos são provocados por algo distinto de mim; a vontade se dirige a algo distinto de mim. Só o pensar é livre, porque não se deixa alienar nessas alteridades com que o indivíduo não se identifica. A filosofia da consciência é a que afirma o saber de si como fundamento da liberdade, a qual é exclusivamente espiritual, "humana", europeia — em termos do século XX e ainda para muitos no século XXI, *ocidental*. Ele reafirma a impossibilidade de uma filosofia no chamado Oriente, pois lá o Espírito apenas desponta, sem se realizar de todo, estando preso à materialidade sensível, e não à concretude do conceito, não sendo, portanto, livre: "No mundo oriental, não se pode falar de genuína filosofia; com efeito, para especificar concisamente o seu caráter, o espírito desponta decerto no Oriente, mas a circunstância é tal que o sujeito, a individualidade, não é pessoa, antes é determinada como mergulhando no objetivo" (Hegel, 2005, p. 176).

O ciclo de vida vegetal é mais adiante utilizado como o modelo da própria história da filosofia: as filosofias se contradizem ao longo da história, como determinações do mesmo espírito — tal como as etapas da planta parecem se contradizer no processo de crescimento e transformação, e, no entanto, representam sempre a mesma planta. E o processo filosófico é pensado como evolutivo, do germe até a árvore com frutos: "A última e mais recente filosofia deve, pois, conter em si os princípios de todas as filosofias anteriores, por conseguinte, ser a mais elevada" (Hegel, 2005, p. 97). O arquifamoso "fim da história" foi fomentado por Hegel como o próprio *fim da filosofia*, quando o verdadeiro pensamento promove o encontro do Espírito consigo próprio. E esse encontro por assim dizer *final* se resume na própria fenomenologia hegeliana, como perfeito acabamento do "Eu", enfim propriamente autoidentificado.

Hegel é um dos pais fundadores do conceito metafísico do Ocidente, por oposição simplificadora a um imaginário Oriente, numa sistemática que, embora por vezes reconhecendo algum valor às alteridades não europeias, visa a rebaixá-las do ponto de vista ontológico e cultural, quando não intenta excluí-las de qualquer consideração. Nos mais diversos textos, mas sobretudo naqueles em que a História (geral ou filosófica) é o tema principal, a Ásia e especialmente a África e as Américas são retratadas como civilizações primitivas, incapazes de elaborar *o verdadeiro pensamento*, que é o *pensamento da verdade*, do qual apenas o filósofo europeu pode dar conta. Foi Edward Said quem mapeou essa visão redutora que nomeou como *orientalismo*, em seus múltiplos aspectos. Esse ponto de vista parte de dois preconceitos elementares: um, haveria uma identidade europeia em si, não mesclada a componentes exógenos, ainda que eventualmente alguns elementos culturais tenham sido reconhecidos como empréstimo de territórios asiáticos ou africanos, e até mesmo americanos. Dois, haveria um bloco cultural homogêneo e radicalmente distinto do europeu; embora, em Hegel, esse bloco seja a maior parte das vezes identificado aos países asiáticos (com a consequente divisão entre Oriente Próximo, Médio e Extremo), no fundo "oriental" seria tudo aquilo que não se encaixa no edifício idealizado da civilização dita "ocidental" (o termo doravante sempre grafado com todas as aspas, visíveis ou invisíveis).

A *ideia negativa* do Outro funciona simetricamente à *Ideia positiva* do Mesmo, da identidade nacional (Alemanha, França, Inglaterra, Espanha, Itália...) ou continental (a Europa, sobretudo a do Oeste, justamente a que é mais "ocidental", de fato e supostamente de direito). Vejamos como Said, em seu estudo fundamental *Orientalismo: o Oriente como invenção do Ocidente*, sintetiza a "fabricação" cultural de um Oriente imaginário a partir de um Ocidente idealizado:

> Comecei com a suposição de que o Oriente não é um fato inerte da natureza. Não está meramente *lá*, assim como o próprio Ocidente não está apenas *lá*. Devemos levar a sério a notável observação de Vico segundo a qual os homens fazem sua própria história, e que só podem conhecer o que fizeram, e aplicá-la à geografia: como entidades geográficas e culturais — para não falar das entidades históricas —, os lugares, regiões e setores geográ-

ficos tais como o "Oriente" e o "Ocidente" são feitos pelo homem. Portanto, assim como o próprio Ocidente, o Oriente é uma ideia que tem uma história e uma tradição de pensamento, imagística e vocabulário que lhe deram realidade e presença no e para o Ocidente. As duas entidades geográficas, desse modo, apoiam e, em certa medida, refletem uma à outra (Said, 2001, p. 16-17).

A essa divisão geopolítica imaginária correspondem valores do que Derrida nomeou como *falocentrismo* (privilégio do falo, representação simbólica do pênis) e *logocentrismo* (privilégio do *lógos*, o discurso racional, autocentrado, inaugurado pelos filósofos gregos), forjando o neologismo *falogocentrismo*. Nessa ordem falogocêntrica, mulheres, culturas não europeias (consideradas como bárbaras e selvagens), sexualidades divergentes (gays, lésbicas, trans etc.), bem como animais e plantas, são rebaixados, *minorizados*, inferiorizados, quando não fisicamente aniquilados. É nesse horizonte sufocante que as plantas emergem para oxigenar, pela bilionésima vez, o mundo ou os mundos em que vivemos. Há um belíssimo quadro de René Magritte, que fez parte da exposição *Jardins*, no Grand Palais de Paris, em 2017, no qual uma planta sustenta o globo, tendo como fundo o céu noturno (cf. Magritte, 2017, p. 323). Banhada numa atmosfera surreal de sonho, a tela *Le Grand style* [O grande estilo] nos faz lembrar efusivamente a realidade física da existência no planeta. O *pensamento vegetal* está nas origens da vida no globo terrestre e continuará a acompanhá-la até o fim, até seus confins. Pensar as plantas, pensar com as plantas, recolher seus pensamentos como quem colhe flores e frutos é a tarefa mais urgente para uma escrita que se quer de fato *pensante*, indo além dos binarismos metafísicos, tais como razão/intuição, Ocidente/Oriente, masculino/feminino, branco/não branco, humano/não humano, presente/ausente, numa série infinita, em que o *especismo* do chamado homem branco ocidental corresponde a uma pura idealização, a qual justifica sua soberania sobre os demais gêneros e espécies. Incumbe então a urgente tarefa de um amplo processo de *descolonização* do pensamento e da existência, da existência como forma primacial de pensamento. Um *pensar-existir* que move tudo o que há, humano e não humano, orgânico e inorgânico.

OS INDÍGENAS E "NÓS": OUTROS OLHARES SOBRE O VERDE

Vale contrastar o pensamento ocidentalista de Hegel a algumas das tendências contemporâneas que radicalizam o pensamento vegetal, abalando a tradição metafísica dita ocidental, que sempre colocou as plantas não em segundo plano (esse papel coube aos animais), mas em último, ao lado dos minerais e das coisas em geral. Quase como seres inanimados, pois lembremos que Aristóteles apenas lhes atribuiu uma *anima* (*psyché*) precária, infinitamente abaixo dos bichos e sobretudo dos humanos. Nisso, destacam-se as vozes emergentes de *indígenas no Brasil*, mas também no exterior, bem como trabalhos artísticos e literários na contemporaneidade. São formas de intervenção cultural que tentam, senão salvar a vida (não acredito em tendências salvacionistas), ao menos tornar o planeta mais habitável. Para isso, é preciso que os diversos habitats dos viventes sejam tratados como mundos a serem respeitados, intensificando o processo de fluxos entre as esferas vicinais. Somente o amor das alteridades pode tornar essa ingente tarefa viável, no sentido de conter a onda neofascista que invadiu o globo nos últimos anos.

Desse modo, diversas vozes e escritas de origem indígena têm se feito ouvir e ler no Brasil. Trata-se de fator histórico praticamente inédito, relacionado à escolarização progressiva de diversas etnias, com aprendizado do português como segunda língua. Em muitos casos, os indivíduos de sexo masculino ou feminino chegaram à universidade, alguns obtendo até mesmo o doutorado. Isso tem ocorrido regularmente nas mais diversas áreas: antropologia, medicina, artes e literatura.

Fugiria aos limites deste livro mapear esse maravilhoso fenômeno. Cabe apenas indiciá-lo como uma abertura excepcional para um universo cultural que desde 1500 tem sido sistematicamente apagado de nossa História, seja por extermínio físico, seja por aculturação forçada ou por invisibilidade programada dos povos originários. Nas escolas em que estudei, do primário até o ensino médio, os indígenas eram abordados como algo do passado, ou então como tribos remanescentes que se concentravam em reservas no Mato Grosso e na Amazônia. Apesar de Camacã, onde nasci, ter sido em princípio um vilarejo fundado na primeira metade do século XX, após o massacre da tribo indígena que lhe deu o nome, os Camacã (um de seus chefes foi retratado por Debret), eles nunca fizeram parte de nossa vida cotidiana. No máximo, sabíamos que alguns viviam no município de Pau-Brasil, vizinho ao nosso, cujo nome diz simbolicamente tudo. Ou então, tínhamos contato turístico com os Pataxó, em Porto Seguro, pois se encontram aldeados em Santa Cruz de Cabrália, denominação soberanamente cristã-ocidental. Por fim, havia a figura produzida pelo indianismo romântico, que apenas seria superada pela antropofagia oswaldiana, ela própria outra forma de idealização, muito embora com uma contribuição singular ao movimento descolonizador.[1]

Diria que até duas décadas atrás era esta a minha visão de brasileiro desinformado sobre as culturas indígenas: coisa do passado, com alguma remanescência no presente, porém de forma muito limitada. E a ideologia implantada pelos militares e sua abominável política indigenista foi a de que os índios deveriam "se civilizar". Foi o que não hesitou em recordar o despresidente atual, ao afirmar que enfim os índios estavam "se humanizando". Traduzindo a barbárie ideológica: indígena bom é indígena morto, e se não der para matá-lo, que ao menos seja brutalmente aculturado e assimilado ao resto da "civilização" brasileira. Todas as vezes que isso aconteceu, a população indígena foi relegada à periferia e à pobreza das cidades.

As coisas começaram a mudar nas últimas décadas, quando a questão da demarcação dos territórios indígenas, prevista na Constituição de 1988, passou a ocupar o noticiário nacional. O ápice foi a determi-

---

1. Para uma leitura disseminada da antropofagia oswaldiana, cf. Nascimento, 2011a.

nação pelo Supremo Tribunal Federal, em 2007, quanto à desocupação da Terra Indígena Raposa Serra do Sol, cuja demarcação já havia sido homologada em 2005 pelo então presidente Luiz Inácio Lula da Silva. Desde então muitas outras reivindicações históricas têm vindo a público e sobretudo muita informação tem sido veiculada sobre os povos indígenas espalhados em todo o território nacional. Noutras palavras, a despeito de cinco séculos de extermínio sistemático, muitas etnias indígenas continuam vivas! Apesar da injusta política oficial, os indígenas não foram completamente aniquilados; continuam sobrevivendo como ação contínua de resistência. Gostaria apenas de destacar alguns depoimentos que sinalizam outro modo de pensar as relações entre humano e não humano. Não se trata em absoluto de idealizar as culturas indígenas, nem por isso mesmo de desejar que todos nos convertamos em índios. Mas se trata, sim, de aprender minimamente com essas outras formas de pensamento, que foram durante séculos recalcadas, quando não simplesmente suprimidas do projeto civilizacional brasileiro.

Importa não somente retirar o indígena da moldura de "selvagem" em que foi enclausurado, mas também incluir alguns de seus valores na pauta de nossas discussões ético-políticas para os próximos anos, sobretudo no que diz respeito à questão ambiental. Se não há mais o desejo "civilizatório" de aculturá-los e/ou de exterminá-los, tampouco se deve cair na fantasia de transformá-los num paradigma absoluto para uma nova civilização. Sabemos hoje o custo das utopias e quão paralisante é o gesto idealizador. Se não queremos forçá-los a serem "ocidentais", tampouco devemos nos forçar a sermos como eles, até porque eles são muitos e diversos, não existindo "a" cultura ameríndia, como se tornou moda falar nos últimos tempos. Há culturas e civilizações no plural ao longo das chamadas "Américas" (designação etnocêntrica, como sabemos), no tempo e no espaço, com as quais temos muito a aprender. *Somente poderemos ser considerados de fato civilizados se e quando soubermos respeitar e tornar disponível como um bem comum o legado desses povos que foram e continuam sendo massacrados de Norte a Sul.*

REFLEXÕES INDÍGENAS

Ailton Krenak, pertencente à etnia indicada por seu sobrenome, tornou-se uma das vozes mais importantes no que diz respeito à questão ambiental no Brasil, sobretudo no período da pandemia da covid-19, que se iniciou em março de 2020. O indígena tem feito diversas intervenções públicas, por meio de entrevistas, palestras e debates. Foram publicados, com grande êxito, dois pequenos e densos volumes, em que ele resume a maior parte de suas reflexões: *Ideias para adiar o fim do mundo* (2019) e *A vida não é útil* (2020).

Em função dessa participação intensa nas discussões político-culturais do país, Ailton tem sido apresentado como "filósofo". Embora o título pareça nobilitador, me parece equivocado, não porque ele não tenha formação filosófica; esse seria um argumento apenas burocrático. A meu ver, ele afirma sua força como *pensador*, sem necessitar de qualquer outro título, que no caso só atrapalharia. Pois, como tentei demonstrar ao longo deste estudo, a tradição filosófica ocidental pouco tratou da problemática vegetal, e quando o fez foi, a maior parte das vezes, de maneira inadequada e depreciativa. Artistas e escritores demonstraram mais sensibilidade para compreender e tratar desse universo tão próximo, mas tantas vezes rechaçado como irrelevante. Ademais, nem todo filósofo é um verdadeiro pensador: pode-se arrogar a prerrogativa filosófica sem propor um pensamento verdadeiramente inovador, relacionado, com efeito, às alteridades humanas, animais, vegetais e minerais. No caso de Ailton, ocorre justamente o contrário: sem que ele mesmo, até onde sei, se autodeclare filósofo, tem proposto reflexões que abrem perspectivas inauditas, num horizonte cultural fechado como o nosso atual. Não pretendo resumir suas ideias, pois isso seria reduzi-lo a um mero propagador de conteúdo congelado no tempo e no espaço. Intenciono apenas levantar brevemente alguns dos pontos que ele desenvolve, mostrando sua convergência em relação a minhas proposições reflexivas em torno do vasto universo vegetal.

Uma das ideias mais contundentes do pensador indígena diz respeito ao conceito de "humanidade". Sua principal crítica vai no sentido da tendência, sobretudo nas culturas ocidentais, a separar os humanos de todos os outros "seres" ou, como prefiro dizer, de todos os outros viventes e coisas, desvinculando-se consequentemente de todo o resto do planeta e inventando um mundo para si próprio. No contexto da pandemia, suas colocações atingem contundência máxima:

> Temos que abandonar o antropocentrismo; há muita vida além da gente, não fazemos falta na biodiversidade. Pelo contrário. Desde pequenos, aprendemos que há listas de espécies em extinção. Enquanto essas listas aumentam, os humanos proliferam, destruindo florestas, rios e animais. *Somos piores que a covid-19*. Esse pacote chamado de humanidade vai sendo descolado de maneira absoluta desse organismo que é a Terra, vivendo numa abstração civilizatória que suprime a diversidade, nega a pluralidade das formas de vida, de existência e de hábitos (Krenak, 2020, p. 81-82, grifos meus).

"Somos piores que a covid-19", essa sentença teve ampla divulgação na mídia impressa e digital quando ele a enunciou em 2020, e com muita razão. Como a entendo, ele quis dizer que somos mais destrutivos do que o vírus que nos ameaça, pois nós ameaçamos a comunidade em aberto de todos os viventes, e não apenas nossa própria espécie. Muitos animais, como o morcego e o pangolim, são portadores do coronavírus sem serem afetados por ele, que tanto mal nos faz. E é nessa perspectiva que Ailton Krenak aponta o mal maior feito a nós mesmos, qual seja, a divisão que funciona com toda eficácia nessa fase do capitalismo tardio, o da economia ultraliberal, entre duas formas de humanos: por um lado, um clube seleto, que corresponde à "verdadeira" humanidade, e portanto merece ser preservado, ao custo das demais vidas: as classes abastadas, prioritariamente, e todas as outras que detêm algum tipo de privilégio. Por outro lado, as classes e os povos desfavorecidos, que não somente "merecem" ser entregues à própria sorte, mas "deveriam" desaparecer o quanto antes da face do planeta, dentro dessa lógica perversa que nos rege e que o ministro da Economia Paulo Guedes ilustra (ou desilustra) à perfeição, com sua assumida *pauperfobia* (como a nomeio) ou *aporofobia*, termo criado pela filósofa espanhola Adela Cortina: a fobia, o horror ou o desprezo pelos pobres e miseráveis. Para Ailton, são justamente esses desvalidos, que, em sua condição marginal, ainda têm apego à Terra, não a tratando como mero suporte e meio de exploração, mas experienciando-a como organismo vivo:

> Os únicos núcleos que ainda consideram que precisam se manter agarrados nesta Terra são aqueles que ficaram meio esquecidos pelas bordas do planeta, nas margens dos rios, nas beiras dos oceanos, na África, na Ásia ou na América Latina. Esta é a sub-humanidade: caiçaras, índios, quilombolas, aborígenes. Existe, então, uma humanidade que integra um clube seleto que não aceita sócios. E uma camada mais rústica e orgânica, uma sub-humanidade, que fica agarrada na Terra. Eu não me sinto parte dessa humanidade. Eu me sinto excluído dela (Krenak, 2020, p. 83).

Com Ailton Krenak e com Davi Kopenawa, da etnia Yanomami, entre outros, estamos tendo a chance única — em meio aos horrores do século XXI, que ainda se encontra apenas em sua segunda década — de ouvir e ler representantes de povos indígenas quase sem mediação, enunciando suas próprias experiências de viva voz. São indivíduos culturalmente híbridos, que aprenderam a linguagem e uma parte da cultura de origem europeia para poder defender suas próprias culturas. Praticam então uma espécie de *autoetnografia*, falando de suas próprias culturas e experiências existenciais, mas também de *alteretnografia*, comparando-as com as culturas ditas ocidentais.

No Brasil, tanto quanto noutros países das Américas, da África, da Ásia, da Oceania, bem como na Austrália, há vozes dissonantes, que tendem a se relacionar cada vez mais entre si, buscando alternativas para o viver destrutivo do hipercapitalismo atual, com vertiginosa tendência à virtualização (financeira, inclusive) em detrimento da materialidade da Terra, do cosmo e de tudo o que neles habita. É a busca incessante da preservação de habitats preexistentes à modernidade capitalista, como as florestas tropicais, tanto quanto a adequação ambiental dos habitats modernos ou pós-modernos, nas pequenas, médias ou grandes cidades, que dará a oportunidade para os humanos, se não de se redimirem, ao menos de reduzirem o impacto de suas ações sobre a superfície e as diversas camadas do planeta. Como diz ainda Ailton, refletindo acerca da necessidade de nos vermos, humanos, como integrados ao grande organismo Terra (um organismo feito de matéria orgânica e inorgânica, real e virtual, sublinhe-se!): "Eu não percebo que exista algo que não seja natureza. O cosmos é natureza. Tudo em que eu consigo pensar é natureza" (Krenak, 2020, p. 83).

Palavras que encontram pleno eco nas de Davi Kopenawa, que, de forma dadivosa, nos legou sua vasta e sensível experiência de xamã e que deveríamos trazer para nosso viver cotidiano, a fim de abalar nosso contato abstrato com as plantas e os demais viventes. Uma longa citação, que expressa toda uma poética e uma estética da existência indígena:

> As árvores da floresta e as plantas de nossas roças também não crescem sozinhas, como pensam os brancos. Nossa floresta é vasta e bela. Mas não o é à toa. É seu valor de fertilidade que a faz assim. É o que chamamos de *në rope*. Nada cresceria sem isso. O *në rope* vai e vem, como um visitante, fazendo crescer a vegetação por onde passa. Quando bebemos *yãkoana*, vemos sua imagem que impregna a floresta e a faz úmida e fresca. As folhas de suas árvores aparecem verdes e brilhantes e seus galhos ficam carregados de frutos. Vê-se também grande quantidade de pupunheiras *rasa si*, cobertas de pesados cachos de frutos, pendurados na parte de baixo de seus troncos espinhosos, e imensas planta-

ções de bananeiras e pés de cana-de-açúcar. Esse valor de fertilidade da terra está ativo por toda parte. É ele que faz acontecer a riqueza da floresta e que, desse modo, alimenta os humanos e a caça. É ele que faz sair da terra todas as plantas e frutos que comemos. Seu nome é o de tudo o que prospera, tanto nas roças como na floresta (Kopenawa, 2016, p. 207).

A fertilidade do solo propicia o vigor da vegetação, que desse modo se autossustenta, ao mesmo tempo alimentando igualmente animais e humanos, como só as dadivosas plantas conseguem fazê-lo. Esse saber xamânico, proporcionado por uma visão fina da floresta, deveria ser transmitido para as novas gerações de brasileiros e de outras nacionalidades, como uma herança dadivosa que nos ajudaria a manter outras relações com o universo vegetal, animal e mineral como um todo. Não mais nos limitaríamos a pensar as vidas humanas e outras como meros instrumentos de utilidade na produção hipercapitalista. E é para essa outra perspectiva existencial que aponta o belíssimo e enigmático título de Ailton: *A vida não é útil*, a vida merece ser experienciada em todo seu infinito espectro e não apenas em sua vertente utilitária, como ferramenta de exploração e lucro, seja no extrativismo exploratório, seja nas linhas de produção e montagem do espaço industrial.

Não há nisso nenhum romantismo saudosista de uma era de ouro da humanidade, mas sim novas visões de mundo, ou o que chamo de *mundivisões*, que podem contribuir decididamente para novas políticas de existência, não mais pautadas pelas biopolíticas exploratórias, mas por uma adequação ética e estética da espécie humana à convivência com outras espécies, adequação baseada em biopoderes inovadoramente *outros*. Contra a mercantilização da vida, a defesa apaixonada de um *superviver*, que seria o viver mais e melhor, para além de toda sobrevivência imediata.

O conceito indígena de humanidade é, portanto, inclusivo, não se reduzindo a nós humanos, abrindo-se para uma humanidade outra:

> Quando falo de humanidade não estou falando só do *Homo sapiens*, me refiro a uma imensidão de seres que nós excluímos desde sempre: caçamos baleia, tiramos barbatana de tubarão, matamos leão e o penduramos na parede para mostrar que somos mais bravos que ele. Além da matança de todos os outros humanos que a gente achou que não tinham nada, que estavam aí só para nos suprir com roupa, comida, abrigo. *Somos a praga do planeta, uma espécie de ameba gigante* (Krenak, 2020, p. 9, grifos meus).

Num texto publicado no jornal de esquerda justamente intitulado *L'Humanité*, Derrida faz um balanço do conceito tradicional de humanidade como vinculado ao falocentrismo, que nada mais é do que a *soberania* indivisível do patriarca, do chefe, do pai de família, como já indiciava seu ensaio mais célebre *A farmácia de Platão*. Foi em nome dessa soberania de origem teológica absolutista que diversos indivíduos, povos e espécies vegetais e animais foram e ainda são destruídos, num ritual de *sacrifício* de vidas que remonta às origens do *Homo sapiens*. É no sentido performativo de um conceito desconstruído ou disseminado de humanidade que o filósofo aborda o que se chama de Humanidades, mais ou menos o equivalente das Ciências Humanas:

> A humanidade plural é também o que está em jogo nas velhas e jovens Humanidades, mais ameaçadas do que nunca na escola, na pesquisa e na universidade. As Humanidades (a língua e o livro, as obras da filosofia, da literatura, das artes etc.) permanecem o derradeiro lugar onde pode ainda *se apresentar*, como tal, o princípio de uma fala e de um pensamento livres, de uma "questão do homem" — liberada de antigos pressupostos —, de novas *Luzes*, de uma *partidária e eterna resistência* aos poderes de apropriação econômica, midiática, política, aos dogmatismos de toda espécie (Derrida, 2001, p. 330).

O papel de resistência político-social que o pensador indígena Krenak reserva aos excluídos e marginalizados, o pensador franco-argelino Derrida reserva às Humanidades, dentro de uma tradição ocidental desconstruída ou disseminada, em contraponto às velhas tradições colonialistas. Sendo assim, saberes socialmente marginalizados (segundo Ailton) e saberes culturais renovados (Derrida) podem se unir para preservar o que ainda resta de nossas florestas e tudo o que delas depende, inclusive a existência humana.

No momento em que concluía a primeira versão deste subcapítulo, em 24 de junho de 2021, li uma ótima e uma péssima notícia. A ótima é que o antiministro do Meio Ambiente, Ricardo Salles, acabara de cair sob acusações de corrupção. A péssima é que a Câmara aprovara o projeto de lei n. 490, que vai permitir a invasão nos territórios ocupados por indígenas isolados, como também a exploração oficial de áreas de preservação ambiental. Isso significa uma ameaça concreta cada vez mais ampla à existência da Amazônia como floresta, à sua *florestania*, sua *cidadania florestal*, confirmando o processo em curso de savanização, bem como a devastação da Mata Atlântica, do Pantanal e de diversos outros biomas (cf. Brum, 2021). Noutras palavras, esse é o instrumento legal que faltava para oficializar a destruição ambiental, a qual vai consagrar a extinção de várias espécies, inclusive a espécie humana, pois a floresta amazônica é um dos principais reguladores do clima, exercendo o papel de fixação do carbono. A humanidade parece querer mesmo levar a cabo a pulsão de morte que a acompanha desde seus primórdios.

O paradoxo com que nos defrontamos hoje é que, sem uma reinvenção do conceito performativo de humanidade, não há humanidade possível, pois estaremos sempre vocacionados à autodestruição. O "humanismo" somente pode fazer sentido se tudo e todos que foram excluídos da tradição humanista de origem europeia puderem ser reconsiderados, tornando-se então o termo um dos articuladores da visão (mas sobretudo da ação) menos predatória da espécie sobre o planeta. Em suma, e de forma inapelável, ou mudamos, ou morremos. E o projeto de renovação conceitual-existencial tem que ser coletivista, visando a beneficiar grupos e classes desconsiderados como cidadãos em sua integralidade.

É nessa perspectiva que Pablo Solón desenvolve o importante conceito de *desglobalização*:

> Desglobalizar-se não significa se isolar ou defender uma autarquia, mas impulsionar uma integração mundial diferente, que não esteja dominada pelo capital. É uma alternativa para pensar e construir uma integração que coloque no centro os povos e a natureza (2019, p. 175).

Jamais utilizei "globalização" como termo adequado para pensar as novas relações internacionais que emergiram a partir do final do século XX, envolvendo humanos entre si, e estes com os não humanos vegetais, animais e minerais. Em vez disso, preferi sempre o termo *planetarização*, apostando em reflexões mais além do capital e numa conexão entre partes da Terra independentemente do economicismo.

É indispensável notar que os pensamentos indígenas, em sua pluralidade étnica, não precisam ser colocados em oposição às ciências de origem ocidental. Essas duas grandes tradições (a indígena e a ocidental), com sua ampla diversidade de perspectivas, não deveriam nunca se tornar rivais, como muitas vezes equivocadamente se defende. O anticientificismo, mesmo vindo de pessoas situadas no campo dito progressista, apenas serve ao obscurantismo neofascista contemporâneo. É nesse sentido que vale a pena atentar para as ponderações do já referido João Paulo Barreto, da etnia Tukano, colhidas em sua tese de doutorado em antropologia:

> Muita gente pensa que o simples fato de ser indígena já nos confere a condição de "pensar diferente", de saber expressar a diferença de mundo das concepções que temos em relação à "tradição científica ocidental". No fundo, o que se passa é o contrário: quanto mais avançamos nas conquistas da Ciência, mais

científicos ficamos, mais distância tomamos de nossos mundos indígenas, de nossas verdades, de concepções teóricas e práticas indígenas. Isso nos dificulta identificar e elaborar nossos próprios conceitos, ou, com menos ambição, nossa singular maneira de ver e pensar o mundo sob "nossas" lentes (2021, p. 30).

É por esse motivo que, em sua tese de doutoramento, o tukano se propõe a "pensar o pensamento". E isso significou, para ele, ter que lidar com as fronteiras entre as duas culturas: a do pensamento propriamente indígena e a das ciências ocidentais, num exercício contínuo e difícil de tradução. Todo seu desejo foi de trabalhar com "teorias nativas", a fim de propor uma "antropologia indígena" ou uma "antropologia do nativo". A combinação desses dois termos, "antropologia" e "indígena" ou "antropologia" e "nativo", expõe o hibridismo dessa pesquisa que se deu "numa investigação sobre a concepção de corpo a partir das práticas de *bahsese* dos especialistas que atuam no Centro de Medicina Indígena Bahserikowi" (Barreto, 2021, p. 33), situado em Manaus. "Pensar o pensamento" avultou então, durante a pesquisa, como exercício permanente de *reflexividade*. Indago se haveria tarefa mais importante do que esta para o pensamento que se quer efetivo: pensar a si mesmo através do outro ou da outra (a "tradição científica ocidental"), a fim de ir além de seus próprios limites, mas reconhecendo sempre os valores de sua própria cultura (a indígena).

Num texto que aborda as relações complexas entre espécies humanas e espécies vegetais na Amazônia ao longo dos séculos, Laura Pereira Furquim expõe como a biodiversidade da floresta não se deve apenas a fatores endógenos, mas contou muito cedo com a participação humana. Nesse sentido, a multiplicidade dos laços sociais dentro dos grupos étnicos e entre eles se reflete na biodiversidade resultante dos cultivos variados, em vez da entediante e nociva monocultura. No plano social tanto quanto no plano do cultivo das plantas, a abertura ao outro, os cruzamentos incessantes são fonte de riqueza e preservação da vida:

Os roçados indígenas são lócus privilegiado do princípio da assimetria e da alteridade, uma vez que refletem uma boa diferença, que se expressa na proliferação de cultivares e de suas variedades regionais. A roça emula a sociabilidade humana e é essencial para a manutenção da condição de humanidade — algo constantemente ameaçado e negociado com seus habitantes e chefes. Emula também as relações de consanguinidade e afinidade que permeiam o parentesco indígena, com regras de etiqueta e éticas de relacionamento necessárias para o bom convívio, a boa alimentação e a boa relação (Furquim, 2020, p. 137).

E é com a rede de relacionamentos entre humanos e não humanos que se promove o efetivo *valor vital* (expressão no limite da redundância, dentro das reflexões que intento desenvolver aqui, uma vez que *valor* se equipara a *vigor*) e não pelo produtivismo exacerbado: "O que os povos ameríndios do presente nos ensinam é que é mais importante 'produzir' parentesco do que bens e excedentes, ou, ainda, que aquilo que chamamos de 'produção' de alimentos é um meio de relacionamento entre pessoas, plantas, animais e seres não humanos habitantes das matas, das roças e das aldeias" (Furquim, 2020, p. 129). Mais do que *guardiães da floresta* — que eles de fato são —, os indígenas são parte integrante dela, não apenas a preservando como também influenciando beneficamente em suas transformações. Segundo dados levantados pela organização MapBiomas, a partir de imagens de satélites e do recurso à inteligência artificial, as áreas mais preservadas do Brasil, entre 1985 e 2020, foram as terras indígenas, tanto as demarcadas quanto as que aguardam demarcação. No período de 35 anos, o desmatamento e a perda de floresta nesses territórios foram de apenas 1,6% (cf. Modelli, 2021).

Como entoa o indígena Tiago Hakiy, juntando todos os elementos humanos e não humanos como formas legítimas de existência, nas duas últimas estrofes de seu resistente "Canto de floresta":

Canto para preservar a vida
O piar da coruja, a força da correnteza
Canto para existir
Para resistir.

No silêncio da floresta
Ergo os braços em festa
Para repartir a minha tradição
Minha vida de água
De verde, meu coração.
(2020, p. 93).

HIBRIDISMOS

Miroslav Radman não hesita em comparar o processo dito natural e o cultural: "Raríssimas são as mutações que obtêm êxito. Elas se realizam mais facilmente em condições de isolamento físico — no caso da biologia — ou de isolamento comunicacional — no caso da cultura. É o que se chama de 'efeito fundador'" (2019, p. 103). O isolamento possibilita o surgimento de novas variantes de culturas biológicas ou étnicas; já o encontro das culturas gera a mistura e enriquece a diversidade das espécies.

É nesse sentido que Donna Haraway defende a não existência de fundações e fundamentos absolutos, insistindo no hibridismo e na contingência de qualquer individualidade específica ou subjetiva. Como afirma, citando Judith Butler:

> Não há sujeitos nem objetos pré-constituídos, nem fontes simples, atores unitários ou fins terminais. Nos termos de Judith Butler, só há "fundações contingentes"; corpos que importam são o resultado. Um bestiário de agenciamentos, tipos de relacionamentos e escores de tempo vencem os imaginários até mesmo

dos mais barrocos cosmologistas. Para mim, é isso o que *espécies companheiras* [*companion species*] significam (2016a, p. 98-99).

The Companion Species Manifesto [Manifesto das espécies companheiras] é o título do novo manifesto que a teórica feminista lança, décadas depois do primeiro, de 1985, "A Cyborg Manifesto: Science, Technology, and Socialist-Feminism in the Late Twentieth Century" [Um manifesto ciborgue: ciência, tecnologia e feminismo-socialista no final do século XX] (Haraway, 2016b). Nesse novo libelo, reafirma-se o hibridismo dos *ciborgues*, que não são nem orgânicos nem máquinas, nem humanos nem animais apenas. Trata-se de formas indecidíveis para marcar que, na origem e na fonte, está o duplo ou a prótese, como afirma Derrida (1996). Razão pela qual Haraway cria a palavra-valise *naturezacultura*, rompendo com os dualismos tradicionais. Desde o primeiro manifesto, o referido *Cyborg Manifesto*, estava claro o caráter ético-político da nomenclatura *ciborgue*, termo que ela expropriou da linguagem nos anos 1960, relativa à competição espacial, durante a Guerra Fria. Aquilo que era uma fantasia imperialista do tecno-humanismo, visando a potencializar a relação homem-máquina para benefício do capitalismo, se tornou um conceito crítico da própria "razão imperial". Como ela defende, a questão do feminismo, que está no cerne de sua teoria — explicitamente, sem torná-la nem um relativismo nem um universalismo pré-moldado —, jamais toma os gêneros e as espécies como identidades absolutas, devendo ser postos em questão permanentemente:

> As políticas ciborgues são a luta pela linguagem e a luta contra a comunicação perfeita, contra o código único que traduz todos os sentidos perfeitamente, o dogma central do falogocentrismo. Razão pela qual as políticas ciborgues enfatizam o ruído e advogam a poluição, comprazendo-se nas fusões ilegítimas de animal e máquina. Esses são os acoplamentos que tornam Homem e Mulher tão problemáticos, subvertendo a estrutura do desejo,

a força imaginada para engendrar linguagem e gênero [*gender*], e assim subvertendo a estrutura e os modos de reprodução da identidade "ocidental", da natureza e da cultura, do espelho e do olho, escravo e mestre, corpo e mente (Haraway, 2016b, p. 57).

Falogocentrismo, já referido, é uma categoria de Derrida, o qual foi, no rastro de Nietzsche, um dos pensadores que colocaram em xeque o essencialismo da identidade como prerrogativa do Mesmo sobre o Outro, a partir de binarismos que Haraway designa a seu modo: eu/outro, mente/corpo, cultura/natureza, macho/fêmea, civilizado/primitivo, realidade/aparência, todo/parte, agente/recurso, fazedor/feito, ativo/passivo, certo/errado, verdade/ilusão, total/parcial, Deus/homem (2016b, p. 59-60). Derrida diz, nos mais diversos textos das décadas de 1960 e de 1970, que essa oposição é hierarquizante e sobredeterminada por um de seus componentes, que seria o par "dentro/fora" ou "interior/exterior", pois um dos elementos prevalece e é tido como superior ao outro. Além disso, a série opositiva é infinita, podendo-se sempre acrescentar novos pares. Cabe nesse sentido inverter os valores para, simultaneamente, deslocar a própria oposição: por exemplo, valorizar as mulheres e as plantas, para num mesmo gesto desdobrado romper com a estrutura dual e hierarquizante, deslocando os binarismos e abrindo para um mais-além de qualquer essencialismo. Motivo pelo qual o feminismo jamais deveria se converter num *ginocentrismo*, nem tampouco a defesa dos vegetais deveria implicar um *fitocentrismo*.

As frases de *Água viva*, de Clarice Lispector, considerando as orquídeas como "arte" (AV, p. 65), são uma síntese da poética e da estética clariciana, que reverbera a naturezacultura de Haraway por antecipação, muito antes que a teórica norte-americana a formulasse. Clarice não era apenas uma grande escritora (o que já seria maravilhoso), mas também uma verdadeira *pensadora* da natureza como cultura e da cultura como natureza ignorada, *recalcada*. Daí, como visto, o efeito *unheimlich*, infamiliar, "esquisito", inquietantemente estranho, de muitas de suas narrativas como retorno do recalcado; retorno sobretudo de nossa relação com a morte, que ela sublinha em narrativas e crônicas: *a vida a morte* (segundo Derrida) ou a *vidamorte*, como a nomeio.

Freud diz que o *Unheimliche* por excelência é nossa relação (recalcada) com a morte. Pois esta é, de fato, a experiência primacial que todo vivente precisa recalcar para bem sobreviver e viver. Desde que as duas células germinativas (o espermatozoide e o óvulo) se fecundaram mutuamente, o risco de perecimento é real e mesmo iminente; daí a necessidade de "disfarçar" essa pulsão de morte para que a vida tenha alguma chance de *sobre-viver*. A existência é um grande teatro de máscaras, cujo fundo do palco oculta o risco mortal. O arquivo natural e as ruínas vegetais de Krajcberg constituem a encenação nada inocente desse teatro da morte, que o teatrólogo Tadeusz Kantor formulou.

Há uma foto de Clarice Lispector jovem, de perfil, escrevendo com uma máquina no colo, feita por Cláudia Andujar. Não se trata de mera representação, mas da real encarnação da mulher-máquina ou mesmo da máquina-mulher, uma boneca escritora, para referir os trabalhos de Hans Bellmer, que se situam na fronteira entre vivo e morto, animado e inerte. Nas crônicas publicadas no *Jornal do Brasil*, há várias referências à máquina de escrever, inclusive quatro textos com o título de inspiração romântica "Ao correr da máquina", tal como *Ao correr da pena*, coletânea das crônicas de José de Alencar. No caso de Clarice, a fusão mulher-máquina é materializada em mais de um momento. Apesar dessa tendência fusional, em "A máquina está crescendo" ela se mostra temerosa em relação ao avanço do maquínico sobre a humanidade, a ponto de um dia o homem ser "um triste antepassado da máquina" (DM, p. 420). Mas nos outros textos o objeto é um aliado da cronista, a ponto de não se saber quem das duas de fato escreve em "Máquina escrevendo". Apesar de esse texto abordar livremente os animais, do início ao final o estilo e o conteúdo das frases sugerem uma invenção maquinal; isso ocorre de forma exemplar no penúltimo parágrafo: "A máquina continua escrevendo. Por exemplo, ela vai escrever o seguinte: quem atinge um alto nível de abstração está em fronteira com a loucura. Que os grandes matemáticos e físicos o digam" (DM, p. 544). Quem realmente escreveu esses enunciados, ela ou a outra, sua engenhosa companheira? O acoplamento se revela cabal na última declaração, assinada pela mulher-máquina ou pela máquina-mulher, uma ciborgue apaixonada pelas plantas e pelos animais: "Agora a máquina vai parar. Até sábado" (DM, p. 544).

O procedimento humano-maquinal já estava expresso com todas as letras na primeira crônica sobre o assunto, "Gratidão à máquina", sublinhando o modo como a máquina de escrever lhe *transmitia*, sem que este verbo venha com seu devido complemento, deixando o processo totalmente ambíguo:

> Uso uma máquina de escrever portátil Olympia que é leve bastante para o meu estranho hábito: o de escrever com a máquina no colo. Corre bem, corre suave. *Ela me transmite, sem eu ter que me enredar no emaranhado de minha letra. Por assim dizer provoca meus sentimentos e pensamentos. E ajuda-me como uma pessoa.* E não me sinto mecanizada por usar uma máquina. Inclusive parece captar sutilezas. Além de que, através dela, sai logo impresso o que escrevo, o que me torna mais objetiva. O ruído baixo de seu teclado acompanha discretamente a solidão de quem escreve. Eu gostaria de dar um presente a minha máquina. Mas o que se pode dar a uma coisa que modestamente se mantém como coisa, sem a pretensão de se tornar humana? (DM, p. 82, grifos meus).

Apesar da denegação ("não me sinto mecanizada"), por antonomásia ela humaniza a coisa e coisifica a humana que ela é, sem rebaixar nenhuma das duas, sem tampouco subsumi-las à ordem do humano idealizado pelo humanismo tradicional. Como todo verdadeiro híbrido, as duas partes são preservadas e recombinadas numa nova *encarnação*. É preciso lembrar que Clarice era do signo de sagitário, um centauro, daí os cavalos aparecerem em diversos textos. E o mais belo nessa história é que essa máquina-útero que tanto lhe transmite, fazendo-a sentir e pensar, o pensar-sentir de *A hora da estrela*, é uma precursora do computador-cérebro. Ambos são próteses essenciais e não meros complementos, pois, uma vez acoplados ao corpo humano, se tornam praticamente inseparáveis deste. Isso tudo expõe a natureza profundamente maquinal do humano, e a humanidade das coisas que fabricamos. Só um humanismo retrógrado se horrorizaria diante dessa *intertroca*, que, claro, pode ser catastrófica se um dos componentes subjugar o outro.

Tal é a teoria e a prática da metamorfose e da mistura, da mistura que leva à transformação, como também defende Emanuele Coccia, reafirmando o caráter relacional e colaborativo entre as espécies, muito mais do que a competição predatória, porém sem renegar a predação em si como fator de sobrevivência de todas as espécies animais, vegetais e outras. O pensador italiano pensa então cada nova espécie como resultado da transformação da própria vida, em suas inúmeras mutações ao longo dos anos, séculos e milênios:

> A evolução é uma mascarada que acontece no tempo e não no espaço. Ela permite que toda espécie, de era em era, use uma nova máscara diante daquela que a gerou, e, aos filhos e filhas, que não se deixem reconhecer e não reconheçam mais seus pais. E, no entanto, apesar da troca de máscara, "espécies-mães" e "espécies-filhas" são uma metamorfose da mesma vida. Cada uma das espécies é um *"patchwork"* de pedaços extraídos de outras espécies. Nós, as espécies vivas, nunca deixamos de trocar peças, linhas, órgãos, e o que cada um de nós é, aquilo a que chamamos espécie, é apenas o conjunto das técnicas que cada ser vivo tomou emprestado de outros (Coccia, 2020a, p. 14).

A técnica faz parte da chamada "natureza" — termo agora com todas as aspas —, não foi uma invenção casual dos primeiros hominídeos. Daí a força da expressão naturezacultura, sendo que *cultura*, por si só, como visto, é uma palavra que serve para o âmbito dito natural e civilizacional. É ainda Coccia que resume bem essa questão, cultivando a ideia de que as plantas são os *jardineiros* (ou as *jardineiras*) do *jardim* em que vivemos, ou seja, o mundo cheio de vida que elas mesmas tornaram possível, ao liberar o oxigênio formador da atmosfera e ao gerar matéria orgânica com a fotossíntese para nos alimentarmos:

> Pensar o mundo como um *jardim* cujos jardineiros são as próprias plantas significa, antes de tudo, reivindicar seu estatuto de *artefato*: o próprio mundo nada tem de puramente natural, no sentido de que a natureza seria *a priori*, dada de antemão; ele se acha, ao contrário, sobre o limiar de indistinção entre natureza e cultura. Ele é um *produto cultural* dos seres vivos, e não somente a condição de possibilidade da vida (Coccia, 2020b, p. 9-10).

Há um denso poema de Leonardo Fróes (2021, p. 294) que joga com os múltiplos sentidos de cultura. "Algumas variações de cultura" passa do reino vegetal — "A cultura da couve", "A cultura do milho", "As socas de capim" — à esfera humana — "A cultura da morte,/ que não dá sossego, ou mesmo na cultura do sono/ a descoberta arregalada dos olhos pensativos no céu./ A cultura curiosa da satisfação em te ver/ após o banho", até chegar no reino animal não humano — "A sanha cultural dos sanhaços/ bicando um mamão maduro no pé" — sem que haja propriamente separação entre os versos, somente encadeamento sucessivo e, em aparência, arbitrário. O "Algumas" do título indica que se trata de uma seleção, pois em princípio as formações culturais são infinitas, oscilando entre o universo natural e o "cultural" (em sentido humano), que se encontram inextricavelmente entrelaçados na naturezacultura de Haraway. Até mesmo o termo alemão comparece de forma irônica em "A poeirenta/ Kultur". O final do bloco de versos sem distinção em estrofes assume conotações francamente políticas, apontando para a injustiça social que tanto aflige nossas culturas humanas: "Aquela pressa dos pacotes que estão vendendo cultura/ e a falta que uma escova de dentes, no outro extremo,/ faz na boca do povo" (Fróes, 2021, p. 294). Entre uma classe social que tem o privilégio de adquirir "pacotes" (de comidas, objetos, roupas, livros ou viagens: o substantivo fica indeterminado) e a outra que não dispõe nem de uma escova de dentes, comparece um abismo cultural visivelmente intransponível. Como se o próprio das culturas humanas fosse perenizar a riqueza de uns à custa da miséria de outros.

É o que atestam amplamente os diários de Carolina de Jesus, os quais cito de forma breve, em sua derradeira edição, que resgatou a forma singular como ela escrevia, infringindo a norma dita "culta". Mais do que um atestado de "incompetência linguística" (julgamento que não avalizo), me interessa nessa opção editorial a exposição das marcas socioculturais, que tornam a escrita de Carolina única, pessoal, intransferível:

> Almoçamos frango e virado com linguiça. Depois do almoço fomos a Radio Morumbi. O Audalio quando falou citou do descaso dos poderes publicos com os favelados que é a classe que luta demasiadamente para viver. O Jorge Elias disse que é justo que os ricos auxilie os pobres. Temos que lutar para ilustrar nosso povo. Para o país não ser desclassificado pelos escritores sociologo.
>
> Quando falei citei o porque escrevi Quarto de Despêjo. Para revelar aos poderes publicos a vida insipida do homem pobre. A luta com o custo de vida. É horrorôso ver as crianças andando descalços com o ventre crescido superlotado de vermes comendo os frutos deteriorados no lixo onde as moscas pousaram deixando seus ovos infecciosos. Espetaculo que eu reprovo em qualquer canto do glôbo (Jesus, 2021b, p. 262).

Ressaltam as qualidades estilísticas e o vigor do pensamento de quem teve uma formação extremamente deficiente. Seu legado literário é o testemunho eloquente de outras *vidas precárias*, que poderiam ter ascendido aos céus da "alta cultura", mas que nem chegaram a ter acesso à cultura livresca, muito menos à possibilidade de produzir mais-cultura, façanha que ela, vencendo muitas barreiras, realizou. Não teria feito isso sem o auxílio de Audálio Dantas, por cuja memória se deve ter todo respeito, embora o mérito cultural seja inteiramente da própria escritora.

FREUD E O *UNHEIMLICHE*

O ensaio *Das Unheimliche* de Freud procura dar conta de um âmbito da *teoria estética* normalmente ignorado pelos especialistas. Tal como nos estudos mais atuais, a estética não é vista apenas como uma teoria do belo, mas é descrita "como a doutrina das qualidades do nosso sentir [*sondern sie als Lehre von den Qualitäten unseres Fühlens beschreibt*]" (2019, p. 29). *Fühlen* (o sentir) e *Gefühl* (sentimento, sensação, pressentimento, sensibilidade) são os termos por ele utilizados. Nomeada, assim, de maneira genérica, essa doutrina não está presa ao artístico nem ao literário estrito senso, embora ele enfatize a certa altura que é muito mais fácil encontrar situações que provocam o efeito *unheimlich* nas *ficções* do que na realidade — porque no mundo real resistimos mais a esse tipo de dispositivo que propicia o *Unheimliche*. A "prova de realidade" é o fator inibidor do *Unheimliche* no mundo real, enquanto os dispositivos ficcionais, por sua dubiedade (no fundo, por sua "incerteza intelectual") e seu logro proposital, nos confundem e engodam com mais facilidade. Esse *poder estético* do ficcional é decisivo na teoria do efeito *unheimlich* segundo a psicanálise.

Duas observações fundamentais: 1) a estética aqui não se prende ao artístico-literário, antes é vista como uma doutrina que abrange tanto o real quanto as ficções (literárias). Hoffmann é, para Freud, o "mestre" absoluto do *Unheimliche*, com suas histórias ditas góticas ou de terror; 2) interessa sempre não o *Unheimliche* em si (que não existe), mas sim os efeitos *Unheimliche* que determinadas situações ou produções ficcionais provocam em certos indivíduos. Tal efeito estético (real ou ficcional), por mais motivado que seja, pode nunca ocorrer, como Freud deixa claro em várias passagens: ou porque o indivíduo é cético e não se deixa iludir por fenômenos supostamente sobrenaturais já superados, ou porque a produção ficcional não o envolve o suficiente para engodá-lo em seu ceticismo e assim lograr êxito.

É uma teoria do efeito e não exclusivamente da produção (poética) ou da situação potencialmente *unheimlich*. Já no segundo parágrafo é dito que o *Unheimliche* "diz respeito ao aterrorizante, ao que suscita angústia e terror" (Freud, 2019, p. 29). Mas nem tudo o que é angustiante gera efeito *unheimlich*, sendo preciso então delimitar uma área específica desse sentimento produzido em nós. É aí que entra a psicanálise: *o Unheimliche se relaciona ao retorno do recalcado de uma experiência do passado, a qual por sua vez está vinculada à morte*. Não por acaso, logo quando cita O homem da areia, de Hoffmann, Freud fala do complexo de castração como a causa por trás da angústia de Natanael, a qual produz nos leitores o possível efeito *unheimlich*. Direta ou indiretamente, a letalidade potencial é a causa do efeito *unheimlich*, que algo ameaçador nos suscita: somos lançados numa situação de desamparo, em que perdemos o senso comum da realidade.

Nesse sentido, o *Unheimliche* é sempre algo que não se reconhece como imediatamente mortífero (por exemplo, como seria o caso do encontro presencial com um potencial assassino, que seria apenas apavorante, mas não *unheimlich*), que faz recordar familiarmente uma experiência passada, na qual esteve em causa a destruição do indivíduo ou de alguém a quem ele se liga afetivamente. Ou seja, o que se recalca sempre é a angústia diante da morte, a qual nos faz lembrar que a pulsão de morte (a ser assim nomeada logo em seguida, em *Mais além do princípio de prazer*) nos habita como "inimigo íntimo", não apenas como ameaça externa. O sentimento (*Gefühl*) *unheimlich* implica uma teoria dos afetos: são afetos vinculados a experiências passadas, que são mobilizados ao se reexperimentar a *Unheimlichkeit*. Um dos móveis da pesquisa freudiana é compreender como o adjetivo *heimlich* (que deveria significar apenas algo de doméstico, do lar, familiar, pois *Heim* quer dizer "lar") coincide com seu suposto antônimo *unheimlich* (literalmente, em alemão, "não familiar"). Freud dirá então que o prefixo "*un*" (equivalente a nosso "*in*" no sentido negativo, como em "incerto") é marca de uma experiência ameaçadora passada que foi recalcada e que retorna quando um elemento da realidade a reativa. O *Unheimliche* seria então o retorno do antigo *heimlich* recalcado, que, como tal, gera angústia por trazer o sinal precursor da morte, como acontece nas melhores histórias de terror: "o prefixo de negação '*in-*' [*un-*] nessa palavra é a marca do recalcamento [*Verdrängung*]" (Freud, 2019, p. 95).

Quando Freud reconduz o adjetivo *unheimlich* ao *heimlich*, de algum modo está domesticando o dispositivo e seus efeitos. A não ser que esse *heimlich* não seja nada "familiar" (nem propriamente "conhecido"), estando mais vinculado ao sentido terrível do *Unheimliche*: a destruição iminente do indivíduo. Isso implica dizer que na experiência *unheimlich* predomina de fato a remissão à morte, e não ao *heimlich* como algo referente ao lar, ao doméstico, confortável. Pois o par *unheimlich-heimlich*, em sua conotação mais terrível, resulta sempre em desconforto e desamparo, até mesmo em loucura e em morte (termos quase equivalentes no ensaio), como bem ilustra a história de Natanael, que enlouquecerá e morrerá. E, para Freud, mesmo a genitália feminina (e o útero a que se vincula) nada tem de doméstica no sentido de confortável, mas é responsável pelo temor de ser enterrado vivo: retornar ao útero seria "desnascer", morrer em vida, sem que haja o trespasse — tal como Natanael sendo manipulado por Coppelius como um boneco, um semivivente, um morto-vivo.

No fundo, o que mais nós humanos precisamos *recalcar* é a relação com a morte, esse compromisso fundamental entre vida e morte, que sustenta o tecido da existência. Não somos seres-para-a-morte, como diria Heidegger, mas viventes mortais, que passamos a vida a "esquecer" o contrato fundamental entre vida e morte. A boneca Olímpia, tanto quanto Natanael, é protagonista de O *homem da areia*, justamente por significar o compromisso inarredável entre o animado e o inerte, a vida e a morte. Noutras palavras, Olímpia é a morta-viva e Natanael se sente como vivo-morto, o qual de fato encontrará a morte trágica ao fim do percurso que ele não controla. O pavor que eventualmente sentimos com a fantasia do Homem da Areia está não apenas na eventual perda dos olhos e consequentemente da visão, mas nessa perda como signo de outra maior: a da própria vida.

Todos os exemplos dados por Freud se relacionam a esse pavor elementar do que é vivo, e que portanto precisa ser recalcado para que o tecido da existência não se rasgue: "com o animismo, a magia e a feitiçaria, a onipotência de pensamentos, a relação com a morte, a repetição involuntária e o complexo de castração já se esgotou razoavelmente a extensão dos fatores a partir dos quais o angustiante se torna *infamiliar [Unheimlich]*" (p. 89 e 91). A relação com a morte e seu respectivo recalque, a meu ver, não seria um fator entre outros, mas o sobredeterminante geral da série.

A tradução de *unheimlich* por *infamiliar*, como propõe a edição da Autêntica, não é óbvia. Eu mesmo a havia proposto no livro sobre Clarice (2012). Mas, já ali, assinalava que não existe tradução exata, e que o ideal é jogar com outras possibilidades, a depender do contexto: estranho familiar e inquietante estranheza são traduções correntes em francês e que servem também para o português. A antiga edição da Imago traz o "estranho", com aspas já no título, para significar que não é qualquer *estranho* (Freud, 1976). Tal como outros termos estrangeiros, a meu ver esse não deveria ser traduzido, mas mantido e comentado por meio dos quase equivalentes já citados. O próprio Freud fez pesquisas em dicionários de língua estrangeira, e nenhuma das traduções é satisfatória: entre outros, *xénos* ("estrangeiro", em grego), *uncomfortable, gloomy, dismal, uncanny, ghastly* (em inglês) *inquiétant, sinistre* e *lugubre* (em francês), *sospechoso, de mal agüero, siniestro* (em espanhol) etc. Deve-se evitar a tradução da *mímesis* e do *lógos* grego, do *tao* oriental e do *Dasein* heideggeriano; o mesmo serve para *unheimlich* no texto de Freud. O problema de "infamiliar" é que "familiar" não tem a mesma dubiedade que o *heimlich* freudiano, o qual, a depender do contexto, pode significar algo familiar ou algo "estranho" porque secreto, escondido. A "inquietante estranheza" e o "estranho familiar" são expressões calcadas em traduções do francês, com a desvantagem de não serem uma única palavra. Assinalo de passagem que, em alemão contemporâneo, o significado de *heimlich* se fixou mais em algo de secreto, de uma ação às escondidas, exatamente porque, como Freud tinha anotado, a ideia de *Heim* na origem do termo implica algo de íntimo e doméstico, "do lar", que se furta à visão pública.

Não saber o significado da morte, mas conhecer seu poder de algum modo desde o nascimento, conviver com a pulsão de morte ao longo de toda a existência, desde o instante da fecundação, me parece bem mais decisivo para esse sentimento infamiliar-familiar ou in-familiar que experimentamos nas mais diversas circunstâncias. O complexo de castração seria um subproduto desse temor, e não algo originário e autônomo. O que mais recalcamos e que, todavia, retorna como recalcado, ou seja, inquietantemente familiar, é a relação com nosso próprio desaparecimento:

> Na medida em que quase todos nós, nesse ponto, ainda pensamos como os selvagens, não devemos nos *admirar que o medo primitivo diante da morte seja, em nós, ainda muito poderoso e esteja pronto para se expressar, assim que algo venha a seu encontro* [*die primitive Angst vor dem Toten bei uns noch so mächtig ist und bereit liegt, sich zu äussern, sowie irgend etwas ihr entgegen kommt*]. Provavelmente, ele conserva ainda o antigo sentido de que o morto se torna um inimigo do que sobrevive e pretende levá-lo e torná-lo um companheiro de sua nova existência (Freud, 2019, p. 89, grifos meus).

ANTROPOCENO, GAIA, CTÔNIA

Você já plantou uma árvore hoje?
Katia Maciel, *Plantio*

Embora a discussão sobre a existência ou não de um antropoceno — ou seja, aquele momento em que as intervenções humanas se tornaram o principal fator de modificação das estruturas geológicas, a partir de meados do século XX, modificação consignada pelo registro estratigráfico — esteja bastante desenvolvida, ainda não há consenso na comunidade científica quanto a uma superação da fase do holoceno. O assunto é da alçada dos geólogos, que pesquisam as mudanças no nível da *estratigrafia*, disciplina que estuda a sucessão das camadas ou estratos que aparecem num corte geológico. Na Inglaterra, a instituição encarregada do assunto é Comissão Estratigráfica da Sociedade Geológica de Londres. Eis o que comenta José Eli da Veiga, a propósito dos resultados a que chegou o Grupo de Trabalho sobre o antropoceno, liderado por Jan Zalasiewicz e Mark Williams, da Universidade de Leicester:

> Seja qual for a maneira como tudo isso vier a terminar, Zalasiewicz e seus coautores mostram estar convictos de que os seres humanos constituem o principal agente geológico em escala planetária. Isto é, que suas atividades já mudaram a trajetória de muitas dinâmicas-chave da Terra, em certos casos de forma irreversível, imprimindo marca indelével no planeta. Isso significa que o holoceno não serve mais para restringir adequadamente a taxa e magnitude da variabilidade do Sistema Terra [...] (Veiga, 2019, p. 62).

O grande problema, a meu ver, é que ainda não se conhece exatamente a extensão nem a provável duração das transformações engendradas pelos humanos sobre a superfície e as camadas geológicas. Se, por uma razão civilizacional (guerra atômica, por exemplo) ou natural (cataclismos, com a chegada de um enorme meteorito), a humanidade viesse subitamente a desaparecer, ao menos em sua grande maioria, será que não haveria uma reversão súbita do quadro catastrófico em que vivem todas as espécies? O processo de degradação ambiental e climática, a despeito de toda a pressão que já se percebe sobre inúmeras formas de vida, muitas extintas nos últimos anos, outras em fase de extinção, ainda não pode ser adequadamente medido em sua totalidade global. E o que acontece no nível biológico mais aparente para nós pode não se confirmar no nível geológico profundo. Mesmo assim, alguns relatórios científicos não deixam dúvida sobre a gravidade da situação e a necessidade urgente de se providenciarem medidas de contingência das causas e efeitos destrutivos.

A liberação ampla e indiscriminada dos agrotóxicos no Brasil, desde a ascensão da extrema direita ao poder, é um dos sinais mais evidentes do que se nomeia hoje como *biopolítica*: a vida mercantilizada, transformada em produto venal como qualquer outro, uma autêntica *commodity*, sem nenhum escrúpulo ético.

O belíssimo poema de Drummond "O céu livre da fazenda" acena para uma possível saída do labirinto de sofrimentos provocados pelos humanos: "[...] A natureza/ recompõe seus prestígios onde o homem/ parou de depredar. A garça branca/ pousa delicada nos espelhos d'água remansosa, onde a presença/ não se percebe mais da garça rósea" (1984, p. 68). Adiante: "[...] porque matamos/ o que era vida alada em nossa volta". E quase no fim, ressoando muitos dos argumentos que venho desenvolvendo: "[...] o simples refúgio, ilha de vida,/ enquanto a vida nega-se a si mesma/ na exacerbação das técnicas de lucro" (p. 69).

Thomas Lemke chama, todavia, a atenção para o modo como Deborah Heath, Michael Flower, Donna Haraway e Hans-Jörg Rheinberger expõem os limites da noção foucaultiana de biopolítica, que ainda estaria relacionada a um conceito fechado de corpo, seja referente aos indivíduos ou à população em geral:

> O conceito de biopolítica de Foucault permaneceria associado à ideia de um corpo integral; sua análise das técnicas disciplinares de poder que visam o corpo para formá-lo e parcelá-lo teria como base a noção de um corpo fechado em si mesmo e delimitável. As biotecnologias, ao contrário, permitem uma decomposição e uma recombinação do corpo que Foucault não previu (Lemke, 2018, p. 132).

Para os referidos autores, a questão agora é ver como as *tecnologias da vida* interferem no nível biotécnico molecular, não mais apenas submetendo os corpos viventes, mas transformando e criando vida. Em vez de simples submissão dos organismos vitais, individuais ou de grupo, ocorre a produção de vida, como só as novas formas de manipulação genética, por exemplo, permitem, inclusive no nível da *biotecnologia vegetal*, cuja expressão máxima seriam as espécies geneticamente modificadas, engendrando alimentos transgênicos.

Nos últimos anos, há uma tendência a supervalorizar a figura mítica de Gaia, como a parte da Terra que abriga a biosfera, decisiva, portanto, para a preservação da vida. Gaia seria uma espécie de Terra-Mãe ao mesmo tempo protetora e a ser protegida de nossos ataques mais vis. Num belo ensaio em que relê de forma erudita essa parte da mitologia grega, "Gaia e Ctônia", Giorgio Agamben identifica outra figura divina que antecede Gaia e de algum modo a excede. Essa seria Ctônia, que se refere aos estratos do subsolo. Os etruscos, segundo o filósofo italiano, estariam entre os povos que mais valorizaram a relação entre o mundo subterrâneo dos mortos e a superfície onde a vida prolifera. Não há oposição simples entre os dois planos, visto que não existe uma linha de interrupção, mas um *continuum* que garante a comunicação permanente entre solo e subsolo, entre vida e morte:

> Segundo toda evidência, a identificação dos limites da biosfera com a superfície da terra e com a atmosfera não pode ser mantida: a biosfera não pode existir sem o intercâmbio e 'a interface' com a tanatosfera ctônia, Gaia e Ctônia, os vivos e os mortos devem ser pensados conjuntamente (Agamben, 2021, p. 111).

Podemos sem dúvida associar a dificuldade de lidar com a morada dos mortos ao retorno do recalcado, o *Unheimliche* freudiano. Nossa recusa em entender as conexões entre solo e subsolo, ou seja, entre as diversas esferas que compreendem o globo terrestre, o qual não tem limites internos ou externos absolutos — essa recusa deriva de nossa dificuldade de lidar com "a morte e suas intermitências", para referir um título de José Saramago. Aceitar a morte como parte integral da vida, entender que se começa um pouco a morrer no instante mesmo do nascimento ou até no instante da fecundação do óvulo pelo espermatozoide é fundamental para evitar a aceleração do processo destrutivo que ora nos assedia. Quanto mais recalcamos a morte em nome de um vitalismo relacionado ao progresso, é o horror da morte que triunfa, com todas as consequências que uma pandemia traz. Destruir as reservas naturais a fim de garantir uma vida confortável para uma minoria é a lógica perversa por trás de todos os males atuais. O mal-estar que nos assedia advém dessa fuga de uma reflexão detida sobre os componentes da vida e da morte como inextrincáveis. O coronavírus é, como sinaliza o forte título de Jean-Luc Nancy, demasiado humano (*Un trop humain virus*, 2020), fruto de nossa inconsequência relativa ao planeta como um todo, em sua face Gaia ou Ctônia. Diz ainda Agamben:

> E no final, Gaia, a terra já sem profundidade, que perdeu toda memória da morada subterrânea dos mortos, está totalmente à mercê do medo e da morte. Desse medo poderão se curar apenas aqueles que reencontrarão a memória de sua dúplice morada, que lembrarão que a humanidade é apenas aquela vida em que Gaia e Ctônia permanecem inseparáveis e unidas (2021, p. 112).

É uma pena que o filósofo italiano não tenha aprendido sua própria lição, colocando-se ao lado do pior negacionismo, ao refutar qualquer necessidade de confinamento durante a pandemia do coronavírus. Tudo o que acabo de referir confirma a hipótese de nossa tendência a recalcar o que é mortífero, negando-o — exatamente como agiu Agamben em face da covid-19. Claro, um bom discípulo sempre encontrará no "estado de exceção" a explicação para a resistência à intervenção do Estado na esfera da saúde pública e privada; mas, justamente, quando uma categoria passa a dar explicação para qualquer acontecimento, ela perde seu valor conceitual e sua capacidade de fazer pensar.

É importante ressaltar — como o próprio Agamben destaca — que as crises ambientais de hoje derivam em grande parte da exploração da matéria orgânica estocada durante milhões de anos no subsolo ctônico: o petróleo. Essa energia não renovável, explorada exaustivamente, foi um dos grandes combustíveis da Revolução Industrial no século XX e, portanto, uma grande incrementadora do processo destrutivo dos diversos biomas. Ainda continuamos dependentes desse óleo; e, sem encontrar um substituto menos nocivo, toda a vida no planeta permanecerá ameaçada.

Num livro em que explora aspectos "mineiros" e "minerais" da literatura de Carlos Drummond de Andrade, *Maquinação do mundo: Drummond e a mineração*, José Miguel Wisnik lê poemas, contos e crônicas do escritor mineiro a fim de demonstrar a resistência que ele empreendeu contra a Companhia Vale do Rio Doce. Como se sabe, durante muitos anos a cognominada "Vale" (originalmente um substantivo, que aqui soa contraditoriamente como forma verbal honorífica, pois de valor vital a empresa detém muito pouco...) explorou os minérios de Itabira, cidade natal do poeta. Mas as riquezas auferidas em terras itabiranas jamais se converteram em enriquecimento regional. Comenta Wisnik, citando primeiramente uma crônica de Drummond, publicada em 16 de maio de 1957, no *Correio da Manhã*:

> "Sempre se chamou a indústria de mineração de 'indústria ladra', porque ela tira e não põe, abre cavernas e não deixa raízes, devasta e emigra para outro ponto." A extração mineradora é reconhecida explicitamente [nessa frase de Drummond] como devastadora, não sustentável, movida por um apetite cego e destinada ao abandono e à substituição contínua dos estoques que esgota, sem falar no rastro de rejeitos acumulados que deixa para trás (Wisnik, 2018, p. 156-157).

Infelizmente, a despeito da militância antimineração do poeta, a Vale do Rio Doce levou seu empreendimento exploratório em Itabira a termo, deixando atrás de si uma terra devastada. O extrativismo mineral é uma das piores causas de destruição ambiental, e os desastres da Samarco (empresa controlada pela Vale S.A. e pela anglo-australiana BHP Billiton) em Mariana e da Vale em Brumadinho só confirmam esse aspecto do mais nefasto capitalismo. Em 5 de novembro de 2015, a barragem do Fundão prorrompeu, inundando o distrito de Bento Gonçalves com 43,7 milhões de metros cúbicos de rejeitos da mineradora Samarco. Vidas foram ceifadas, casas, terrenos e roças foram invadidos pela lama tóxica — o rio Doce ficou totalmente contaminado até a desembocadura no Atlântico; ainda hoje as vítimas esperam plena reparação financeira. Em 25 de janeiro de 2019, foi a vez de a barragem da Vale prorromper, inundando a cidade de Brumadinho, na área metropolitana de Belo Horizonte, com idêntico perfil de vítimas e territórios invadidos pelos 12 milhões de metros cúbicos de resíduos minerais. Ambas as catástrofes não foram meramente acidentais e poderiam ter sido evitadas se fossem tomadas medidas de segurança. Outras barragens de rejeitos se encontram na mesma situação de risco, em Minas Gerais e noutros estados.

Como ainda reflete Wisnik, "a indústria mineradora tornou-se o protótipo de *uma lógica geoeconômica do saque, não exclusivamente mineral*, que opera sobre o planeta fazendo-o o objeto paradoxal e final de uma operação incessante de consumição e descarte" (2018, p. 157, grifos meus). Devastação e descarte formam o compasso binário do extrativismo capitalista que o desgoverno de Bolsonaro estimula e quer implantar oficialmente na Amazônia, e que o projeto de lei nº 490 consigna. Se não houver ponto de virada, chegará o momento, em alguns anos, quando nada mais restará da exuberante floresta tropical. Um belo dia os próprios humanos serão objeto de descarte, já que não haverá meios de sobreviver numa Terra arrasada. O empreendimento devastador da *Terra Brasilis*, que se iniciou com a invasão portuguesa em 1500, invasão batizada eufemisticamente como "descoberta", terá então cumprido todos os seus projetos e disposições. Exploração e devastação não são acidentes de percurso, mas elementos estruturais do funcionamento *capital*. O *modus operandi* da "máquina do mundo" capitalista sempre foi esse descompromisso aético que vemos todos os dias se reafirmar.

As reflexões de Karsten Schulz em "Decolonizing Political Ecology: Ontology, Technology and 'Critical' Enchantment" [Descolonizando a política ecológica: ontologia, técnica e encantamento "crítico"] são bastante convergentes com as de Wisnik a partir de Drummond. Para o ensaísta alemão, a fase do que chamo de hipercapitalismo tecnológico, malgrado as aparências, nada tem de socialmente inclusiva. Um celular ao alcance de todos em nada representa um bem-estar social maior, supostamente fomentado pela iniciativa privada das grandes empresas:

> [...] defendo que seria enganoso historicizar completamente a relação entre colonialismo, capitalismo e tecnologia, sugerindo-se que o progresso tecnológico hoje em dia se tornou relativamente mais mundano ou inclusivo. *Pelo contrário, o progresso tecnológico hoje ainda é possibilitado pela apropriação neocolonial e pelo extrativismo, exemplificados pela mão de obra barata e pela mercantilização do meio ambiente vital que, por sua vez, são fatores determinantes para o desdobramento do consumismo globalizado* (Schulz, 2017, p. 133, grifos meus).

Schulz faz também uma crítica à apropriação indébita de elementos das culturas indígenas como forma de "reencantamento" do mundo. Fora de seu contexto, tais apropriações podem ter um sentido inverso ao de libertação, dando vez a todo tipo de mistificação, que apenas serve para legitimar e reforçar mecanismos clássicos de assujeitamento. Igualmente válida é sua crítica ao modo como tais cosmologias dos povos originários, utilizadas com as melhores intenções, podem se tornar mais um objeto cobiçado da sociedade de consumo:

> [...] existe toda uma indústria em funcionamento que transforma filosofias indígenas em produtos de consumo, como livros, filmes ou seminários, que geralmente promovem mera autoajuda, escapismo intelectual ou *kitsch* esotérico. É prudente estar politicamente atento neste momento. As formas indígenas de "devir-com" com o meio ambiente não devem ser chamadas para uma geoengenharia mais "consciente", para o patenteamento da me-

dicina tradicional ou para as novas transformações verdes lideradas pela indústria agroquímica. Questionar o tecido material, epistêmico e ontológico que "nós" criamos — e que por sua vez criou uma parte de "nós" — significa necessariamente questionar a nós mesmos. Afinal, quem somos "nós", se "transformamos"? (Schulz, 2017, p. 137).

Essa me parece uma grave advertência aos intelectuais, artistas e escritores não indígenas que se aproximam dessas culturas indígenas sem o devido cuidado ético-político. Não se trata de formações culturais *prêt-à-porter*, que estaria na moda incorporar ao discurso crítico. Trata-se, sim, de *formas de vida* muito distintas, nas quais palavras muito ocidentais como "encantamento", "espírito", "alma", "religião", "moral" e outras não fazem nenhum sentido. Se trago para este livro as falas de alguns desses indígenas, é porque são autores híbridos, detendo simultaneamente um grande conhecimento de suas próprias culturas e das nossas. A formação de João Paulo Barreto como antropólogo, por exemplo, demonstra sua enorme capacidade de compreender e lidar com o mundo dos "brancos" (terminologia precária para uma realidade complexa) a fim de poder sobreviver, ao tempo em que se mantém organicamente ligado a seu povo da etnia Tukano, bem como a outros agrupamentos indígenas, dentro e fora da Amazônia (cf. Barreto, 2021). Já do "nosso" lado isso é muito difícil, porque na maior parte das vezes o contato com esses povos irmãos mas diferentes de nós é superficial, momentâneo e mediado por uma língua de origem europeia, o português do Brasil. Nesse como em tantos outros casos, é difícil ter acesso à experiência do outro enquanto outro: um outro próximo todavia muito distinto do que fizemos de nós mesmos. Já Ailton Krenak, Kopenawa, João Paulo Barreto, Sônia Guajajara e diversos outros detêm uma vasta experiência de suas próprias e de outras culturas.

Desse modo, a *descolonização* (como traduzo o anglófono *decolonial*) do pensamento dito ocidental deve se dar por meio de diversos protocolos éticos, políticos e estéticos. De outro modo, recai-se nas velhas armadilhas do exotismo benevolente acerca das culturas indígenas e afrodescendentes. Um exotismo travestido de resistência política. Toda relação com as alteridades vicinais (plantas, animais, povos originários e outros) deve ser cercada de muitos cuidados, a fim de evitar duas atitudes viciadas: a idealização da cultura alheia e, em razão da primeira conduta, sua posterior apropriação indiscriminada, uma vez que as alteridades são facilmente conversíveis em objeto de consumo, entre tantos outros oferecidos pelo "hipermercado" virtual ou real da cultura globalizada.

Citando Aimé Césaire, Schulz defende ainda — como se tornou saudável praxe na contemporaneidade — a noção de *pluriversalidade* em lugar de uma universalidade abstrata, que sustentou os dogmas humanistas. Universalidade que nada mais fez do que replicar os valores do colonizador europeu sobre o resto do mundo. Nas palavras do próprio Césaire, um dos autores fundamentais do pensamento descolonizador, em seu *Discurso sobre o colonialismo*, publicado originalmente em 1950: "Colonização: base militar numa civilização da barbárie, de onde, a qualquer momento, pode redundar a negação pura e simples da civilização" (2007, p. 18).

A pluriversalidade busca incluir valores distintos daqueles a que a sociedade capitalista nos habituou. Por exemplo, quando Davi Kopenawa critica a noção de propriedade que nos é tão cara, ele está nos passando valores fundamentais de sua própria cultura: ninguém é dono de território algum nem de nenhum bem material. Toda zona de habitação ou de agricultura serve apenas para uso em função de sobrevivência e não para se acumular bens e riquezas, como fazem mais do que nunca os inúmeros bilionários de todo o planeta.

Por manterem outra relação com as florestas, evitando tratá-las como mero "meio ambiente", é que nossos indígenas jamais se prestaram a se apropriar delas e as saquear. Na boca de um de nós não indígenas, as seguintes palavras soariam românticas, pois nos habituamos a desprezar esse tipo de raciocínio; proferidas por um xamã yanomami, esse tipo de frase ganha todo um outro sentido:

> Nossos antepassados nunca tiveram a ideia de desmatar a floresta ou escavar a terra de modo desmedido. Só achavam que era bonita, e que devia permanecer assim para sempre. As palavras da ecologia, para eles, eram achar que *Omama* tinha criado a floresta para os humanos viverem nela sem maltratá-la. E só. Somos habitantes da floresta (Kopenawa, 2016, p. 480).

É ouvindo e lendo, em suma, dialogando com esse "cipoal verbal", que sustenta *A queda do céu* de ponta a ponta, que podemos propor, na teoria e na prática, uma nova relação com os ambientes onde vivemos e convivemos com outros humanos e com outros viventes, modificando-os e sendo por eles modificados. Schulz sintetiza muito bem:

> A cuidadosa construção de um diálogo pluriversal que não esteja inserido no culturalismo nem no particularismo absoluto, mas sim na constatação de que múltiplos lugares de enunciação coexistem e se enredam na colonialidade do conhecimento, do ser e do poder, será, portanto, a principal tarefa que temos pela frente. Uma crítica descolonial-ecológica *no* e *do* antropoceno (2017, p. 139).

Capítulo 10
Por outro humanismo: poéticas vegetais

> *Não nos tornamos xamãs comendo carne de caça ou plantas das nossas roças, e sim graças às árvores da floresta. É o pó de yãkoana, tirado da seiva das árvores yãkoana hi, que faz com que as palavras dos espíritos se revelem e se propaguem longe. A gente comum é surda a elas, mas, quando nos tornamos xamãs, podemos ouvi-las com clareza.*
> Davi Kopenawa, *A queda do céu*

SEMEAR, VERBO TRANSITIVO

Na primavera de 2017, o Grand Palais de Paris realizou uma inédita exposição com o título de *Jardins* (cf. catálogo de Le Bon, 2017). Obras de diversas épocas se sucediam para dar uma visão múltipla das possibilidades de abordar artisticamente a vida vegetal: instalações, pinturas em técnicas variadas, livros ilustrados, vídeos, jardinagem, gabinetes de curiosidade, esculturas etc. Toda uma sensorialidade vegetal à disposição de quem se desse o tempo de justamente *vegetar*, ou seja, de aproveitar *lentamente e com entusiasmo* cada um dos artefatos disponibilizados ao público.

Simultaneamente, as livrarias parisienses colocaram para aquisição inúmeras obras literárias, catálogos, livros de botânica e de paisagismo, incluindo-se aí publicações em francês e em inglês sobre o grande Burle Marx, o qual também teve uma importante retrospectiva em torno de seu trabalho em cartaz, entre 8 de junho e 29 de setembro de 2019, no Jardim Botânico de Nova York. No *Filme paisagem: um olhar sobre Roberto Burle Marx*, que lhe foi dedicado postumamente, sob a direção de João Vargas Penna (2018), ele conta que descobriu a flora brasileira numa estufa, quando estudava em Berlim. Até então, nosso paisagismo ignorava as espécies nativas, em favor das de origem europeia, consideradas "superiores". A partir disso, tudo mudou, tal como se pode testemunhar em seu sítio-museu no Rio de Janeiro, e noutros lugares onde realizou projetos e trabalhos que marcaram uma "virada tropical" no paisagismo internacional. Com 407 mil metros quadrados, o Sítio Burle Marx fica em Barra de Guaratiba, na Zona Oeste do Rio, e abriga uma coleção com mais de 3.500 espécies de plantas tropicais e subtropicais. Em julho de 2021, o sítio foi reconhecido como Patrimônio da Humanidade pela Unesco.

Alguns escritores contemporâneos também têm se dedicado ao universo exuberante das plantas. Ana Martins Marques publicou um delicado *Livro dos jardins* (2019), dividido em duas partes. Na primeira, poemas avulsos celebram a existência desses viventes que fazemos tudo por ignorar: as flores e plantas em geral. Na segunda, "poemas-jardins" são dedicados a mulheres poetas: a brasileira Orides Fontela, a norte-americana Sylvia Plath, a polonesa Wisława Szymborska, a argentina Alejandra Pizarnik, a russa Marina Tsvetáieva, a austríaca Ingeborg Bachmann e a também norte-americana Laura Riding. Essa relação entre mulheres e plantas é antiga, mas, nesse caso, vai além da simples vinculação do "eterno feminino" às flores, num simbolismo bastante tradicional e redutor. Na contemporaneidade, as e os poetas que abordam plantas o fazem desvinculando-as da mera simbologia e colocando-as como verdadeiras "atrizes", ou melhor, *actantes* do drama da vida em geral. É essa a marca diferencial da *fitopoesia*: na verdade, quem escreve os versos são os próprios vegetais, por meio de suas irmãs e de seus irmãos poetas. Entre tantas delicadezas vegetais, destacaria o seguinte poema da primeira parte de *O livro dos jardins*:

Desconheço o nome
das plantas

Mas também desconheço o nome
de boa parte de meus vizinhos

Ao contrário das pessoas
as plantas não ligam

Não me dirijo a elas pelo nome
mas também na verdade
não me dirijo a elas

Elas nada pedem e nunca reclamam
às vezes perdem muitas folhas ou apenas,
e em silêncio, morrem

Estão sempre mudando
nunca
se mudam

Estamos
por enquanto
neste pé
(Marques, 2019, p. 10).

Destaca-se, em princípio, *o anonimato das plantas*. Ainda que todas as espécies que se deram ao conhecimento recebam designações científicas e/ou populares, os vegetais nunca ganham individualmente nomes, ao menos em nossas culturas ocidentais. Isso se deve ao já aludido fato de que eles, à diferença dos animais, quase nunca são percebidos como verdadeiros indivíduos, muito menos como "sujeitos" ou "pessoas". Cães e gatos, bem como animais silvestres em cárcere doméstico ou público, recebem até mesmo nome de gente: além do clássico Rex, do hilário Pluto, do célebre Knut (estrela de destino trágico no zoo de Berlim, na primeira década deste século), pode-se ouvir Igor, Katy, Max, Susana, Tião (famoso macaco do zoo do Rio, já falecido) etc., nomeando nossos "companheiros específicos" (para lembrar as "espécies companheiras" — *companion especies* — de Donna Haraway, 2016b). Para nós, um abacateiro ou um pé de couve representa sua espécie e não a si mesmo individualmente. A isso, as plantas respondem com a mais absoluta indiferença, enquanto os cães e os gatos estão sempre atentos ao modo como são chamados, sobretudo os primeiros. Esse *silêncio das plantas* (ao menos para nossos ouvidos, porque no fundo o fluxo da seiva no tronco e nos galhos produz, sim, algum som, para nós inaudível) é a marca do reino vegetal e, tanto quanto sua aparente imobilidade, ajudou a formatar o estereótipo de que as plantas apenas "vegetam", estando mais próximas, portanto, do reino inerte das pedras (o qual também somente em aparência é totalmente imóvel). Vimos em capítulos anteriores o quanto isso é falso, servindo de argumento para o rebaixamento dos vegetais na perspectiva dos humanos e dos outros animais. De qualquer modo, na penúltima estrofe, por meio da conjugação dúbia do verbo *mudar(-se)*, a suposta imobilidade das plantas é paradoxalmente questionada ("Estão sempre mudando") e afirmada ("nunca/ se mudam"); ou seja, a cada estação mudam de roupagem, sem que aparentemente mudem de lugar. Mas o substantivo *muda* (não referido no texto) é indicativo de sua capacidade de mudança em duplo sentido: elas podem mudar de lugar, se suas mudas forem transplantadas, e portanto mudarão também sua própria estrutura física, com o passar do tempo. A muda pode ser um galho a ser implantado noutro local até virar uma planta por inteiro, ou mesmo uma planta jovem, que é retirada do viveiro e replantada, para se desenvolver plenamente.

Um dos componentes mais fortes do poema é, com efeito, certa incomunicação dos vegetais para conosco: embora cultivados e modificados pela espécie humana, permanecem em seu mutismo enigmático, desafiando nossa prepotente soberania. E assim, "Estamos/ por enquanto/ neste pé", quer dizer, é por essa situação de incomunicação interespecífica que a planta se mantém "de pé", como pé de goiaba, de açaí, de maçã ou de qualquer outra saborosa fruta. Assinalo que, como veremos, a partir da metáfora bastante concreta do jardim, a novela *A visão das plantas*, da angolana Djaimilia Pereira de Almeida (2021), também aborda a indiferença vegetal em relação aos humores humanos, pois só lhe interessam o húmus, a água, o gás carbônico e a luz solar. Alheamento bem demarcado noutro poema da mesma coletânea de Marques, o qual fala de uma árvore que sempre floria, independentemente do que acontecia ao redor do mundo: "Floria sempre/ a cada ano/ indiferente aos acontecimentos" (2019, p. 20).

Já "A planta", de Ferreira Gullar, publicado em sua última coletânea *Em alguma parte alguma* (2010) e retomado em *Toda poesia* (2021), faz também um paralelo entre o humano que ele é e uma planta de vaso ou mesmo uma planta qualquer, já que o espécime em geral reproduz à perfeição os traços de sua espécie, a parte valendo pelo todo específico.

A despeito da indagação dubitativa da primeira estrofe, a diferença entre as espécies humana e vegetal é marcada pela cor esverdeada da segunda e também por sua ausência de fala. Assinalo que as plantas são verdes porque, como visto, para a realização da fotossíntese, suas células contêm cloroplastos com clorofila; esse pigmento absorve mais o azul e o vermelho do espectro da luz solar, e em proporção menor o verde, que é em parte refletido, fazendo com que os vegetais exponham predominantemente esta última cor. Todavia, a estrofe seguinte lembra que, como dito acima, o fluxo da seiva no caule produz algum som, para nós imperceptível — nesse caso, o mutismo vegetal é só aparente:

> Pode ser que ouvido
> melhor que o meu
> ouça-lhe a voz da seiva
> a irrigar-lhe o caule
> (Gullar, 2021, p. 482).

Mas a última estrofe acentua toda a diferença entre os dois corpos específicos: enquanto o poeta (espécime do *Homo sapiens sapiens*) tem "forma pronta", a planta *vive de muda*, multiplicando suas folhas, que puxa do "ventre" como sabres ou os naipes de um jogador de cartas. Essa afirmação final é também dubitativa: a "forma pronta" dos humanos é só aparente, pois nós também retiramos unhas, cabelos e muitas secreções de nosso interior; ademais, não paramos de mudar, desde bebês até a idade senil, com muitas "mudas" de pelo e de pele, tal como os bichos e os vegetais, com seus pelos, couros, cascas e folhagens. Em suma, ou "em sumo", há mais semelhanças entre nós e os vegetais do que sonha nossa vã (e bela) poesia.

Num livro dedicado a *O vivo*, mas que também aborda as relações entre este e o *não vivo*, Adriana Lisboa (2021) entretece inúmeros fios entre as múltiplas formas de vida. Uma amostra da delicada beleza da coletânea é o poema a seu modo *anthológico* "a flor e seu protesto":

> tanto já se falou da flor e o seu protesto
> aquela que rompe o asfalto
> a que entope os canos dos fuzis
> feia ou cravo
> ou o cocar do amaranto
> (semente-bomba sobre os campos
> da Monsanto)
>
> tanto já se usou a flor
> em rima pobre em rima rica
> ou de classe média
> canções e coroas fúnebres
> e nos altares às dúzias
> e nos falsos pedidos de desculpas
>
> mas o que diz a flor
> quando não a tomamos emprestada

> para lutas lutos amores
> ou metáforas
>
> o que será uma flor
> sem significante
> nem significado?
> (Lisboa, 2021, p. 31).

A construção poética se arma protestando contra os abusos que se praticam em nome da flor. Um dos mais notórios casos é o intenso poema de Drummond, "A flor e a náusea" — um tanto desgastado pelo excesso de citações —, ao fim do qual brota uma feia flor, que fura o asfalto; "Uma flor nasceu na rua! [...]// É feia. Mas é uma flor. Furou o asfalto, o tédio, o nojo e o ódio" (Andrade, 1979c, p. 162). Como todo símbolo, essa "feia flor" virou signo de resistência, como a "antiflor" de protesto. No texto de Lisboa, vêm em seguida os cravos que entupiram os canos dos fuzis após a Revolução dos Cravos portuguesa, mais um símbolo fixo de resistência vegetal. A Monsanto é uma empresa norte-americana, especializada em agricultura de transgênicos, forma biopoliticamente incorreta de *agrobusiness*. Já na segunda estrofe proliferam referências a usos e abusos em relação à flor, com diferentes significados: em rima poética (ironicamente associada a classes sociais: pobre, média e rica), nas canções, nos funerais, nos templos e nos "falsos pedidos de desculpas".

As últimas estrofes indagam o dizer da flor para além das "lutas lutos amores/ ou metáforas". Ou seja, "o que será uma flor/ sem significante/ nem significado?". O poema *firma* (assina) desse modo a existência floral independentemente dos nomes e sentidos que lhes atribuímos — tal como visto na poesia de Alberto Caeiro. É um poema-protesto não por trazer uma mensagem política óbvia contra uma situação humana ou ambiental específica, mas, ao contrário, por protestar contra a simbologia floral, indagando o *ser-estar* da flor livre de nossas ações e emoções. Trata-se de flor, por assim dizer, *assêmica*, desprovida de significante ou significado na humana linguagem.

É esse valor de protesto contra os vícios políticos e bélicos dos humanos que se insurge delicadamente no poema "pátria" do mesmo livro: "no máximo/ a glória apátrida/ de rosas e magnólias/ a virtude/ das raízes crescendo/ através das fronteiras/ uma revolução no escuro/ sem mártires/ nem líderes/ nem heróis" (Lisboa, 2019, p. 48). Esse texto, como o que acabei de comentar, termina com dois sinais de menos: "sem" e "nem", demarcando o viver próprio às flores, que desconhecem pátrias, fronteiras, conflitos, heroísmos, martírios e outras coisinhas bem desumanas. Tais versos se apresentam como glosa florescente de um fragmento do heterônimo Ricardo Reis, disposto na epígrafe: *"Prefiro rosas, meu amor, à pátria./ E antes magnólias amo/ Que a glória e a virtude"*.

Noutra vertente, Sérgio Medeiros tem desenvolvido uma poética *nonsense*, em livros publicados pela Iluminuras, nos quais as plantas se entrelaçam aos comportamentos humanos, engendrando uma floresta de sinais no limite da significação, sem se tornarem propriamente assêmicos. Um dos melhores exemplos é o livro O *sexo vegetal*, no qual se encontra esta pequena e desnaturada "Selva...", com reticências no título e espaçamento entre os versos descritivos, que ele nomeia como *descritos*:

> Galhos altos se dobram mas não se partem sob o peso de uma macaca que pula sem parar de cá para lá entre as folhas.
>
> Não se vê a macaca. Nunca.
>
> Pode-se tentar chamá-la.
>
> Suavemente? Aos gritos? Com gestos mudos?
>
> Talvez no Acre haja um *resort* que ofereça a seus hóspedes essa experiência.
> (Medeiros, 2006, p. 58).

A ironia está sobretudo na sugestão final de que a movimentação da invisível macaca, entre os galhos das árvores, se torne um espetáculo como experiência para um público ávido por curiosidades exóticas. O fato de o animal não ser visto torna a cena ainda mais excêntrica, como um *freak show* em que a estrela nunca se apresenta de fato, insinuando-se entre as folhagens.

O poema que encerra a coletânea de Júlia de Carvalho Hansen contém nos versos finais o próprio título do livro: *Seiva, veneno ou fruto* (2016). Como os outros que o acompanham, o texto não tem título, tornando a estrutura geral mais fluida, como se uma seiva deslizasse de um galho a outro da rizomática árvore poética:

> Da palavra sair
> habitar outros mundos
> a espinha dorsal do peixe
> lamber até limar os dígitos.
> Dar os tímpanos
> ao vibrar dos grilos
> reconhecer a chegada do trovão
> no deslocar do sangue
> e ao anteceder terremotos
> subir! No alto da árvore
> e cair com o rabo
> enovelando um galho
> se dependurar na abóbada celeste
> soprar o rumo dos polos
> e das marés que vem dos polos.
> Não conhecer despedida
> viagem ou remorso
> código, símbolo ou faca.
> Nunca alterar a rota do fogo.
> Ser seiva, veneno. Ou fruto.
> (Hansen, 2016, p. 45).

Desde o início, a voz poética se propõe paradoxalmente a sair da palavra... utilizando muitas palavras! Isso no último poema do livro, como uma porta da saída. Não há propriamente eu poético, mas apenas uma enunciação impessoal e anônima, que de propósito se afasta das significações culturais ou naturais demasiado batidas. A proposta é, quase imperativamente, habitar outros mundos além do humano: mundo animal (peixe, grilos, símios), mundo do não vivo porém vibrante (trovão, terremoto, abóbada celeste, marés, fogo) e, por fim, mundo vegetal, com a declaração do desejo de "Ser seiva, veneno. Ou fruto". Tal como nos poemas citados de Adriana Lisboa, afirma-se o claro propósito de se afastar das simbologias e códigos humanos, exauridos por abusos milenares: "Não conhecer despedida/ viagem ou remorso/ código, símbolo ou faca" (Hansen, 2016, p. 45). Toda essa textualidade poética aponta para uma exaustão da história humana (ou da História simplesmente, já que a obsessão cronológica é somente nossa) após séculos de violência colonizadora do homem sobre si mesmo e sobre as demais espécies. Não há nostalgia de um tempo pacífico ou edênico, que jamais existiu, a não ser em nossas fantasias passadistas; porém há, sim, o desejo de abertura para universos que desconhecemos, em sua radical diferença, porém na maior familiaridade (*unheimlich*, portanto): as plantas, os animais, os minerais, as forças planetárias e cósmicas, com que interagimos todo o tempo, sem muita consciência do bem ou do mal que lhes fazemos.

Poucos são os poemas como "O cacto", do livro *Libertinagem* de Manuel Bandeira, em que a planta agreste demonstra toda sua potência, a um só tempo vital e mortífera. Na primeira estrofe tem-se um "retrato escrito" do verdadeiro personagem. Comparado em sua força aos "gestos desesperados da estatuária", o vegetal, pertencente à família das cactáceas, é assimilado à invenção artística que mais se aproxima da estabilidade e do vigor físico: a estátua. Os dois temas aludidos são clássicos, fazendo parte tanto da literatura quanto das representações visuais. Laocoonte, citado no segundo verso, era um sacerdote de Apolo, que, conforme a lenda narrada pela *Eneida*, de Virgílio, teria desafiado o deus ao ter filhos ou então por ter arremessado uma lança contra o cavalo de Troia. Apolo então enviou duas serpentes para matar os filhos de Laocoonte, e, ao tentar salvá-los, este é assassinado pelos répteis. A representação artística mais conhecida remete à Antiguidade grega: *Laocoonte e seus filhos*, uma estátua de mármore feita por Agesandro, Atenodoro e Polidoro, que hoje se encontra no Museu do Vaticano. Já Ugolino della Gherardesca, referido no terceiro verso e retratado por Dante no canto XXXII do "Inferno", na *Divina comédia*, foi aprisionado pelo arcebispo Ruggieri degli Ubaldini numa torre, com filhos e netos. Ugolino tentou comer a carne da prole e foi o último a morrer. Jean-Baptiste Carpeaux o transpôs em mármore, e Rodin, em bronze.

Em contrapartida, evocando o "seco Nordeste, carnaubais, caatingas...", tem-se um paralelo com o mundo dito natural, ao qual o vegetal geneticamente se relaciona. Arte e natureza se entrelaçam de modo inapelável, para erguer visualmente a compleição física do retratado.

A planta é adjetivada "enorme", como uma espécie de "fera" do reino vegetal. Não por outro motivo, seu próprio *vigor* provoca um verdadeiro cataclismo no momento em que tomba, com a capacidade destrutiva de um terremoto ou de uma inundação:

> Impediu o trânsito de bondes, automóveis, carroças,
> Arrebentou os cabos elétricos e durante vinte e quatro horas
> [privou a cidade de iluminação e energia:
>
> — Era belo, áspero, intratável.
> (Bandeira, 1976, p. 96).

Por seus versos livres e bastante extensos, a composição poética se aproxima de belíssima prosa. Mais ainda: se apresenta quase como uma notícia de jornal, na qual se lê um *fait divers* meio sobrenatural, devido à fúria aniquiladora que o vegetal promove no ambiente em que, por assim dizer, soberanamente reinava. Seu caráter "intratável" reside nessa irredutibilidade de um vivente que não se deixa abater com facilidade, negando, portanto, certa "doçura" inerente às plantas.

Enxerto aqui uma referência autoral. Uma das histórias de meu livro *A desordem das inscrições: contracantos* (Nascimento, 2019) se intitula, ironicamente, "A doçura das plantas". Dedicado ao saudoso filósofo Roberto Machado, com quem conversei muito sobre plantas em passeios no Jardim Botânico do Rio de Janeiro, o texto, ao modo de um manual de botânica fictício, aborda a chamada *figueira-estranguladora*. Essa planta detém o poder de se apossar de outras árvores e até de monumentos, destruindo-os por meio de seus poderosos caules, lançados a partir de uma coroa que se instala no alto de uma árvore hospedeira, a qual finda por perecer, ou então no alto de um edifício em ruínas. A ilustração da narrativa é o desenho que fiz a partir de uma foto que Machado me enviou quando retornou de uma viagem ao Camboja, entre outros países do sudeste asiático (cf. Nascimento, 2019, p. 137--141). Registram-se ao menos duas espécies com características e comportamentos semelhantes: a figueira-da-austrália (*Ficus macrophylla*) e a brasileira mata-pau ou figueira-vermelha (*Ficus clusiifolia*). Ambas pertencem à família *Moraceae*, que inclui diversas espécies espalhadas nas regiões tropicais e subtropicais do globo.

A poética vegetal moderna e contemporânea se deseja então o máximo próxima das plantas, sem utilizá-las como instrumento da moralidade humana. As árvores e as flores, por exemplo, comparecem como sinais de vitalidade, num mundo exaurido, mas não como símbolos de eternidade ou de sublimação religiosa. Tal como se vê em "Tecoma", de Josely Vianna Baptista:

> soltas
> do caule
> as pétalas
> do ipê
> descolorem

> a penugem
> dos talos
> (de repente
> leves,
> da corola
> livres).
> em alvoroço
> viçam
> — após lento
> pouso —
> de sol
> o capim
>
> (Baptista, 2018, p. 127).

O texto se estrutura como um "enxerto poético" de duas árvores distintas: a tecoma — árvore ornamental, originária dos Estados Unidos, dos Andes e da África tropical ou austral — e o ipê, árvore nativa das regiões quentes das Américas. Formados por uma ou duas palavras, os versos descrevem a queda das pétalas do ipê, do caule até atingir o capim no solo. O movimento das pequenas unidades da planta é de desprendimento de seu ponto de fixação, libertando-se da corola onde se encontravam presas, em queda até o lento pouso, e viçando de sol, em alvoroço, o capim. A sinestesia, que mistura *alvoroço* (metáfora etimologicamente mais ligada ao som, com os "gritos de alegria") com *luminosidade*, reforça a intensidade das cores nas pétalas soltas do ipê. Um espetáculo visual que o dom poético transforma em aliterados sons, "alvoroço/ viçam [...]/ de sol". Embora o poema não explicite, a referência solar remete sem dúvida ao ipê-amarelo.

A partir da noção de *permacultura*, Carola Saavedra, em seu livro *O mundo desdobrável: ensaios para depois do fim*, propõe uma *permaescrita*: "em termos muito básicos [a permacultura] é uma técnica de plantio que leva em conta todo o sistema planta-terra-vento-luz-

-animais e pensa o plantio como parte desse sistema, dando preferência às relações entre os vários seres" e "A permaescrita é um conceito criado por mim e que aponta para novas formas de escrever literatura" (2021, p. 80).[1]

A concepção plural de *permaescrita* e de *permaliteratura* tem tudo a ver com o que aqui chamo de *fitoescrita, fitocultura* e *fitoliteratura*. Como este volume que a leitora ou o leitor tem em mãos, a *fitoescrita* é necessariamente rizomática, plena de ramificações que se expandem em várias direções a partir de um ou mais caules. Intento incorporar os erros e pequenos fracassos ao trajeto, pois são inevitáveis; sabendo também que não há essência nem das plantas nem da literatura, pois ambas o que mais fazem é escapar da identidade única — do mesmo modo que não há o "próprio" do homem. Literatura e plantas são, por natureza, doadoras e disseminadoras do vigor que as anima, tal é seu *valor*, como tenho procurado demonstrar. Se a tradição crítica tentou sempre associar os textos literários ao humanismo tradicional, isso fracassou porque a literatura, em suas raízes antigas ou em sua versão moderna, jamais se prestou a qualquer moral que valorizasse apenas a dignidade humana, em detrimento dos demais viventes e não viventes. Voltada desde sempre para todo tipo de temática humana (nada do que é de nosso universo foi deixado de lado), e agora no século XXI cada vez mais associada ao que não é humano (animais, plantas, minerais, coisas e máquinas), a literatura afirma a vida em suas múltiplas formas, inclusive vinculando-a às modalidades do não vivo e que nunca está de todo inerte (a chamada *vibrant matter*, a matéria vibrante, segundo Jane Bennett — 2010).

A fitoescrita, num sentido próximo do que defino, se encontra tematizada num de seus aspectos (por assim dizer, "gramatical") no poema

---

[1]. Ficará para um estudo vindouro abordar com mais detalhes as relações entre fitoescrita e permacultura, restando como outras sementes por germinar no devido momento.

"Verde visto do alto", de Edimilson de Almeida Pereira, dedicado a Dagmar Wolff:

Matos são gramáticas.

Nas suas frases
vemos projetos de coisas
não o meio acontecendo.

A regra dos verdes
o casamento
seu com outras formas
deixam inocentes os olhos.

A utilidade da ciência
é instruir esparsamente
o plural dos matos.

Aprendo seu alfabeto
com a atenção de uma menina
que faz tranças
para ir à escola.

Nenhuma palavra traduz
essa linguagem.

O verde visto do alto
é texto de deus apócrifo
fora das bíblias
e dos argumentos.

Uma letra se move
no caderno de verdes.

Um chapéu amarelo ergue
a cabeça de uma flor.

Aprendo o alfabeto
dos matos começando.
Não escrevo nomes
só apelidos e variantes.

Inda agora letra e flor
são promessas de.
(Pereira, 2003, p. 115-116).

O dístico "Nenhuma palavra traduz/ essa linguagem" sintetiza o paradoxo do poema, que mimetiza a *escrita vegetal*, a qual se faz por meio de raízes, caule, folhas, flores e frutos, e por isso mesmo é praticamente intraduzível em linguagem verbal. No entanto, como esta última é a linguagem que, aparentemente, dominamos melhor, embora detenhamos outras linguagens corporais, é por meio de palavras que o poema se ergue — e não "saindo" delas, como no poema comentado de Hansen —, florescendo seus tons esverdeados. Vendo uma floresta ou um simples bosque (formações vegetais sintetizadas na palavra "Verde" do título) do alto, a voz poética não hesita em declarar que "Matos são gramáticas". E é por meio de analogias com nossos idiomas humanos que ele descreve essa gramática clorofílica: "Nas suas frases/ vemos projetos de coisas", "A regra dos verdes/ o casamento/ seu com outras formas", "o plural dos matos", "Aprendo seu alfabeto", "essa linguagem", "O verde visto do alto/ é texto de deus apócrifo", "Uma letra se move/ no caderno de verdes", "Aprendo o alfabeto/ dos matos começando". Por fim, ocorre a junção do alfabeto com o elemento mínimo, discreto, que permite a reprodução de uma planta: a letra e a flor, "Inda agora letra e flor".

A escrita floral desdobra então sua sintaxe por tonalidades de verde, que aparentemente mimetizam a sintaxe e a textualidade da linguagem humana, mas a junção dos dois códigos — o linguístico e o vegetal — permanece como uma proposição em suspenso: "são promessas de". Cortado o verso, fica a cargo da imaginação do leitor e da leitora supor o que essa junção linguístico-floral promete, como um artifício muito *desnatural...*

E para concluir essa vereda floral, um verdadeiro *florilégio*, transplanto aqui o belo final de "Azul", um dos poemas de *Magma*, de Guimarães Rosa, que é puro deleite sinestésico:

> Sinto o perfume da flor nova,
> com mais dois estames, buliçosos,
> e quatro pétalas, de um esmalte raro,
> molhadas nas tintas de céus fundos,
> e cromadas com a faiança das lagoas...
> (Rosa, 1997, p. 57).

Tem-se, nessa sintaxe poética, uma perfeita combinação de cultura e natureza, praticamente indeslindáveis, tal como visto em "O cacto" de Bandeira, mas com analogias bem mais delicadas: "flor nova", "estames", "pétalas", "esmalte", "tintas de céus", "cromadas", "faiança das lagoas". Confirma-se, desse modo, a conjetura da narradora-pintora de *Água viva*, de Clarice Lispector: essa vegetação rosiana é como as orquídeas, que já nascem artificiais, já nascem arte.

O NÃO HUMANISMO DOS VEGETAIS SEGUNDO DJAIMILIA PEREIRA DE ALMEIDA

> *[...] e entre todos eles, principalmente, o capitão Celestino,*
> *que tendo começado a vida como pirata a acabou como*
> *um santo, cultivando com esmero um quintal*
> *de que ainda hoje me não lembro sem inveja.*
> Raul Brandão, *Os pescadores*

O livro de Djaimilia Pereira de Almeida *A visão das plantas*, um dos vencedores do Prêmio Oceanos de 2020, traz um enredo perturbador, em múltiplos sentidos. Na edição brasileira da Todavia (Almeida, 2021a), é uma novela de 85 páginas, que narra o final da vida de um pirata e, principalmente, traficante negreiro aposentado. O pouco que sabemos de sua história vem na epígrafe do livro — um trecho de *Os pescadores*, obra de Raul Brandão, de 1923, que fala do capitão Celestino, marcando o contraste entre a vida pregressa (extremamente violenta) e o final (absolutamente cândido) do criminoso.

A fábula tenebrosa (e fascinante) de Djaimilia expõe esta dupla vida: um passado da mais crua criminalidade e um presente de benévola candura. Os horrores deixados para trás pelo personagem ao voltar a sua terra natal comparecem na narrativa por fragmentos, quase como *aparições* de um filme de terror. A maior parte do tempo a história se debruça sobre o jardim que ele cultiva e também sobre a relação um pouco tumultuada com os habitantes do lugarejo. Visitando-o, o padre Alfredo tenta extrair dele uma confissão, sem sucesso.

No entanto, o que há de verdadeiramente espantoso não é apenas o contraste entre o bandido de outrora e o velho "bondoso" do presente, mas sim o comportamento das plantas no que diz respeito a seu "anfitrião", o próprio capitão Celestino, que delas cuida com esmero. Como bem resume Brandão num outro trecho do texto citado na epígrafe: "todo dia o velho corsário, *com mãos delicadas de mulher*, tratava embevecido as flores cultivadas como filhas. E acabou assim a vida mondando e podando, *sem uma dúvida na consciência tranquila...*" (*apud* Almeida, 2021a, p. 7, grifos meus). Seria possível dizer-se um sujeito zeloso, que se dedica a seu jardim como o melhor dos patriarcas o faria, sem nenhum remorso de crime ou pecado. Na verdade, uma "matriarca", pois a delicadeza se vê aqui, de forma bem tradicional, associada à figura feminina: "com mãos delicadas de mulher" e "as flores cultivadas como filhas".

O fato de ter sido voluntária no Jardim Botânico de Lisboa, e de ter recebido lições de uma botânica que a orientava no trato com as plantas, faz com que a ficção de Djaimilia tenha uma vivacidade e uma minúcia de detalhes no que diz respeito à jardinagem que poucas escritoras ou escritores conseguiriam. Cito um trecho que expressa bem a poesia de sua escrita, bem como o realismo de uma casa entregue aos vegetais na ausência do dono, tal como Celestino a encontra no momento em que retorna de seu longo périplo:

> [...] e o bambu espreitando entre as pernadas do azevinho, cuja folhagem geométrica, emaranhada na hera, estrangulava o vetusto carvalho de tronco enquistado, nem os seus elmos brancos e estiletes interrogativos escondiam que, suplicando por ordem, a missão do jardim desgovernado era penetrar nas frinchas das portas, apodrecer a água do poço com fungos venenosos, apoderar-se da mobília, entrar nas gavetas, alastrar os ramos até aos olhos dos quadros dos velhos e levar a memória do que fora a vida humana que um dia ali tinha habitado (Almeida, 2021a, p. 13).

Coube ao pirata pacificado tratar esse jardim desgovernado, transformando-o num quintal domesticado, com grande êxito. Do passado escravagista, o relato mais horripilante é sem dúvida o episódio da revolta dos escravos que vinham da África num navio negreiro em direção ao Brasil. O capitão Celestino simplesmente mandou sufocá-los, lançando cal no porão onde se encontravam... Essa "pequena" mostra indica bem os métodos do antigo pirata. Tais fatos são tão mais desconcertantes por fazerem parte da narrativa de uma escritora negra, nascida em Luanda, capital de Angola, ou seja, num país que conheceu todos os horrores da violência colonial portuguesa. Alguns de seus ancestrais podem ter sido vítimas do iníquo personagem que ela ficcionalmente recria.

Acho curioso que, num depoimento dado à "Ilustrada" da *Folha de S.Paulo* (2021b), a autora especule sobre a possibilidade de o personagem buscar algum tipo de redenção no final da vida, e quem sabe o cuidado com as plantas represente isso. O problema é que em nenhum momento o capitão demonstra arrependimento nem sombra de remorso, como quem buscasse salvação. Cito novamente um fragmento do testemunho de Brandão: "sem uma dúvida na consciência tranquila". Cultivar o jardim da casa da infância parece apenas o desdobramento natural de uma existência repleta de "trabalho" bem-sucedido. Depois de tanto denodo com o tráfico negreiro, nada mais "lógico" do que a dedicação às atividades de jardineiro... Um "merecido" repouso para um sanguinário batalhador.

Não restam incertezas: se levarmos em conta o brilhantismo da literatura de Djmailia e, sobretudo, se levarmos em conta a miríade de exemplos em todas as épocas e em todas as regiões do globo, *o crime recompensa amplamente,* sendo muito raro um grande malfeitor se arrepender de seus atos, mesmo quando condenado. E pior, a observar o mundo atual, mais raro ainda é serem punidos: a grande maioria morre rica e feliz, inclusive o 1% detentor de grande parte das riquezas do planeta. O "sinistro" da economia do desgoverno Bolsonaro, Paulo Guedes, é um autêntico representante dessa elite discriminatória e a seu modo genocida, pelas muitas mortes que provocou através da exploração econômica.

Noutras palavras, a Justiça pena e a maior parte das vezes fracassa em reparar os grandes erros humanos. Figuras como Donald Trump (não governa mais, porém continua riquíssimo como seus pares), Jair Bolsonaro, Vladimir Putin, Viktor Orbán, Kim Jong-un, Recep Tayyip Erdoğan e Xi Jinping, entre muitos outros, representam o poder econômico e político mais devastador de que se tem notícia. Se apenas um deles vier a ser julgado e condenado (tomara que seja Bolsonaro, embora todos os outros também sejam terríveis ameaças aos viventes humanos e não humanos), já será uma vitória tremenda para suas inúmeras vítimas.

E o que pensam as plantas sobre nosso desvario humano? Mais uma vez, segundo a narrativa de Djamilia, *nada*:

> As plantas viam o jardineiro como as plantas veem. Não se sentiam agradecidas. Tratavam o seu regador à semelhança da chuva

que caiu sobre elas nas noites de Outono. Florescerem não era o seu meio de meterem conversa com o jardineiro, mas uma forma de acentuarem a sua indiferença à declaração de amor que ele cultivava a cada hora.

Tanto lhes fazia serem cuidadas por um assassino, se eram sujas as mãos que as amparavam ou o que viera antes do amor que ele lhes dedicava (Almeida, 2021, p. 35).

E as plantas têm razão de não se envolverem nos funestos assuntos humanos. Quanto pior e mais letal para nós for nossa própria trajetória, mais chances elas têm de se apossarem das casas e prédios abandonados, transformando a Terra inteira num jardim particular. Afinal, é o que merecemos por toda nossa iniquidade: sermos despejados de nosso próprio lar, para sempre.

As plantas estão do lado da vida: dão tudo de si para continuar existindo, inclusive fornecendo farto alimento aos animais, pois estes são incapazes de tirar energia diretamente da fonte solar. Mas, por isso mesmo, não são dotadas de nenhum humanismo. Devem nos ver ora como estorvo a seus planos, ora como auxiliares involuntários (quando, ao comer os frutos, espalhamos suas sementes, ou quando ocorre de as tratar bem). Não têm nenhum amor pela espécie humana, amor, aliás, que nada fizemos por merecer. Nosso destino lhes é indiferente, pois sabem que, cedo ou tarde, nos autodestruiremos e então poderão novamente reinar como antes de o *Homo sapiens sapiens* existir. Para elas, a invasão humana terá representado um brevíssimo intervalo de alguns segundos no fluxo inexorável do espaço-tempo. Não deixaremos nenhuma saudade, apenas ruínas dos sonhos que jamais conseguimos realizar de todo como espécie.

Isso quer dizer que devemos nos render aos diversos colonialismos históricos (o português entre os mais cruéis) e às inúmeras atrocidades do capitalismo tardio? De forma alguma. Se a fitoescrita de Djaimilia Pereira de Almeida, bem como a de diversos autores e autoras que se debruçam sobre essa temática vegetal na atualidade, parece amoral, é porque exige a instauração de uma nova ética, não mais centrada na figura do Homem (o gênero que durante séculos designou a espécie), mas na vida como um todo, inclusive em suas relações complexas com os não viventes. A exploração dos próprios humanos pelo Homem em sua configuração falocêntrica é tão importante de ser pensada e transformada quanto a violência contra as demais espécies.

Nessa perspectiva, vale a pena aproximar a novela da angolana de *A vegetariana*. Esse romance da sul-coreana Han Kang (2018) impressiona justamente pela ênfase dada a uma situação de extrema violência contra o corpo feminino. Não se trata de um panfleto em favor do vegetarianismo, mas sim de uma crítica ao modo como se abatem os animais e como se consome carne vermelha e branca abusivamente. Tem-se, portanto, uma dupla violência: contra os animais e contra as mulheres, mas também contra os vegetais. O fato de a protagonista Yeonghye se identificar a estes últimos, a ponto de querer se transformar numa árvore, fazendo a fotossíntese, radicaliza a ideia de uma *resistência feminina* à agressividade falocêntrica, encarnada pelo marido, pelo cunhado, mas sobretudo pelo pai. Nesse romance, tudo começa no dia em que o marido da protagonista Yeonghye acorda durante a noite e encontra a mulher diante da geladeira, colocando todas as carnes num saco para jogar no lixo. Trata-se de um casal absolutamente comum de classe média, cuja vida transcorreria anonimamente não fosse a mudança súbita de comportamento por parte da esposa, a qual passa a não consumir, a não cozinhar e a não servir nenhum tipo de carne.

A explicação que ela dá para sua atitude são os sonhos terríveis que tem, envolvendo matança de animais, com muito sangue. Tais narrativas oníricas são as únicas dela própria em primeira pessoa, e logo na inicial ela conclui descrevendo seu rosto coberto de sangue, como se ela fosse a própria vítima do holocausto animal: "Era familiar e desconhecido ao mesmo tempo... Essa sensação real e esquisita, terrivelmente estranha" (Kang, 2018, p. 17). A atmosfera de familiar estranheza (o *Unheimliche* freudiano) perpassa toda a narrativa, que não tenho intenção de analisar aqui em toda sua extensão, pois mereceria um longo estudo à parte. O fato de Yeonghye se identificar aos vegetais a ponto de querer se transformar numa árvore reforça a identificação das formas verdes de vida com as existências mais vulneráveis do planeta.

O enredo é trágico, e a protagonista acabará num hospício, exatamente por não se submeter às injunções da família que a obriga a comer carne. Num dos episódios mais fortes, ela foge para o parque onde fica o hospital e tenta plantar a si própria de cabeça para baixo, pois é assim que acha que as árvores estão. Segundo conta à sua irmã Inhye, atendeu ao chamado que vinha da terra: "Fui para lá porque escutei um chamado" (Kang, 2018, p. 152). E, ao se tornar planta, recusa-se a comer, bastando ficar exposta ao sol para se alimentar... Eis como narra a descoberta que a leva ao ato extremo de "plantar-se" como uma árvore, entregando-se às intempéries e à luz solar:

> Sabe como descobri isso? Foi durante um sonho: eu estava de cabeça para baixo e do meu corpo cresciam folhas, e das minhas mãos brotavam as raízes. As raízes iam perfurando a terra, mais e mais profundamente... Senti que uma flor ia nascer do meio das minhas pernas e as abri, abri bem as pernas... (p. 140).

Não por acaso, o componente erótico (e tenebroso) que perpassa todo o romance tem sempre na flor sua mais *chamativa* metáfora: do mesmo modo que acontece na ficção de Clarice, é como se das flores viesse o apelo mais forte para o devir-vegetal. Han Kang explicou em entrevista que foi numa frase do poeta Yi Sang que ela encontrou a inspiração para essa temática: "acho que os humanos deveriam ser plantas" (*apud* Benevides, 2021).

Sinalizo, de passagem, que é relevante o fato de os poemas e as narrativas mais fascinantes com alteridades não humanas na contemporaneidade serem de autoria feminina, como é o caso do romance envolvendo sobretudo os animais *Sobre os ossos dos mortos*, da polonesa Olga Tokarczuk (2020). Destaco, nessa outra narrativa de resistência à brutalidade contra os animais, uma singela frase, enunciada pela narradora-protagonista Janina: "Pensei, então, que toda a morte provocada injustamente merece algum tipo de difusão pública. Até mesmo a morte de um inseto. Uma morte despercebida torna-se duplamente escandalosa" (Tokarczuk, 2020, p. 147). São esses textos *pensantes* que nos levam a sentir e a refletir sobre os limites de nossa própria humanidade: até que ponto a violência que praticamos contra nós mesmos e contra os outros viventes ainda faz parte de nossa "natureza humana"? A impossibilidade de obter resposta a tal indagação está em que nenhuma ciência, nenhuma filosofia, nenhuma arte conseguiu até hoje determinar em definitivo a essência do humano, que provavelmente inexiste. Isso torna ainda maior o desafio de estabelecer limites éticos nos tratos com as alteridades, próximas ou distantes.

O PENSAMENTO VEGETAL E O "HUMANISMO" ALÉM DO HOMEM

> *O fazendeiro criara filhos*
> *Escravos escravas*
> *Nos terreiros de pitangas e jabuticabas*
> *Mas um dia trocou*
> *O ouro da carne preta e musculosa*
> *As gabirobas e os coqueiros*
> *Os monjolos e os bois*
> *Por terras imaginárias*
> *Onde nasceria a lavoura verde do café.*
> Oswald de Andrade, "a transação"

Uma das indagações mais agudas em relação ao conceito moderno de Homem e seu correlativo humanismo está inscrita no título de Primo Levi, *É isto um homem?*. Observo, todavia, uma importante diferença em relação ao original em italiano: *Se questo è un uomo*: em vez de uma pergunta, tem-se uma dúvida ou uma hipótese: "*Se*". Formulação indagativa ou hipotética, o que importa na inscrição titular é a força que se sublinha na palavra "homem". A expressão que proponho, "O 'humanismo' além do Homem", não precisa ser lida na clave do além--do-humano ou *Übermensch* nietzschiano (embora dialogue com este) nem do que na passagem do século XX ao XXI se nomeou como "pós--humano", que seria um híbrido entre homem e máquina. Nesse *outro humanismo* a que hipoteticamente me refiro está em causa a relação do humano com seus outros: os animais, os vegetais, as formas híbridas e as coisas. O ideal seria, um belo dia, não precisarmos mais do termo "humanismo", nem mesmo na modulação alterada como "outro". Lembro o fato de, a despeito das aparências, homem e humano não terem a mesma etimologia; consequentemente, "humanismo" não deriva de "homem", não sendo, portanto, exclusivamente masculinista e podendo ser ainda utilizado, com todas as aspas.

A certa altura de seu aflitivo relato sobre a experiência no campo de concentração em Auschwitz, Levi pondera:

> Essa, então, é a vida ambígua do Campo. Desse modo brutal, oprimidos até o fundo, viveram muitos homens do nosso tempo; todos, porém, durante um período relativamente curto. Poderíamos, então, perguntar-nos se vale mesmo a pena, se convém que de tal situação humana reste alguma memória.
>
> A essa pergunta, tenho a convicção de poder responder que sim (1988, p. 127).

E ele continua, defendendo a validade de seu testemunho, pois "nenhuma experiência humana é vazia de conteúdo". Outro argumento é que "o Campo foi também (e marcadamente) uma notável experiência biológica e social" (p. 127). O autor de tais linhas não suportou a memória de seu próprio sofrimento e sobretudo do alheio, vindo a se matar décadas depois de publicar seu livro no pós-guerra imediato. Embora a hipótese de suicídio tenha sido comprovada pela polícia de Turim, familiares e alguns biógrafos discordam. Seja como for, exemplo acabado de desumanidade, o campo de concentração significou, para Levi, algo ainda da ordem do humano, demasiado humano. E do humano-desumano numa das civilizações mais representativas da cultura dita ocidental, justamente a *Kultur* germânica, a qual ficou em definitivo marcada pela sombra do nazismo.

Antes mesmo de o estruturalismo pôr em questão, a partir dos anos 1950, a forma essencialista e subjetivista do Homem, questionamento que seria levado a termo na conclusão de *As palavras e as coisas*, de Michel Foucault, Aimé Césaire fez uma avaliação cabal do humanismo, como vinculado ao empreendimento colonizador europeu sobre outros continentes, empreendimento que está na base do capitalismo fundante da modernidade dita ocidental. Citemos, primeiramente, dois trechos do célebre texto de Foucault: "O homem é uma invenção cuja data recente a arqueologia de nosso pensamento mostra com facilidade. E talvez o fim próximo"; supondo que, num futuro não muito distante, as condições históricas que permitiram o surgimento da forma Homem desaparecessem, o pensador francês propôs terminalmente a seguinte imagem: "pode-se então apostar que o homem se apagaria, como um rosto de areia na beira do mar" (Foucault, 1996, p. 398).

Em seu já citado *Discurso sobre o colonialismo*, Césaire não hesita em associar o humanismo burguês ao hitlerismo. A contundência histórica de tais palavras — publicadas pela primeira vez em 1950, quando a catástrofe da Segunda Guerra ainda estava muito próxima — guarda ainda hoje toda sua força. O poeta e intelectual martinicano mostra como o totalitarismo colonizador sempre foi tolerado e até apoiado pelo burguês europeu, porque exercido sobre outras plagas. Insuportável mesmo foi a violência colonial empreendida pelo nazismo nas próprias terras europeias:

> Sim, valeria a pena estudar, clinicamente, no detalhe, os procedimentos de Hitler e do hitlerismo, para revelar ao mui distinto, mui humanista, mui cristão burguês do século XX que ele traz consigo um Hitler ignorado, que Hitler o *habita*, é seu *demônio*, e se ele o vitupera, é por falta de lógica; no fundo, o que não perdoa a Hitler não é *o crime* em si, *o crime contra o homem*,

não é a humilhação do homem em si, é o crime contra o homem branco, é a humilhação do homem branco, e por ter aplicado na Europa disposições colonialistas até aqui só atinentes aos árabes da Argélia, aos *coolies* da Índia e aos negros da África.
Nisso consiste a grande reprimenda que dirijo ao pseudo-humanismo: ter durante muito tempo apequenado os direitos humanos, ter tido e ainda ter uma concepção estreita e parcelar, parcial e partida [*une conception étroite et parcellaire, partielle et partiale*], no final das contas sordidamente racista (Césaire, 2007, p. 13-14).

Césaire não defende um anti-humanismo inócuo. Sua motivação maior é expor a hipocrisia dos humanistas tradicionais, que sempre ignoraram as atrocidades coloniais e apenas se indignaram quando elas começaram a acontecer em seu próprio território. Até hoje é assim: o chamado "Primeiro Mundo" (designação por si só hierarquizante e, portanto, colonialista) demonstra total indignação quando norte-americanos, franceses, alemães, canadenses ou suíços, sobretudo se forem brancos, são submetidos a algum tipo de barbárie individual ou coletiva. No entanto, se árabes, chineses, indianos, peruanos ou sul-africanos negros são trucidados, os protestos nas mídias ocidentais são bem menos intensos.

As vidas humanas continuam não importando da mesma maneira; o "valor humano" depende sobretudo da etnia e da classe social dos indivíduos e dos grupos. Foi isso o que o movimento antirracista Black Lives Matters ajudou a denunciar, a partir do sufocamento do negro norte-americano George Floyd pelo policial branco Derek Chauvin, em 25 de maio de 2020, em Minneapolis, no estado de Minnesota, dando vez a inúmeros movimentos antirracistas mundo afora. Mas, sem dúvida, o fato de o ato nefando ter ocorrido nos Estados Unidos deu todo o peso à indignação mundial. Centenas de episódios similares ocorrem todos os dias no Brasil e noutros países, sem que despertem as mesmas reações. Os direitos humanos continuam sendo privilégio de poucos.

Como bem esclarece Gianni Carchia, em sua "Glosa sobre o humanismo", inverter o polo do humanismo tradicional numa proposta anti-humanista, tal como o fez o estruturalismo, não muda nada, pois o humano continua sendo a medida de todas as coisas, ainda que sob forma de anonimato nas estruturas gerais da linguagem, como bem o prova o logocentrismo de Jacques Lacan, muito bem demonstrado por Jacques Derrida num ensaio antológico (1980). E como pondera Carchia:

> Assim o não humano, como não cai no movimento da história [em sentido hegeliano], tampouco é a imobilidade do mito: antes, é a parada da história; como não coincide com a expansão do sujeito, tampouco é sua mera aniquilação; é, antes, sua deterioração; dado que não se identifica com a exaltação da consciência, tampouco é o silêncio informe do inconsciente: é, pelo contrário, sua irredutível voz. Desagregação das identidades, desfazer das totalidades, não porque seus fragmentos — as assimetrias e o informe obrigados a "sair fora" — se tornam mais uma vez contradições, momentos motores do destino do mundo, mas nem mesmo porque eles se abandonam a sua cega deriva, de novo alvos fáceis do veredito da dialética: pelo contrário, porque persistem em sua própria não identidade (1977, p. 9).

A única saída para o pensamento está nesse não humano que não se deixa mais apreender, como forma negativa a ser subsumida, no movimento dialético da História em sentido hegeliano, jamais se identificando ontologicamente. Um outro "humanismo" (se o termo ainda serve), como humanismo *dos* outros e *das* outras, só poderá vir à cena mundial se tanto as alteridades vicinais quanto o radicalmente outro, o desconhecido infamiliar (*Unheimliche*), pautar a agenda existencial das relações entre o vivo e o não vivo. A partir do descentramento do humano, bem como do vitalismo que lhe foi até recentemente congenial, pode-se afirmar uma hiper-ética, que se desdobre numa hiper-política e numa hiper-estética. Uma *hiper-ética* cujos valores levem em conta tudo o que não é humano. Uma *hiper-política* que abra os muros da *pólis* ideal e incorpore em seu recinto formas não humanas e não vivas com toda dignidade, dando-lhes pleno direito de cidadania — tal como, por exemplo, o termo *florestania* sugere. E uma *hiper-estética* não mais apenas no sentido da beleza (que apesar de tudo também conta), mas sim de uma sensorialidade e de uma sensibilidade que extrapolem a corporalidade humana em seu idealismo metafísico e científico. O questionamento do antropocentrismo e do zoocentrismo biológico e cultural vai nesse sentido de liberação das plantas e dos demais viventes, como também dos não viventes, liberação em relação à tradição humanista de fatura colonizadora.

Daí não fazer nenhum sentido a defesa de um *fitocentrismo* como propõe Michael Marder (2013), pois um recentramento noutra instância além do humano e do animal apenas inverte os polos sem alterar o quadro epistemológico das diversas tradições ocidentais. Se o humanismo tradicional falhou na função de reduzir as iniquidades humanas, cabe hoje lutar por *outro humanismo*. Um *humanismo outro*, que seja de fato instaurador de novas relações com as formas de vida vicinais: os viventes vegetais e animais, e todos os não viventes minerais. Sem isso, nossa humanidade terá fracassado na árdua tarefa da sobrevivência, deixando-se arrastar por suas piores pulsões (auto)destrutivas.

Não se encaixando no pensamento identitário essencialista (lembrando que a "identidade" pode também ser pensada de forma múltipla, não homogeneizante), o pensamento não antropocêntrico das diferenças tampouco se identifica às teses da metafísica ocidental, pois escapa aos contornos familiares dos sistemas epistêmicos, como têm sido teorizados na história da filosofia. Espelhando-se na heteronomia das plantas, o *pensamento vegetal* rejeita o princípio de não contradição em seu conteúdo e forma, pelo fato de, sendo ao mesmo tempo pensamento (em sentido verbal) e não pensamento (em sentido não verbal), não se opor em absoluto a seu suposto "outro". Como diz Marder: "Por conseguinte, seria mais exato conceber o pensamento-da-planta em termos de 'intencionalidade não consciente', em que os significados proliferam sem a intervenção de representações conscientes" (2013, p. 154).

O respeito reflexivo da planta é a consideração de seus limites e de seus dons. Sua capacidade infinita de crescer e germinar deve ser recebida com hospitalidade incondicional, como esse outro próximo que exige cuidados exatamente por trazer diversos benefícios, a si e aos outros. As plantas não existem apenas para nos alimentar, elas não têm um único objetivo. Nem são apenas o objeto da pesquisa científica e da exploração comercial; não constituem simples mercadorias! Daí ser absolutamente antiético tratá-las de forma exclusivamente utilitária, pois, como visto com Ailton Krenak (2020), "a vida não é útil", muito menos a vida das plantas. Utilidades, sem dúvida elas têm, e muitas, mas a serem tratadas de maneira sustentável, levando em conta a preservação do solo, do clima, dos animais e dos humanos que com ela interagem todo o tempo. Nenhuma vegetação subsiste sozinha, mas sempre em-contato, convivendo com outras espécies e com o não vivo porém sempre vibrante, como toda e qualquer matéria.

A relação íntima entre as espécies, ou a *relação interespecífica*, faz com que toda cultura seja de algum modo *agricultura*, cultivo de si relacionado ao cultivo do outro, das outras espécies viventes e não viventes. Trata-se de uma *pan-agricultura* (sem tortura), a um só tempo imanente e transcendente, pois envolve todos os planos da existência:

> A agricultura e a história natural não estão em oposição. O homem não é o único a influenciar e a determinar o destino das espécies. Toda espécie, provavelmente, decide, a sua maneira, sobre o destino evolutivo das outras. O que chamamos de *evolução* não é nada mais que um tipo de agricultura interespecífica generalizada, um intercultivo cósmico — que não visa necessariamente ao útil. O mundo, em sua totalidade, se torna assim uma realidade puramente relacional em que cada espécie é o território agroecológico da outra ou das outras: todo ser é jardineiro de outras espécies, e jardim para outras mais, e o que chamamos

de mundo não é senão a relação de cultivo recíproco (jamais definido puramente pela lógica da utilidade, mas tampouco pela da gratuidade). Não há ecologia possível, pois todo ecossistema resulta de uma prática e de um engajamento *agrícolas* das outras espécies. Não há espaço selvagem (nem espécies selvagens), pois tudo está cultivado e estar no mundo significa ser objeto da jardinagem dos outros. Estamos condenados a nunca sair do jardim do mundo (Coccia, 2020b, p. 29-30).

Deve-se também evitar representar as plantas como forma de autopromoção, pois o seu silêncio relativo precisa ser respeitado. Tudo se resume nessa relação com um outro especial, que entretém um vínculo particular com o entorno, o qual a invade e é por ela invadido, exatamente por sua incompletude, que determina sua vivacidade perspicaz, seu desassossego, sua não identidade, sua compleição democrática na relação interna de suas partes e na relação com outras plantas, animais, fungos e bactérias.

A plasticidade da vida vegetal, sua notável capacidade de regeneração e seu senso de coletividade deveriam nos orientar para seguir esses princípios gerais. Em síntese, tudo reside em não transformar as plantas em meros objetos de consumo, aprendendo com elas a melhor forma de crescimento e reprodução e sabendo sempre que uma verdadeira alteridade nunca se deixa consumir ou assimilar de todo. Afinal, a disseminação só é possível porque há sempre nos *restos* uma semente, pronta para germinar na próxima estação.

O *pensamento vegetal* significa, entre outros fatores que procurei desde o início levantar, o modo como as plantas pensam, sentem e reagem a seus múltiplos habitats, influenciando e protegendo toda a vida no planeta. É um pensamento sem *lógos*, sem palavras, mais próximo do que Clarice nomeou como "pré-pensamento", uma combinação de intuição, sensorialidade e inteligência. Mas o *pensamento vegetal* corresponde também ao modo como nos conectamos a elas, nos enxertando a seus caules, absorvendo suas seivas, sem consumi-las de todo. Tornamo-nos, assim, *o vegetal que logo somos*, pois a maior parte da matéria que nos nutre veio, direta ou indiretamente, delas, heterótrofos que somos.

É nesse sentido que se pode dizer que a vida em sua totalidade não mensurável como um "ente" (concepção heideggeriana por excelência), mas como um devir sem limites, ao mesmo tempo imanente e transcendente, pode ser concebida como *corpo vegetal*. Corpo vegetal feito de outros múltiplos corpos que não param de brotar, fazendo do mundo uma vasta *floresta* multiforme, em que tudo brota, se relaciona e se ramifica, sem origem nem fim pontuais. Tal como o sertão de Guimarães Rosa, diria que a floresta está em toda parte. E, parafraseando Hélio Oiticica, o qual declarou "museu é o mundo", proporia que *floresta é o mundo*. O mundo das e pelas plantas são sementes que se engendram e se percebem no ato da própria *gênese*, sem necessidade de um demiurgo que o formate tecnicamente. Esse tornar-se ou devir-vegetal dos humanos e dos demais animais corresponde a um dos ciclos mais relevantes da vida, sem o qual a existência do planeta seria infinitamente mais monótona. *Pensar* então pode ser traduzido como *vegetar*, em sentido potente: vibrar como matéria viva, vinculada desde sempre ao não vivo que a sustenta e por ela é sustentado. *Pensar é acolher as alteridades distantes ou próximas em sua mais radical diferença, sabendo que algo nelas de muito familiar também nos habita*. Nós também somos o vegetal que negamos.

Pensamos de fato não apenas quando raciocinamos, mas também, ou sobretudo, quando nos tornamos capazes da hospitalidade incondicional, aquela que, por exemplo, se encontra na coifa ou extremidade das raízes, em diálogo perpétuo e rizomático com outras raízes, fungos e bactérias. Diálogo essencialmente vital, *pensante*. Pois quem pensa por si e mais além de si é a própria vida, em suas inúmeras configurações, intuindo e inteligindo estratégias de sobrevivência num mundo que lhe é tanto acolhedor quanto hostil, indecidivelmente. E a acolhida ou hospitalidade de qualquer habitat depende muito da capacidade de cada espécie de moldá-lo a suas necessidades, numa *diplomacia* infinita interespécies, em que cada parte envolvida se beneficia, num movimento de mútua colaboração, tal como ocorre nas florestas. Sem a reinvenção dessa diplomacia com os outros viventes vegetais e animais, o humano não tem como sonhar com um porvir sustentado pelas forças vitais. Se o pior vier a acontecer, somente nos aguardará uma Terra desolada. Só nunca saberemos o que realmente elas pensam de nós; a visão das plantas sobre nossa desumana humanidade é o segredo inviolável do planeta; delas, apenas conhecemos a expressão da mais absoluta indiferença, tal como expõe brilhantemente *A visão das plantas* de Djaimilia Pereira de Almeida.

Espero que tenha ficado claro, por todos os exemplos literários, artísticos, filosóficos e científicos expostos e interpretados ao longo deste estudo, que a *fitocultura* — tão bem veiculada pela *fitoliteratura* —, o cultivo e o amor às plantas, é uma questão ética, estética e política de primeira ordem, em sua dimensão hiperbólica. As boas ou más decisões de nossos governantes, bem como nosso próprio comportamento individual e coletivo, determinarão o porvir de todas as vidas no planeta. Nada na História segue um curso estritamente evolutivo, mas, se o pensamento do *outro humanismo* advier (como pode já estar acontecendo), é a própria palavra "humanismo" que deverá ser em definitivo descartada, em favor daquilo que ainda não tem e talvez jamais terá um nome próprio. Pois todo nome considerado "próprio" recai no essencialismo das "propriedades" ditas humanas. Se a melhor hipótese se concretizar, restará apenas cultivar, com todo vigor, um efetivo pensamento vegetal.

Quero ver o mundo começar
a cada 1º de janeiro
como o jardim começa no areal
pela imaginação do jardineiro.
[...]
E mais não vejo, e calo, que as pequenas
coisas são indizíveis se fruídas
no intenso sentimento de uma vida
(são 20 ou 70 anos?)
limitada e perene em seu minuto
de raiz, de folha dançarina e fruto.
Carlos Drummond de Andrade, "Visões"

Referências

Abbott, Alison. "Swiss 'Dignity' Law Is Threat to Plant Biology". Nature, 23 abr. 2008. Disponível em: <www.nature.com/articles/452919a>. Acesso em: 20 jun. 2021.

Agamben, Giorgio. "Gaia e Ctônia". In: _____. *Em que ponto estamos? A epidemia como política*. São Paulo: n-1 edições, 2021, p. 105-112.

Almeida, Djaimilia Pereira de. *A visão das plantas*. São Paulo: Todavia, 2021a.

_____. "'A visão das plantas' imagina capitão de navio negreiro impune e rodeado de flores (com Úrsula Passos)". Ilustrada, *Folha de S.Paulo*, 26 mar. 2021b. Disponível em: <www1.folha.uol.com.br/ilustrada/2021/03/a-visao-das-plantas-imagina-capitao-de-navio-negreiro-impune-e-rodeado-de-flores.shtml>. Acesso em: 20 ago. 2021.

Andrade, Carlos Drummond de. "Adeus a Sete Quedas". *Jornal do Brasil*, 9 set. 1982. Disponível em: <www.algumapoesia.com.br/drummond/drummond30.htm>. Acesso em: 29 jun. 2021.

_____. "Agritortura". In: _____. *Esquecer para lembrar: Boitempo III*. 2. ed. Rio de Janeiro: José Olympio, 1980, p. 5.

_____. "O céu livre da fazenda". In: _____. *Corpo: novos poemas*. Rio de Janeiro: Record, 1984, p. 67-69.

_____. "Especulações em torno da palavra homem". In: _____. *Poesia e prosa: volume único*. Rio de Janeiro: Nova Fronteira, 1979a, p. 338-339.

_____. "Explicação". In: _____. *Poesia e prosa: volume único*. Rio de Janeiro: Nova Fronteira, 1979b, p. 97-98.

_____. "A flor e a náusea". In: _____. *Poesia e prosa: volume único*. Rio de Janeiro: Nova Fronteira, 1979c, p. 161-162.

_____. "O sobrevivente". In: _____. *Poesia e prosa: volume único*. Rio de Janeiro: Nova Fronteira, 1979d, p. 90.

_____. "Visões". In: _____. *Poesia e prosa: volume único*. Rio de Janeiro: Nova Fronteira, 1979e, p. 640-642.

Andrade, Hanrrikson. "Com mentiras, Bolsonaro diz que Brasil é alvo de campanha de desinformação". Disponível em: <noticias.uol.com.br/meio-ambiente/ultimas-

-noticias/redacao/2020/09/22/brasil-e-alvo-de-campanha-de-desinformacao-sobre-
-queimadas-diz-bolsonaro.htm>. Acesso em: 22 jun. 2021.

Aristóteles. *De anima*. 2. ed. Tradução, apresentação e notas de Maria Cecília Gomes dos Reis. São Paulo: Ed. 34, 2017.

Azevedo, Beatriz (Org.). *Poesia indígena hoje*. Poesia.org., Universidade Federal de Santa Catarina, 2020. Disponível em: <www.p-o-e-s-i-a.org/dossies/?fbclid=IwAR2e1uvZH0LmOczVa1xQSrWpktJGpB3eulLLsOKFwvf0hzWXy64eVNFDEpA.> Acesso em: 20 de set. 2021.

Bandeira, Manuel. "O cacto". In: _____. *Estrela da vida inteira: poesias reunidas*. 6. ed. Rio de Janeiro: José Olympio, 1976.

Baptista, Josely Vianna. "Tecoma". In: _____. *Roça barroca*. São Paulo: Sesi-SP, 2018.

Barreto, João Paulo Lima. *Kumuã na kahtiroti-ukuse: uma "teoria" sobre o corpo e o conhecimento prático dos especialistas indígenas do Alto Rio Negro*. Tese de doutorado. Programa de Pós-Graduação em Antropologia Social do Instituto de Filosofia, Ciências Humanas e Sociais da Universidade Federal da Amazônia. Manaus, 2021.

BBC News. "Uma em cada três árvores do mundo está ameaçada de extinção, diz estudo". 1º set. 2021. Disponível em: <g1.globo.com/natureza/noticia/2021/09/01/uma-em-cada-tres-arvores-do-mundo-esta-ameacada-de-extincao-diz-estudo.ghtml>. Acesso em: 4 set. 2021.

Benevides, Daniel. "No romance 'A vegetariana', mulher se afasta da violência e se aproxima de ser planta". *Folha de S.Paulo*, 30 nov. 2018. Disponível em: <www1.folha.uol.com.br/ilustrada/2018/11/no-romance-a-vegetariana-mulher-se-afasta-
-da-violencia-e-se-aproxima-de-ser-planta.shtml>. Acesso em: 20 ago. 2021.

Bennett, Jane. *Vibrant Matter: A Political Ecology of Things*. Durham: Duke University Press, 2010.

Brum, Eliane. "Congresso decide extinguir a Amazônia". *El País*, 24 jun. 2021. Disponível em: <brasil.elpais.com/brasil/2021-06-24/congresso-decide-extinguir-a-
-amazonia.html?fbclid=IwAR2Hxv5Ix58eyNE-pW_gaRUXsDWEikx6KYInrd-q9nyCEu3qeE428e1DMlWo>. Acesso em: 24 jun. 2021.

Calgaro, Fernanda; Resende, Sara. "Ministra diz que se houvesse mais gado no Pantanal desastre das queimadas teria sido 'até menor'". Disponível em: <g1.globo.com/politica/noticia/2020/10/09/ministra-diz-que-se-houvesse-mais-gado-no-pantanal-
-desastre-das-queimadas-teria-sido-ate-menor.ghtml>. Acesso em: 20 jun. 2021.

Carchia, Gianni. "Glossa sull'umanismo". *L'erba voglio*, n. 29/30, set.-out. 1977. Tradução brasileira, "Glosa sobre o humanismo", de Vinícius Honesko, disponível em: <www.n-1edicoes.org/textos/134>. Acesso em: 30 jul. 2021.

Carta Capital. "Interesse da Amazônia não é na porra da árvore", diz Bolsonaro. Disponível em: <www.cartacapital.com.br/politica/interesse-da-amazonia-nao-e-na-porra-da-arvore-diz-bolsonaro>. Acesso em: 8 mai. 2021.

Castro, Eduardo Viveiros de. *A inconstância da alma selvagem: e outros ensaios de antropologia.* São Paulo: Ubu, 2017.

Centre Nationale de Ressources Textuelles et Lexicales (CNRTL). Disponível em: <www.cnrtl.fr/etymologie>. Acesso em: 21 mai. 2021.

Césaire. Aimé. *Discours sur le colonialisme: suivi de Discours sur la Négritude.* Paris: Présence Africaine, 2004. [Ed. bras.: *Discurso sobre o colonialismo.* Tradução de Claudio Willer. São Paulo: Veneta, 2020.]

Coccia, Emanuele. *La vie des plantes: une métaphysique du mélange.* Paris: Payot & Rivages, 2016. [Ed. bras.: *A vida das plantas: uma metafísica da mistura.* Tradução de Fernando Scheibe. Florianópolis: Cultura e Barbárie, 2018.]

_____. *Metamorfoses.* Tradução de Madeleine Deschamps e Victoria Mouawad. Rio de Janeiro: Dantes, 2020a.

_____. *A virada vegetal.* Tradução de Felipe Augusto V. de Carli; revisão de Fernando Scheibe. São Paulo: n-1 edições, 2020b.

Cragnolini, Mónica. "Pedindo desculpas na comunidade dos viventes". In: Araújo, Nabil (Org.). *Sobre o perdão e a solidariedade dos viventes: diálogos com Jacques Derrida e Evando Nascimento.* São Paulo: Alameda, 2021, p. 167-184.

Darwin, Charles. *A origem das espécies ou A preservação das raças favorecidas na luta pela vida.* 1. reimpr. Tradução de Pedro Paulo Pimenta. Ilustr. de Alex Cerveny. São Paulo: Ubu, 2019.

Daugey, Fleur. *L'intelligence des plantes: les découvertes qui révolutionnent notre compréhension du monde végétal.* Paris: Ulmer, 2018.

Deleuze, Gilles; Guattari, Félix. *Mille Plateaux: capitalisme et schizophrénie 2.* Paris: Minuit, 1980. [Ed. bras.: *Mil platôs.* Tradução de Ana Lúcia de Oliveira *et alii.* São Paulo: Editora 34, 2011.]

Derrida, Jacques. *L'animal que donc je suis.* Organização de Marie-Louise Mallet. Paris: Galilée, 2006. [Ed. bras.: *O animal que logo sou.* Tradução de Fábio Landa. São Paulo: Ed. UNESP, 2002.]

_____. *Le dernier des juifs.* Paris: Galilée, 2014.

_____. *La dissémination.* Paris: Seuil, 1972a.

_____. *Donner la mort.* Paris: Galilée, 1999. [Ed. port.: *Dar a morte.* Tradução de Fernanda Bernardo. Coimbra: Palimage, 2015.]

_____. *L'écriture et la différence.* Paris: Seuil, 1967. [Ed. bras.: *A escritura e a diferença.* Tradução de Maria Beatriz Marques Nizza da Silva, Pedro Leite Lopes e Pérola de Carvalho. São Paulo: Perspectiva, 2019.]

_____. "Envoi". In: _____. *Psyché: inventions de l'autre*. Nova edição, revista e ampliada. Paris: Galilée, 1998, p. 109-143.

_____. *Éperons: les styles de Nietzsche*. Paris: Flammarion, 1978. [Ed. bras.: *Esporas: os estilos de Nietzsche*. Tradução de Rafael Haddock-Lobo e Carla Rodrigues. Rio de Janeiro: Nau, 2013.]

_____. "Cette étrange institution qu'on appelle la littérature". In: _____. *Derrida d'ici, Derrida de là*. Organização de Thomas Dutoit e Philippe Romanski. Paris: Galilée, 2009, p. 253-292. [Ed. bras. *Essa estranha instituição chamada literatura: uma entrevista com Jacques Derrida*. Tradução de Marileide Dias Esqueda; revisão técnica e introdução de Evando Nascimento. Belo Horizonte: Ed. UFMG, 2014.]

_____. *De l'esprit: Heidegger et la question*. Paris: Galilée, 1987a. [Ed. bras.: *Do espírito*. Tradução de Constança Marcondes César. Campinas: Papirus, 1990.]

_____. "Le facteur de la vérité". In: _____. *La carte postale: de Socrate à Freud et au-delà*. Paris: Flammarion, 1980, p. 439-524. [Ed. bras.: *Cartão-postal: de Sócrates a Freud e além*. Tradução de Simone Perelson e Ana Valéria Lessa. Rio de Janeiro: Civilização Brasileira, 2007.]

_____. "'Il faut bien manger' ou le calcul du sujet". In: _____. *Points de suspension: entretiens*. Paris: Galilée, 1992, p. 269-301.

_____. "Les fins de l'homme". In: _____. *Marges: de la philosophie*. Paris: Minuit, 1972b, p. 129-164. [Ed. bras.: *Margens da filosofia*. Tradução de Joaquim Torres e Antônio M. Magalhães. Campinas: Papirus, 1991.]

_____. *Force de loi: le "Fondement mystique de l'autorité"*. Paris: Galilée, 1994. [Ed. bras.: *Força de lei*. Tradução de Leyla Perrone-Moisés. São Paulo: WMF Martins Fontes, 2018.]

_____. *Genèses, généalogies, genres et le génie: les secrets de l'archive*. Paris: Galilée, 2003. [Ed. bras.: *Gêneses, genealogias, gêneros e o gênio*. Tradução de Eliane Lisboa. Porto Alegre: Sulina, 2005.]

_____. *Glas*. Paris: Galilée, 1974.

_____. *Heidegger: la question de l'Être et l'Histoire*. Organização de Thomas Dutoit, com a colaboração de Marguerite Derrida. Paris: Galilée, 2013.

_____. "Lettre à un ami japonais". In: _____. *Psyché: inventions de l'autre*. Paris: Galilée, 1987b, p. 387-393.

_____. "On the Limits of Digestion". Entrevista concedida a Daniel Birnbaum e Anders Olsso. Disponível em: <conversations.e-flux.com/t/e-flux-journal-redux-daniel-birnbaum-and-anders-olsson-an-interview-with-jacques-derrida-on-the-limits-of-digestion/3086>. Acesso em: 7 jun. 2021.

REFERÊNCIAS

_____. *Mal d'archive: une impression freudienne*. Paris: Galilée, 1995. [Ed. bras.: *Mal de arquivo: uma impressão freudiana*. Tradução de Claudia de Moraes Rego. Rio de Janeiro: Relume-Dumará, 2001.]

_____. "La mythologie blanche". In: _____. *Marges: de la philosophie*. Paris: Minuit, 1972c, p. 247-324. [Ed. bras.: *Margens da filosofia*. Tradução de Joaquim Torres e Antônio M. Magalhães. Campinas: Papirus, 1991.]

_____. *Le monolinguisme de l'autre: ou la prothèse d'origine*. Paris: Galilée, 1996. [Ed. bras.: *O monolinguismo do outro ou a prótese de origem*. Tradução de Fernanda Bernardo. São Paulo: Chão da Feira, 2017.]

_____. "L'oreille de Heidegger: philopolémologie (Geschlecht IV)". In: _____. *Politiques de l'amitié: suivi de L'Oreille de Heidegger*. Paris: Galilée, 1994, p. 341-419.

_____. *Papier machine: le ruban de la machine à écrire et autres réponses*. Paris: Galilée, 2001. [Ed. bras.: *Papel-máquina*. Tradução de Evando Nascimento. São Paulo: Estação Liberdade, 2004.]

_____. "Penser ce qui vient". In: Major, René (Org.). *Derrida pour les temps à venir*. Paris: Stock, 2007, p. 17-62.

_____. *Positions*. Paris: Minuit, 1972d. [Ed. bras.: *Posições*. Tradução de Tomaz Tadeu da Silva. Belo Horizonte: Autêntica, 2001.]

_____. *Séminaire la bête et le souverain: v. II (2002-2003)*. Organização e notas de Michel Lisse, Marie-Louise Mallet e Ginette Michaud. Paris: Galilée, 2010.

_____. "Signature événement contexte". In: _____. *Marges: de la philosophie*. Paris: Minuit, 1972e, p. 365-393. [Ed. bras.: *Margens da filosofia*. Tradução de Joaquim Torres e Antônio M. Magalhães. Campinas: Papirus, 1991.]

_____. *Signéponge*. Paris: Seuil, 1988.

_____. *Spectres de Marx: l'État de la dette, le travail du deuil et la nouvelle Internationale*. Paris: Galilée, 1993. [Ed. bras.: *Espectros de Marx*. Tradução de Anamaria Skinner. Rio de Janeiro: Relume-Dumará, 1994.]

_____. *Théorie et pratique: cours de l'ENS-Ulm 1975-1976*. Organização e notas de Alexander Garcia-Düttmann. Paris: Galilée, 2017.

_____. "Titre à préciser". In: _____. *Parages*. Nova edição revista e ampliada. Paris: Galilée, 2003 [1986], p. 205-230.

_____. *Le toucher, Jean-Luc Nancy*. Paris: Galilée, 2000.

_____. *La vie la mort: séminaire (1975-1976)*. Organização e notas de Pascale-Anne Brault e Peggy Kamuf. Paris: Seuil/Bibliothèque Derrida, 2019.

Derrida, Jacques; Labarrière, Pierre-Jean. *Altérités*. Com estudos de Francis Guibal e Stanislas Breton. Paris: Osiris, 1986.

Derrida, Jacques; Nascimento, Evando. *La solidarité des vivants et le pardon*. Paris: Hermann, 2016.

Dictionnaire Larousse. Disponível em: <www.larousse.fr/dictionnaires/francais/végéter/81263>. Acesso em: 20 jun. 2021.

Dictionary Merriam-Webster. Disponível em: <www.merriam-webster.com/dictionary/vegetate>. Acesso em: 20 jun. 2021.

Diccionario de La Real Academia Española (RAE). Disponível em: <dle.rae.es/vegetar?m=form>. Acesso em: 20 jun. 2021.

Einstein, Albert. *Comment je vois le monde*. Tradução de Régis Hanrion. Paris: Champs/Flammarion, 1979. [Ed. bras.: *Como vejo o mundo*. Tradução de H.P. de Almeida. Rio de Janeiro: Nova Fronteira, 2017.]

Federal Ethics Committee on Non-Human Biotechnology (ECNH). *The Dignity of Living Beings with Regard to Plants: Moral Consideration of Plants for Their Own Sake*. Berna, ECNH, abr. 2008. Disponível em: <www.ekah.admin.ch/inhalte/ekah-dateien/dokumentation/publikationen/e-Broschure-Wurde-Pflanze-2008.pdf>. Acesso em: 20 jun. 2021.

Fondation Cartier pour L'Art Contemporain. *Nous les arbres*. Catálogo da exposição organizada na Fundação por Bruce Albert, Hervé Chandès e Isabelle Gaudefroy. Paris: Fondation Cartier, 2019.

Foucault, Michel. *Les mots et les choses: une archéologie des sciences humaines*. Paris: Gallimard, 1996 [1966]. [Ed. bras.: *As palavras e as coisas: uma arqueologia das ciências humanas*. Tradução de Salma Tannus Muchail. São Paulo: Martins Fontes, 2016.]

Freud, Sigmund. "O 'estranho'". In: _____. *Uma neurose infantil e outros trabalhos*. Rio de Janeiro: Imago, 1976, p. 273-318. Edição Standard brasileira das obras psicológicas completas, v. 17.

_____. *O infamiliar (Das Unheimliche): seguido de O homem da areia, de E.T.A. Hoffmann*. Organização e apresentação de Gilson Iannini e Pedro H. Tavares. Tradução de Ernani Chaves, Pedro H. Tavares e Romero Freitas. Belo Horizonte: Autêntica, 2019.

Fróes, Leonardo. "Algumas variações de cultura". In:_____. *Poesia reunida (1968-2021)*. São Paulo: Ed. 34, 2021, p. 294.

Fukuyama, Francis. *The End of History and the Last Man*. Nova York: Free Press, 1992. [Ed. bras.: *O fim da história e o último homem*. Tradução de Aulyde S. Rodrigues. Rio de Janeiro: Rocco, 2015.]

Furquim, Laura Pereira. "O acúmulo das diferenças: nota arqueológica sobre a relação entre sócio e biodiversidade na Amazônia Antiga". In: Oliveira, Joana Cabral de *et alii*. *Vozes vegetais: diversidade, resistências e histórias da floresta*. São Paulo: Ubu, 2020, p. 125-139.

REFERÊNCIAS

Giono, Jean. *O homem que plantava árvores*. Tradução de Cecília Ciscato e Samuel Titan Jr. Ilustr. de Daniel Bueno. São Paulo: Ed. 34, 2018.

Goethe, Johann Wolfgang von. *A metamorfose das plantas*. Tradução de Fábio Mascarenhas Nolasco. São Paulo: Edipro, 2019.

Grondin, Marcelo; Viezzer, Moema. *O maior genocídio da história da humanidade: 70 milhões de vítimas entre os povos originários das Américas — uma história de resistência e sobrevivência*. Toledo: GFM, 2018.

Gudynas, Eduardo. *Direitos da natureza: ética biocêntrica e políticas ambientais*. Tradução de Igor Ojeda. São Paulo: Elefante, 2019.

Gullar, Ferreira. "A planta". In: _____. *Toda poesia: 1950-2010*. Posfácio de Antonio Cicero. São Paulo: Companhia das Letras, 2021, p. 482.

Hakiy, Tiago. "Canto da floresta". In: Azevedo, Beatriz (Org.). *Poesia indígena hoje*. Poesia.org., Universidade Federal de Santa Catarina, 2020, p. 92-93. Disponível em: <www.p-o-e-s-i-a.org/dossies/?fbclid=IwAR2e1uvZH0LmOczVa1xQSrWpktJGpB3eulLLsOKFwvf0hzWXy64eVNFDEpA>. Acesso em: 20 de set. 2021.

Hallé, Francis. *Éloge de la plante: pour une nouvelle biologie*. Paris: Seuil, 1999.

_____. "Un arbre tout neuf: trois idées nouvelles au sujet des arbres". In: Hiernaux, Quentin (Org.). *Philosophie du végétal*. Paris: Vrin, 2018, p. 77-90.

Hansen, Júlia de Carvalho. *Romã*. Belo Horizonte: Chão da Feira, 2019.

_____. "Da palavra sair". In: _____. *Seiva, veneno ou fruto*. Belo Horizonte: Chão da Feira, 2016.

Haraway, Donna. "The Companion Species Manifesto: Dogs, People, and Significant Otherness". In: _____. *Manifestly Haraway*. Minneapolis/Londres: University of Minnesota Press, 2016a, p. 91-198. [Ed. bras.: *O manifesto das espécies companheiras: cachorros, pessoas e alteridade significativa*. Tradução de Pê Moreira e Fernando Silva e Silva. Rio de Janeiro: Bazar do Tempo, 2021.]

_____. "A Cyborg Manifesto: Science, Technology, and Socialist-Feminism in the Late Twentieth Century". In: _____. *Manifestly Haraway*. Minneapolis/Londres: University of Minnesota Press, 2016b, p. 3-90. [Ed. bras.: *O manifesto das espécies companheiras: cachorros, pessoas e alteridade significativa*. Tradução de Pê Moreira e Fernando Silva e Silva. Rio de Janeiro: Bazar do Tempo, 2021.]

Hegel, Georg Wilhelm Friedrich. *Filosofia da história*. Tradução de Maria Rodrigues e Hans Harden. Ilustr. de Fernando Lindote. 2. ed. Brasília: Ed. UnB, 1998. [*Vorlesungen über die Philosophie der Geschichte*. Frankfurt am Main: Suhrkamp Verlag, 1978, v. 12.]

_____. *Introdução à história da filosofia*. 2. reimpr. Tradução de Heloisa da Graça Burati. São Paulo: Rideel, 2005.

Heidegger, Martin. *A autoafirmação da universidade alemã: Friburgo 1933*. Tradução de Alexandre Franco de Sá. Covilhã: LuSofia, 2009.

_____. "Carta sobre o humanismo" (1946). In: _____. *Marcas do caminho*. Tradução de Enio Giachini e Ernildo Stein, revisão técnica de Marco Antonio Casanova. Petrópolis: Vozes, 2008.

_____. *Os conceitos fundamentais da metafísica: mundo, finitude, solidão*. Tradução de Marco Antônio Casanova. Rio de Janeiro: Forense Universitária, 2003.

_____. *Ser e tempo*. Edição bilíngue. Tradução, organização e notas de Fausto Castilho. Campinas: Ed. da Unicamp, 2012.

Houaiss, Antonio. *Dicionário on-line UOL-Houaiss*. Disponível em: <houaiss.uol.com.br/pub/apps/www/v3-0/html/index.htm#3>. Acesso em: 21 mai. 2021.

Jahren, Hope. *Lab Girl: a jornada de uma cientista entre plantas e paixões*. Tradução de Daniela Rigon. São Paulo: Harper Collins, 2017.

Jesus, Carolina Maria de. *Casa de alvenaria: v. 1. Osasco*. Organização de Conceição Evaristo e Vera Eunice de Jesus. São Paulo: Companhia das Letras, 2021a.

_____. *Casa de alvenaria: v. 2. Santana*. Organização de Conceição Evaristo e Vera Eunice de Jesus. São Paulo: Companhia das Letras, 2021b.

Kang, Han. *A vegetariana*. 2. reimpr. Tradução de Jae Hyung Woo. São Paulo: Todavia, 2018.

Kantor, Tadeusz. *O teatro da morte*. Organização de Denis Bablet. Tradução de Jacó Guinsburg, Maria Lucia Pupo e Silvia Fernandes. São Paulo: Perspectiva/Sesc-SP, 2008.

Kempis, Thomás de. *A imitação de Cristo*. Tradução de Frei Tomás Borgmeier. Petrópolis: Vozes, 2015.

Kofman, Sarah. *Nietzsche et la métaphore*. Paris: Galilée, 1983.

Kohn, Eduardo. *How Forests Think: Toward an Anthropology Beyond the Human*. Berkeley, Los Angeles/Londres: University of California Press, 2013.

Kopenawa, Davi; Albert, Bruce. *A queda do céu: palavras de um xamã yanomami*. Organização de Bruce Albert. Tradução de Beatriz Perrone-Moisés. 2. reimpr. São Paulo: Companhia das Letras, 2016.

Krajcberg, Frans. "A consciência da revolta e da destruição". Entrevista à *Folha de S.Paulo*, 10 fev. 2002. Disponível em: <www1.folha.uol.com.br/fsp/mais/fs1002200211.htm>. Acesso em: 25 mar. 2021.

_____. "Frans Krajcberg". Verbete na *Enciclopédia Itaú Cultural*. Disponível em: <enciclopedia.itaucultural.org.br/pessoa10730/frans-krajcberg>. Acesso em: 25 mar. 2021.

_____. *Natura*. Rio de Janeiro: Index, 1987.

_____. *Revolta*. Rio de Janeiro: GB Arte, 2000.

Krenak, Ailton. *Ideias para adiar o fim do mundo*. 5. reimpr. São Paulo: Companhia das Letras, 2019.

_____. *A vida não é útil*. São Paulo: Companhia das Letras, 2020.

Latour, Bruno. *Políticas da natureza: como associar as ciências à democracia*. Tradução de Carlos Aurélio Mota de Souza. São Paulo: Unesp, 2019.

Le Bon, Laurent (Org.). *Jardins*. Paris: Réunions des Musées Nationaux — Grand Palais, 2017.

Lemke, Thomas. *Biopolítica: críticas, debates, perspectivas*. Tradução de Eduardo Camargo Santos. São Paulo: Politeia, 2018.

Levi, Primo. *É isto um homem?* Tradução de Luigi Del Re. Rio de Janeiro: Rocco, 1988.

Levinas, Emmanuel. *Autrement qu'être ou au-delà de l'essence*. Paris: Kluwer Academic, 1996.

_____. *Éthique et infini*. Paris: Kluwer Academic, 1992. [Ed. port.: *Ética e infinito*. Tradução de João Gama. Coimbra: Edições 70, 2007.]

_____. *Totalité et infini: essai sur l'extériorité*. Paris: Kluwer Academic, 1994. [Ed. port.: *Totalidade e infinito*. Tradução de José Pinto Ribeiro. Coimbra: Edições 70, 2008.]

Lima, Luciano. "Conheça a árvore rosa, de 30 metros, que é 'invisível' para muita gente". *Terra da Gente*. G1. Disponível em: <www.g1.globo.com/sp/campinas-regiao/terra-da-gente/noticia/2021/09/29/conheca-a-arvore-rosa-de-30-metros-que-e-invisivel-para-muita-gente.ghtml?fbclid=IwAR2Ep7zE-TbGNBCDfWUVobjDJIcxj-P9oVxT2I7TmvK3gqMO1YMstPFZ3OR0>. Acesso em 10 set. 2021.

Lisboa, Adriana. *O vivo*. Belo Horizonte: Relicário, 2021.

Lispector, Clarice. *Água viva*. Edição com manuscritos e ensaios inéditos. Organização de Pedro Karp Vasquez. Rio de Janeiro: Rocco, 2019.

_____. *A cidade sitiada*. 5. ed. Rio de Janeiro: Nova Fronteira, 1982.

_____. *A descoberta do mundo*. Organização e notas de Paulo Gurgel Valente. Rio de Janeiro: Nova Fronteira, 1984.

_____. *Felicidade clandestina*. Rio de Janeiro: Rocco, 1998.

_____. *A hora da estrela*. 4. ed. Rio de Janeiro: José Olympio, 1978.

_____. *Laços de família*. 12. ed. Rio de Janeiro: José Olympio, 1982.

_____. *A maçã no escuro*. Rio de Janeiro: Rocco, 1998.

_____. *O mistério do coelho pensante e outros contos*. Rio de Janeiro: Rocco, 2010.

_____. *De natura florum*. Organização de Alejandro Schnetzer. Ilustr. de Elena Odriozola. São Paulo: Global, 2021.

_____. *Para não esquecer*. Rio de Janeiro: Rocco, 1999.
_____. *Um sopro de vida (pulsações)*. 2. ed. Rio de Janeiro: Nova Fronteira, 1978.
Lissardy, Gerardo. "Despreparada para era digital, a democracia está sendo destruída". Entrevista com Martin Hilbert, realizada pela BBC Mundo. Disponível em: <www.tecnologia.uol.com.br/noticias/bbc/2017/04/09/despreparada-para-era-digital-a-democracia-esta-sendo-destruida-afirma-guru-do-big-data.htm>. Acesso em: 10 mai. 2021.
Lopes, José Reinaldo. "Total de objetos construídos pela humanidade supera, pela 1ª vez, a massa dos seres vivos na Terra". *Folha de S.Paulo*, 9 dez. 2020. Disponível em: <www1.folha.uol.com.br/ciencia/2020/12/total-de-objetos-construidos-pela-humanidade-supera-pela-1a-vez-a-massa-dos-seres-vivos-na-terra.shtml>. Acesso em: 10 jul. 2021.
Maciel, Katia. *Plantio*. Rio de Janeiro: 7Letras, 2019.
Magritte, René. "Le Grand Style". In: Le Bon, Laurent (Org.). *Jardins*. Paris: Réunions des Musées Nationaux — Grand Palais, 2017.
Mancuso, Stefano. *A planta do mundo*. Tradução de Regina Silva. São Paulo: Ubu, 2021.
_____. *La révolution des plantes: comment les plantes ont déjà inventé notre avenir*. Tradução de Renaud Temperini. Paris: Albin Michel, 2019. [Ed. bras.: *Revolução das plantas: um novo modelo para o futuro*. Tradução de Regina Silva. São Paulo: Ubu, 2019.]
Mancuso, Stefano; Viola, Alessandra. *L'intelligence des plantes*. Tradução de Renaud Temperini. Paris: Albin Michel, 2018.
Marder, Michael. *Plant-thinking: A Philosophy of Vegetal Life*. Nova York: Columbia University Press, 2013.
Marques, Ana Martins. *O livro dos jardins*. São Paulo: Quelônio, 2019.
_____. *A vida submarina*. São Paulo: Companhia das Letras, 2021.
Mbembe, Achille. *Necropolítica: biopoder, soberania, estado de exceção, política da morte*. Tradução de Renata Santini. São Paulo: n-1 edições, 2019.
Medeiros, Sérgio. *O sexo vegetal*. Ilustr. de Fernando Lindote. São Paulo: Iluminuras, 2009.
Melo Neto, João Cabral. "O cão sem plumas". In: _____. *Obra completa: volume único*. Rio de Janeiro: Nova Fronteira, 2003, p. 103-116.
Modelli, Laís. "Terras indígenas são as áreas mais preservadas do Brasil nos últimos 35 anos, mostra levantamento". *G1*, 27 ago. 2021. Disponível em: <www.g1.globo.com/natureza/noticia/2021/08/27/terras-indigenas-sao-as-areas-mais-preservadas-do-brasil-nos-ultimos-35-anos-mostra-levantamento.ghtml>. Acesso em: 27 ago. 2021.

REFERÊNCIAS

Moraes, Ricardo; Benassatto, Leonardo. "Líderes indígenas divulgam manifesto contra 'genocídio' promovido por Bolsonaro". Disponível em: <www.brasil247.com/brasil/lideres-indigenas-divulgam-manifesto-contra-genocidio-promovido-por-bolsonaro>. Acesso em: 20 jun. 2021.

Nancy, Jean-Luc. "Avertissement". In: Derrida, Jacques. *Le dernier des juifs*. Paris: Galilée, 2014, p. 9-12.

_____. *La communauté affrontée*. Paris: Galilée, 2001.

_____. *Un trop humain virus*. Paris: Fayard, 2020.

Nascimento, Evando. "A antropofagia em questão: desconstruindo em contextos nacionais". In: Rocha, João Cezar de Castro; Ruffinelli, Jorge (Orgs.). *Antropofagia hoje?: Oswald de Andrade em cena*. São Paulo: É Realizações, 2011, p. 331-361.

_____. "Autoficção como dispositivo: alterficções". *Matraga*, v. 24, n. 42, 2017. Dossiê sobre autobiografia e autoficção. Organização de Eurídice Figueiredo. Universidade do Estado do Rio de Janeiro. Disponível em: <www.e-publicacoes.uerj.br/index.php/matraga/article/view/31606>. Acesso em: 5 jun. 2021.

_____. *Clarice Lispector: uma literatura pensante*. Rio de Janeiro: Civilização Brasileira, 2012.

_____. "Clarice e as plantas: uma literatura pensante". *Caliban*, Lisboa, 11 dez. 2017. Disponível em: <revistacaliban.net/clarice-e-as-plantas-uma-literatura-pensante--22f3c3111f38>. Acesso em: 24 ago. 2021.

_____. "O debate Foucault e Derrida: razões e desrazões do pensamento". *Matraga*, v. 24, n. 40, p. 135-153, set. 2017. Universidade do Estado do Rio de Janeiro. Disponível em: <www.e-publicacoes.uerj.br/index.php/matraga/article/view/29031>. Acesso em: 15 jun. 2021.

_____. *Derrida e a literatura: "notas" de literatura e filosofia nos textos da desconstrução*. 3. ed. São Paulo: É Realizações, 2015. [1. ed., Niterói: EdUFF, 1999. Tradução argentina de Raúl Rodríguez Freire. Buenos Aires: La Cebra, 2021c.]

_____. "Derrida na UERJ: um encontro solidário". *Suplemento Pernambuco*. Disponível em: <www.suplementopernambuco.com.br/artigos/1844-derrida-na-uerj-um--encontro-solid%C3%A1rio.html>. Acesso em: 10 mai. 2021.

_____. "Desconstruyendo a Sofía (Apuntes de una clase imaginaria)". Tradução de Mario Cámara. In: Lispector, Clarice. *La legión extranjera*. Tradução de Paloma Vidal. Buenos Aires: Corregidor, 2011b, p. 125-147.

_____. "Ética e política segundo Derrida". In: Santos, Alcides Cardoso dos (Org.). *Estados da crítica*. Cotia-SP: Ateliê; Curitiba: Ed. UFPR, 2006, p. 63-77.

_____. "Humanos". In: Guimarães, Mayara; Maffei, Luís (Orgs.). *Clarice Lispector: personagens reescritos*. Rio de Janeiro: Oficina Raquel, 2012, p. 23-26.

_____. "O inumano hoje". *Gragoatá*, n. 8, p. 39-55, 1º sem. 2000.

_____. "Literatura e filosofia: ensaio de reflexão". In: Nascimento, Evando; Oliveira, Maria Clara Castellões de (Orgs.). *Literatura e filosofia: diálogos*. Juiz de Fora: EdUFJF; São Paulo: Imprensa Oficial, 2004, p. 43-66.

_____. "Literatura no século XXI: expansões, heteronomias, desdobramentos". *Revista da Abralic*, v. 18, n. 28, 2016b. Disponível em: <revista.abralic.org.br/index.php/revista/article/view/388/380>. Acesso em: 28 mar. 2021. [Tradução chilena de Raúl Rodríguez Freire: "Para un concepto de literatura en el siglo XXI: expansiones, heteronomías, desdoblamientos". In: Ugarte, Nicolás; Quadra, Josefina; Hormazábal, Juan Pablo (Orgs.). *El lugar de la literatura en el siglo XXI*. Valparaíso: Ediciones Universitarias PUC de Valparaíso, 2016, p. 47-87.]

_____. "Uma literatura pensante: Clarice e o inumano". In: Moraes, Alexandre (Org.). *Clarice Lispector em muitos olhares*. Vitória: EdUFES, 2000, p. 100-123.

_____. "Notas sobre o coronavírus e a sobrevivência das espécies". In: Pélbart, Peter Pal (Org.). *Pandemia crítica: outono 2020*. São Paulo: n-1/Sesc, 2021, p. 197-204.

_____. "Portrait of the Author as a Reader". Tradução de Anthony Lennard. In: Rocha, João Cezar de Castro. *Lusofonia and its futures*. Dartmouth: University of Massachusetts Press, 2013, p. 207-224. ["O retrato do autor como leitor". Disponível em: <www.evandonascimento.net.br/ensaios/retrato_do_autor_como_leitor.pdf>. Acesso em: 14 jun. 2021.]

_____. *Retrato desnatural: diários 2004-2007*. Rio de Janeiro: Record, 2008.

_____. "The Senses of I-Materiality". In: Mendes, Victor K.; Rocha, João Cezar de Castro (Orgs.). *Producing Presences: Branching out from Gumbrecht's Work*. Dartmouth: University of Massachusetts Dartmouth Press, 2007, p. 267-286. ["Os sentidos da I-materialidade". Disponível em: <www.evandonascimento.net.br/ensaios/os_sentidos_da_i-materialidade.pdf>. Acesso em: 14 jun. 2021.]

_____. "Do texto à obra — e vice-versa: Barthes com Blanchot e Nancy". In: Pino, Claudia Amigo; Brandini, Laura Taddei; Barbosa, Márcio Venício (Orgs.). *Roland Barthes Plural*. São Paulo: FFLCH/USP/Humanitas, 2017, p. 64-86.

Nascimento, Evando; Giordano, Alberto. *La literatura fuera de sí*. Rosario: Nube Negra/Bulk, 2021.

Oliveira, Joana Cabral de *et alii*. *Vozes vegetais: diversidade, resistências e histórias da floresta*. São Paulo: Ubu, 2020.

Peeters, Benoît. *Derrida*. Paris: Flammarion, 2010. [Ed. bras.: *Derrida: biografia*. Tradução de André Telles; revisão técnica de Evando Nascimento. Rio de Janeiro: Civilização Brasileira, 2013.]

Pelt, Jean-Marie. *L'évolution vue par un botaniste*. Paris: Fayard/J'ai Lu, 2011.

Pereira, Edimilson de Almeida. "Verde visto do alto". In: _____. *As coisas arcas: obra poética 4*. Juiz de Fora: Funalfa, 2003, p. 115-116.

Pessoa, Fernando. *Alguma prosa*. 6. reimpr. Organização e prefácio de Cleonice Berardinelli. Rio de Janeiro: Nova Fronteira, 1990.

Pessoa, Fernando (Alberto Caeiro). *O guardador de rebanhos*. In: _____. *Obra poética*. Seleção, organização e notas de Maria Aliete Galhoz. Rio de Janeiro: Nova Fronteira, 1983, p. 137-162.

Rabaté, Jean-Michel. *Les guerres de Derrida*. Montreal: Presses Universitaires de Montréal, 2016.

Radman, Miroslav. "L'arbre, le paradigme de l'évolution". In: Albert, Bruce; Chandès, Hervé; Gaudefroy, Isabelle (Orgs.). *Nous les Arbres*. Paris: Fondation Cartier pour l'Art Contemporain, 2019, p. 100-104.

Resonance Life Foundation. "Life in Deep Earth". Disponível em: <www.resonancescience.org/blog/Life-in-Deep-Earth-Totals-15-to-23-Billion-Tonnes-of-Carbon-Hundreds-of-Times-More-than-Humans?fbclid=IwAR0Yj4H7HSsBzl0BCd--WKm8NtKZ6Zb39n89LWnYY1U9QTfW5UAE0L-8Mzz4>. Acesso em: 24 jul. 2021.

Ribeiro, Djamila. *Lugar de fala*. 6. reimpr. São Paulo: Jandaíra, 2020.

Ripple, William J. *et alii*. *Le cri d'alarme de quinze mille scientifiques sur l'état de la planète Le Monde*, em 13 de novembro de 2017. Disponível em: <www.lemonde.fr/planete/article/2017/11/13/le-cri-d-alarme-de-quinze-mille-scientifiques-sur-l--etat-de-la-planete_5214185_3244.html>. Acesso em: 20 de mai. 2021.

Roncador, Sônia. "Clarice Lispector esconde um objeto gritante: notas sobre um projeto abandonado". In: Lispector, Clarice. *Água viva*. Rio de Janeiro: Rocco, 2019, p. 151-161.

Rosa, João Guimarães. *Magma*. Ilustr. de Poty. Rio de Janeiro: Nova Fronteira, 1997.

Saavedra, Carola. *O mundo desdobrável: ensaios para depois do fim*. Belo Horizonte: Relicário, 2021.

Said, Edward. *Orientalismo: o Oriente como invenção do Ocidente*. Tradução de Tomás Rosa Bueno. São Paulo: Companhia das Letras, 2001.

Santilli, Márcio. "Amazônia esquartejada". *Folha de S.Paulo*, 12 fev. 2017. Disponível em: <www1.folha.uol.com.br/opiniao/2017/02/1857957-amazonia-esquartejada.shtml>. Acesso em: 14 abr. 2021.

Schulz, Karsten. "Decolonizing Political Ecology: Ontology, Technology and "Critical" Enchantment". *Journal of Political Ecology*, jan. 2017. Disponível em: <www.researchgate.net/publication/312824824_Decolonizing_political_ecolo-

gy_Ontology_technology_and_%27critical%27_enchantment>. Acesso em: 20 ago. 2021.

Secchin, Antônio Carlos. *Desdizer: poesia reunida*. Rio de Janeiro: Topbooks, 2017.

Severino, Alexandre. "As duas versões de *Água viva*". *Remate de Males*, n. 9, p. 115-118, 1989.

Sheldrake, Merlin. *Entangled Life: How Fungi Make Our Worlds, Change Our Minds and Shape Our Futures*. Londres, Nova York: Random House, 2020.

Stengers, Isabelle. *No tempo das catástrofes: resistir à barbárie que se aproxima*. Tradução de Eloisa Araújo Ribeiro. São Paulo: Cosac Naify, 2015.

_____. *A invenção das ciências modernas*. Tradução de Max Altman. São Paulo: Ed. 34, 2002.

Solón, Pablo (Org.). *Alternativas sistêmicas: bem viver, descrescimento, comuns, ecofeminismo, direitos da Mãe Terra e desglobalização*. Tradução de João Peres. São Paulo: Elefante, 2019.

Sousa, Carlos Mendes de. "De 'Objeto gritante' a *Água viva*: 'um estado muito novo e verdadeiro'". In: _____. *Clarice Lispector: pinturas*. Rio de Janeiro: Rocco, 2013, p. 101-106.

Tabuchi, Hiroko; Rigby, Claire; White, Jeremy. "Amazon Deforestation, Once Tamed, Comes Roaring Back". *New York Times*, 24 fev. 2017. Disponível em: <www.nytimes.com/2017/02/24/business/energy-environment/deforestation-brazil-bolivia-south-america.html?_r=0>. Acesso em: 14 abr. 2021.

Tokarczuk, Olga. *Sobre os ossos dos mortos*. 5. reimpr. Tradução de Olga Baginska-Shinzato. São Paulo: Todavia, 2020.

Trewavas, Anthony. *Plant Behaviour & Intelligence*. Oxford: Oxford University Press, 2015.

Veiga, José Eli da. *O antropoceno e a ciência do sistema Terra*. São Paulo: Editora 34, 2019.

Wisnik, José Miguel. *Maquinação do mundo: Drummond e a mineração*. São Paulo: Companhia das Letras, 2018.

REFERÊNCIAS

FILMES E VÍDEO

Penna, João Vargas. *Filme paisagem: um olhar sobre Roberto Burle Marx*. Rio de Janeiro: Camisa Listrada, 2018.

Torloni, Christiane; Przewodowski, Miguel. *Amazônia: o despertar da florestania*. Rio de Janeiro: Produção Christiane Torloni, 2018.

Saldanha, Paula; Werneck, Roberto. *O grito da natureza: Frans Krajcberg*. Rio de Janeiro: TV BRASIL/RW Cine, 2012. Disponível em: <www.youtube.com/watch?v=yXvaM_H1_As>. Acesso em: 25 mar. 2021.

Agradecimentos

Não se escreve um livro sozinho. Qualquer obra literária ou ensaística resulta tanto de pesquisas quanto do diálogo colaborativo com colegas e amigos. O autor ou a autora é apenas o agente principal de uma atividade coletiva: a de repensar alguns aspectos essenciais do mundo. Este volume também pertence a algumas dessas pessoas, as quais gostaria de nomear, esquecendo certamente outras, que deveriam também figurar na lista: Adalberto Müller, Ana Kiffer, Ana Chiara, Anna Dantes, Antonio Cicero, Cassia Lopes, Celia Pedrosa, Daniel Rodrigues, Evelina Hoisel, Eucanaã Ferraz, Fernanda Bernardo, Ginette Michaud, Italo Moriconi, João Cezar de Castro Rocha, João Paulo Barreto, Júlio Diniz, Luiz Cláudio da Costa, Maria Clara Castellões de Oliveira, Maria Cristina Batalha, Maria Esther Maciel, Mary Luz Estupiñán, Masé Lemos, Mateus Gandra, Mirna Queiroz, Niraldo Farias, Paulo Gago, Paulo Henriques Britto, Pedro Meira, Rachel Lima, raúl rodríguez freire, Renato Bezerra de Mello, Roniere Menezes, Veronica Stigger e Victor Coutinho Lage.

Quando estava próximo de concluir a redação, fui convidado por Hermano Vianna para coorganizar a Flip 2021, cujo título se tornou "Nhe'éry, plantas e literatura". Hesitei bastante, mas acabei cedendo ao *chamado* que recebi como vindo das próprias plantas, minhas queridas irmãs. E aí embarquei na aventura de uma curadoria florestal, com Anna Dantes, Pedro Meira, João Paulo Barreto, da etnia Tukano, tendo Hermano como coordenador.

Ao reconhecimento a essas pessoas pelo apoio em momentos diversos se junta o sentimento de gratidão por habitarmos mundos contíguos, que felizmente de algum modo sempre se comunicam. Reinventamos, assim, um espaço comum de real convivência, ao lado das plantas, dos animais e dos minerais, estes vizinhos sem os quais sequer sonharíamos em existir.

Sobre o autor

Evando Nascimento é escritor, ensaísta, professor universitário e artista visual. Nasceu em 8 de agosto de 1960, em Camacã, na região do cacau de densa Mata Atlântica, sul da Bahia, onde viveu até os catorze anos. Graduou-se em Letras pela Universidade Federal da Bahia (UFBA), realizou o mestrado em Literatura Brasileira na Pontifícia Universidade Católica do Rio de Janeiro (PUC-Rio) e o doutorado em Ciência da Literatura na Universidade Federal do Rio de Janeiro (UFRJ). Na década de 1990, durante o doutorado, com uma bolsa do Conselho Nacional de Desenvolvimento Científico e Tecnológico (CNPq), foi aluno, durante dois anos, de Jacques Derrida, na École des Hautes Études en Sciences Sociales (EHESS), e de Sarah Kofman, na Sorbonne. Permaneceu mais três anos na França, lecionando Literatura e Cultura Brasileira na Université Stendhal, de Grenoble. Em 2007, realizou um pós-doutorado em Filosofia na Universidade Livre de Berlim.

Ensinou na Universidade Federal de Juiz de Fora, deu cursos e palestras em diversas instituições nacionais e internacionais, como Université de Paris, PUC de Valparaiso (Chile) e Manchester University, entre diversas outras. Publicou os livros de ficção *retrato desnatural*, *Cantos do mundo* (finalista do Prêmio Portugal Telecom), ambos pela editora Record, *Cantos profanos* (Globo), *A desordem das inscrições: contracantos* (7Letras) e *Diários de Vincent: impressões do estrangeiro* (Circuito). Escreve uma coluna na revista lusófona *Pessoa*.

Tem diversos livros de ensaios publicados no Brasil e no exterior, entre eles, *Clarice Lispector: uma literatura pensante* (Civilização Brasileira), *Derrida e a literatura* (3. ed. É Realizações; tradução argentina

Derrida y la literatura, La Cebra, 2021) e, com Derrida, *La solidarité des vivants et le pardon* (Hermann). Dirige a Coleção Contemporânea: Filosofia, Literatura & Artes, na Civilização Brasileira.

Em 2020, foi realizado um colóquio internacional em torno de seus 60 anos, na Casa de Leitura Dirce Cortes Riedel e na Pós-Graduação em Letras da Universidade do Estado do Rio de Janeiro (UERJ), bem como na Pós-Graduação em Língua e Cultura do Instituto de Letras e na Pós-Graduação em Relações Internacionais do Instituto de Humanidades, Artes e Ciências Professor Milton Santos (IHAC) da Universidade Federal da Bahia (UFBA).

Mais informações podem ser acessadas em seu site, no qual consta uma ampla fortuna crítica sobre sua obra ficcional: <www.evandonascimento.net.br>.

O texto deste livro foi composto em Sabon, desenho tipográfico de Jan Tschichold de 1964, baseado nos estudos de Claude Garamond e Jacques Sabon no século XVI, em corpo 11/15.
Para títulos e destaques, foi utilizada a tipografia Frutiger, desenhada por Adrian Frutiger, em 1975.

*A impressão se deu sobre papel off-white
pelo Sistema Cameron da
Divisão Gráfica da Distribuidora Record.*